Mentor Abiturhilfe
Band 69
Biologie

Nervensystem, Hormonsystem und Immunsystem

Molekulare Grundlagen biologischer Kommunikation

Von Reiner Kleinert,
Wolfgang Ruppert, Franz X. Stratil

Mit ausführlichem Lösungsteil

Mentor Verlag München

Reiner Kleinert: Studienrat für Biologie

Wolfgang Ruppert: Studienrat für Biologie

Franz X. Stratil: Oberstudienrat für Biologie

Grafiken und Illustrationen: Udo Kipper

Auflage:	5.	4.	3.	2.	1.	Letzte Zahlen
Jahr:	1998	97	96	95	94	maßgeblich

Druck: Druckhaus Langenscheidt, Berlin
Printed in Germany, ISBN 3-580-64690-7

Inhaltsverzeichnis

Vorwort

„WORAN ARBEITEN SIE?" WURDE HERR K. GEFRAGT.
HERR K. ANTWORTETE: „ICH HABE VIEL MÜHE,
ICH BEREITE MEINEN NÄCHSTEN IRRTUM VOR."

B. Brecht in Geschichten vom Herrn Keuner

Der vorliegende Band der Oberstufen-Reihe Biologie beschäftigt sich mit den drei Kommunikationssystemen in unserem Körper: dem **Nervensystem**, dem **Hormonsystem** und dem **Immunsystem**. Diese Zusammenstellung mag vielen Lesern ungewöhnlich erscheinen. Die Immunbiologie wird traditionell dem Themenbereich „Blut" zugerechnet. Da unsere Darstellung vor allem die **molekularen Grundlagen** biologischer Kommunikation hervorhebt, ließ sich das Immunsystem sehr gut integrieren. Auf der molekularen Ebene funktionieren die drei Kommunikationssysteme nämlich nach denselben **Prinzipien**.

Der menschliche Organismus besteht aus Milliarden von Zellen, die ständig durch codierte Signale miteinander **kommunizieren**. Der ganze Körper ist von Nachrichtensystemen durchzogen, die sowohl lokal begrenzt als auch über größere Distanzen hinweg arbeiten. Aber unser Organismus verfügt nicht nur über ein inneres Kommunikationsnetz, sondern tauscht auch mit seiner Umwelt ständig Signale aus. All diese Kommunikationssysteme haben die Aufgabe, die physiologischen Funktionen des Organismus und sein Verhalten zu koordinieren, um ihn am Leben zu erhalten und ihn optimal seiner Umwelt anzupassen.

Die Funktionstüchtigkeit unseres Körpers und damit unser körperliches und seelisches Wohlbefinden ist davon abhängig, daß Hunderte von **Botenstoffen** (Hormone, Neurotransmitter, Neuropeptide, Interleukine usw.) zur richtigen Zeit in der richtigen Menge freigesetzt werden und ihre Rezeptoren erreichen. Krankheiten erscheinen in dieser Perspektive als Kommunikationsstörungen im biologischen Dialog der Zellen. Aus diesem Grund haben wir an einigen Beispielen die molekularen Ursachen von Krankheiten etwas ausführlicher behandelt, als das in Schulbüchern normalerweise üblich ist.

Einige Themen, die ebenfalls nicht unbedingt Unterrichtsgegenstand sein müssen, wurden aufgenommen, weil sie sehr gut zeigen, wie weit Nervensystem, Hormonsystem und Immunsystem mittlerweile molekularbiologisch erforscht sind und welchen Beitrag diese Erkenntnisse auch zur Lösung gesellschaftlicher Probleme leisten können (z. B. AIDS, Streß, Drogenabhängigkeit).

Das Buch untergliedert sich in **vier große Kapitel** (Nervensystem, Hormonsystem, Immunsystem, Gehirn und Verhalten), die alle eigenständig und weitgehend **unabhängig voneinander** gelesen werden können. Bezüge zu Passagen in anderen Kapiteln sind durch Verweise gekennzeichnet. Das gilt auch für Themen, die in den Mentor Abiturhilfen Genetik (ML 66), Cytologie (ML 67) und Stoffwechsel (ML 68) genauer behandelt werden.

Es kam uns auch diesmal wieder darauf an, gerade diejenigen Sachverhalte möglichst **verständlich** darzustellen, mit denen die Schülerinnen und Schüler unserer Kurse die meisten Probleme hatten. Deshalb sind im Kapitel über das Nervensystem die elektrophysiologischen Zusammenhänge besonders ausführlich und vor allem mit vielen Abbildungen erläutert.

Das letzte Kapitel (Gehirn und Verhalten) fungiert als eine Art Nahtstelle zur **Verhaltensbiologie**. Es soll zeigen, daß jedem Verhalten vielfältige Steuerungs- und Regelungsprozesse im Körper zugrunde liegen.

Beim Arbeiten mit diesem Buch sollten – wie immer – Papier und Stift bereitliegen. Wir haben wieder klassische Experimente, Übungsbeispiele und **typische Aufgabenstellungen** aufgenommen, die die aktive Auseinandersetzung mit dem Lernstoff ermöglichen. Der Lösungsteil am Ende des Buches erleichtert die Selbstüberprüfung.

Alle Begriffe, die mit einem * versehen sind, erläutert ein **Glossar** noch einmal. Mit dem **Stichwortverzeichnis** können einzelne Begriffe und Sachverhalte gezielt aufgesucht und nachgeschlagen werden.

Auch unser PINGO ist wieder mit von der Partie; er macht in bewährter Weise auf Experimente, Aufgaben und Zusammenfassungen aufmerksam.

Zuletzt sei wieder all denjenigen Schülerinnen und Schülern gedankt, von denen wir gelernt haben, wo die Verständnisschwierigkeiten liegen und wie sie am besten zu lösen sind. Wir hoffen, daß uns erneut ein Buch gelungen ist, das trotz der teilweise schwierigen Zusammenhänge mit Lust gelesen wird und das Lernen dieser spannenden Materie leichter macht. Viel Spaß und Erfolg wünschen:

Reiner R. Kleinert,
Wolfgang Ruppert und
Franz X. Stratil

A. Nervensystem

1. Einführung

Es ist eine alltägliche Erfahrung, daß Tiere auf Signale aus der Umwelt reagieren. So kann man z. B. beobachten, daß Singvögel beim Erspähen einer Katze Warnrufe ertönen lassen oder ein Frosch beim Anblick einer Fliege typisches Beutefangverhalten zeigt.

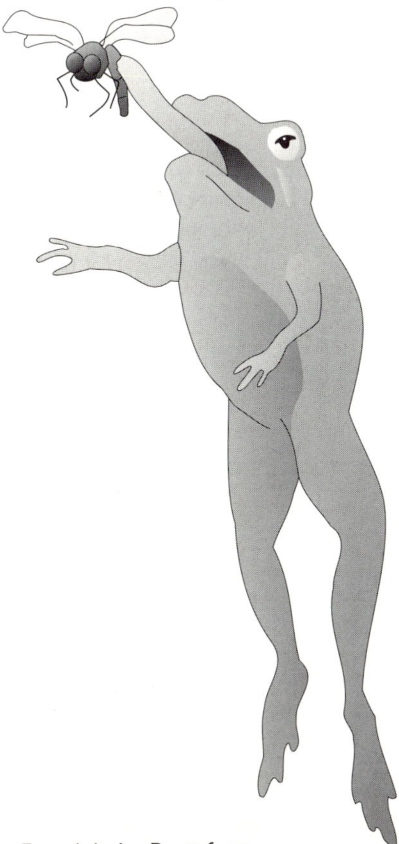

Abb. 1 Frosch beim Beutefang

Auch bei Pflanzen lassen sich entsprechende Aktivitäten feststellen. Dies ist jedoch wegen der zumeist sehr langsamen Bewegungen nicht auf den ersten Blick offensichtlich. So braucht man schon Geduld, um zu bemerken, daß sich eine Zimmerpflanze dem durch das Fenster einfallenden Licht zuwendet.
Unmittelbar wahrzunehmen hingegen ist z. B. das zügige Zusammenklappen der Fangblätter der Venusfliegenfalle bei Berührung durch ein Insekt.
Die beobachtete Fähigkeit, Reize mit Reaktionen zu beantworten, wird als **Reizbarkeit** bezeichnet und ist eine typische Eigenschaft der Lebewesen.

Wir wollen noch ein weiteres Beispiel betrachten. Als Versuchsobjekt dient der Einzeller Euglena*, der sowohl als Tier als

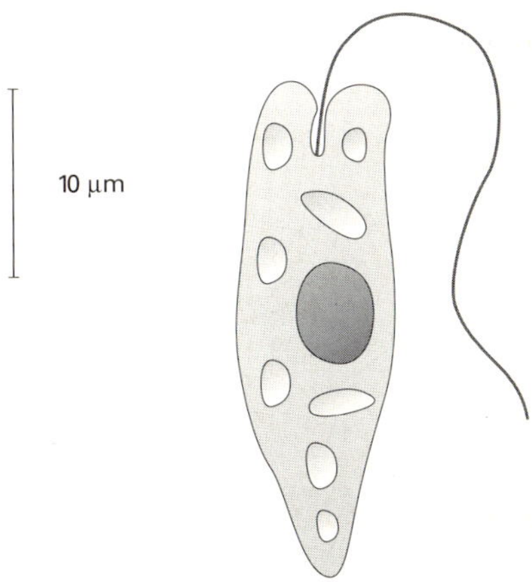

Abb. 2a) Schematische Darstellung von Euglena

auch als Pflanze angesehen werden kann. (Die Zoologen rechnen ihn zu den Geißeltierchen, die Botaniker zu den Geißelalgen).

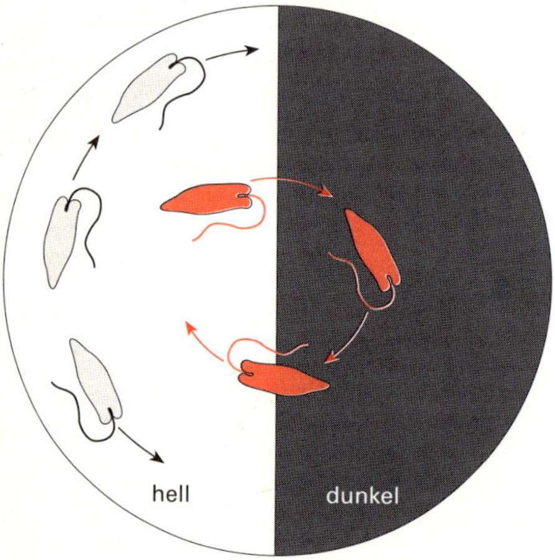

Abb. 2b) Verhalten von Euglena an einer Dunkelgrenze

Die deutsche Bezeichnung „Schönauge" deutet schon an, daß das gewählte Versuchsobjekt auf Lichteinflüsse anspricht.

Das dabei auftretende Verhalten kann im Mikroskop beobachtet werden. Das Gesichtsfeld ist dabei so gewählt, daß man Euglenen dabei betrachten kann, wie sie von einer hell erleuchteten Zone an eine Dunkelgrenze gelangen.

Man erkennt, daß die meisten Euglenen an der Hell-Dunkel-Grenze kehrtmachen und in den beleuchteten Bereich zurückschwimmen. Sie zeigen eine negative Phototaxis, verfügen also über die Fähigkeit, auf den aufgenommenen Lichtreiz zu reagieren. Die für alle Lebewesen charakteristische Eigenschaft, Reize zu verarbeiten und mit zugeordneten Reaktionen zu beantworten, ist in Abb. 3 schematisch dargestellt. *(Wer mehr auch über die anderen grundlegenden Eigenschaften der Lebewesen wissen möchte, kann in der Mentor Abiturhilfe 67 in Kapitel D nachschlagen.)*

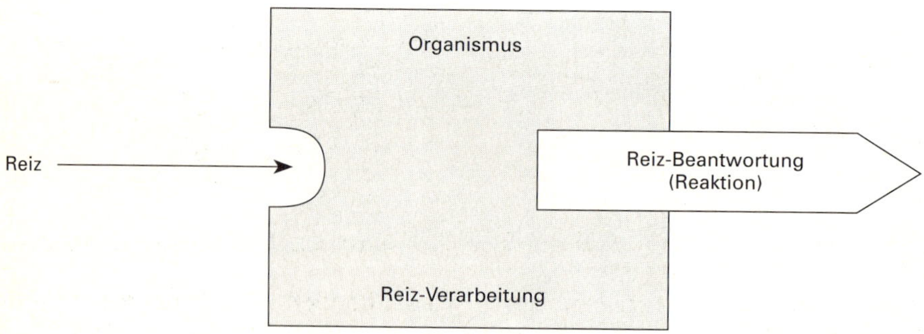

Abb. 3 Schematische Darstellung der Reizbarkeit

2. Bau der Nervenzelle

Bei der Informationsverarbeitung, die für die Umsetzung eines Reizes in eine Reaktion notwendig ist, spielen bei höher entwickelten Tieren und beim Menschen Nervenzellen (Neuronen*) eine herausragende Rolle. Sie sind – auch aus medizinischem Interesse – sowohl in ihrem Bau als auch in ihrer Funktion besonders gründlich untersucht worden und werden besser verstanden als die meisten anderen Zelltypen.

Die bei der Erforschung gewonnenen grundlegenden Fakten wollen wir in diesem Kapitel herausarbeiten.

Nervenzellen können durch bestimmte Präparations- und Anfärbetechniken, auf deren Beschreibung wir hier bewußt verzichten, sichtbar gemacht werden. Drei dergestalt bearbeitete Neuronen sind in Abb. 4 zeichnerisch wiedergegeben.

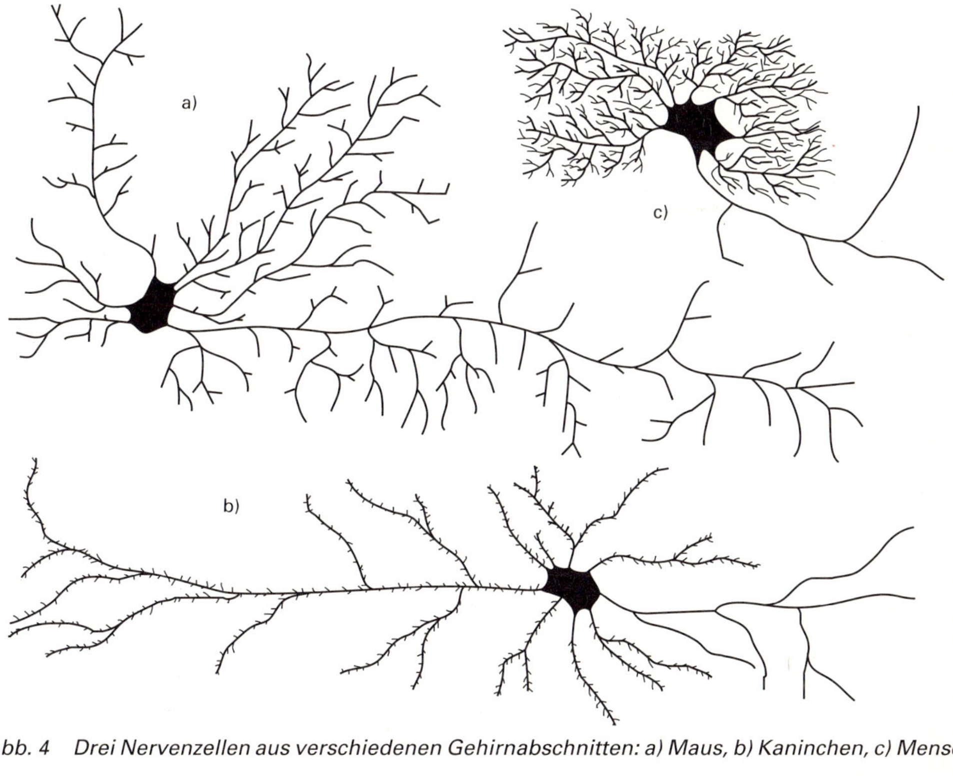

Abb. 4 Drei Nervenzellen aus verschiedenen Gehirnabschnitten: a) Maus, b) Kaninchen, c) Mensch

Der Vergleich der drei Zellen offenbart auffällige Übereinstimmungen. Aus einem verdickten Zellbereich entspringen zum Teil stark verzweigte faserartige Strukturen.

Dabei handelt es sich um typische Merkmale, die in mannigfachen Variationen in Erscheinung treten, sich jedoch auf ein gemeinsames Grundmuster zurückführen lassen.

2.1 Der Grundbauplan der Nervenzelle

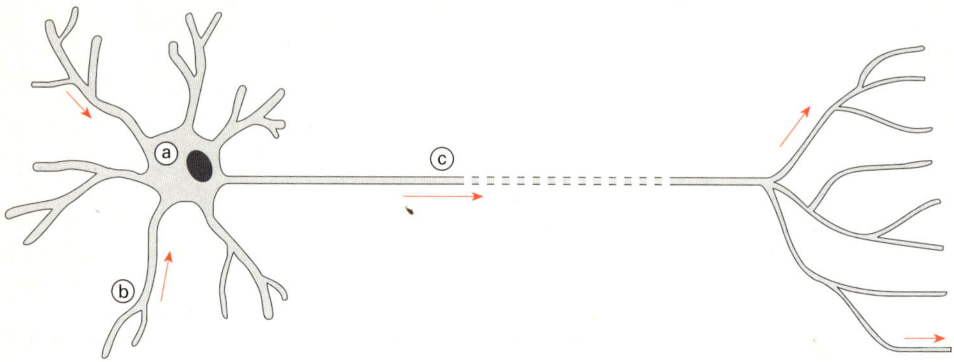

Abb. 5 Grundbauplan eines Neurons

Am **Zellkörper** (Perikaryon, Soma) ⓐ, der neben dem Zellkern auch die anderen für Zellen typischen Organellen enthält, entspringen zahlreiche Fortsätze verschiedener Form und Länge *(Zum Begriff Organell vgl. ML 67 Kap. A.3.3)*. Dabei unterscheidet man die meist zahlreichen und stark verästelten Dendriten ⓑ vom Axon ⓒ, einem einzelnen Fortsatz, der je nach Art und Lage des Neurons weniger als 1 mm bis über 1 m lang sein kann und an seinem Ende in zahlreiche Endverzweigungen auffächert.
Die in der Skizze erkennbaren Pfeile sollen andeuten, daß die verschiedenen Nervenzellfortsätze bezüglich der Signalleitung prinzipiell wie Einbahnstraßen funktionieren. So leitet das Axon Signale vom Zell-

Abb. 6 Schema einer Synapse

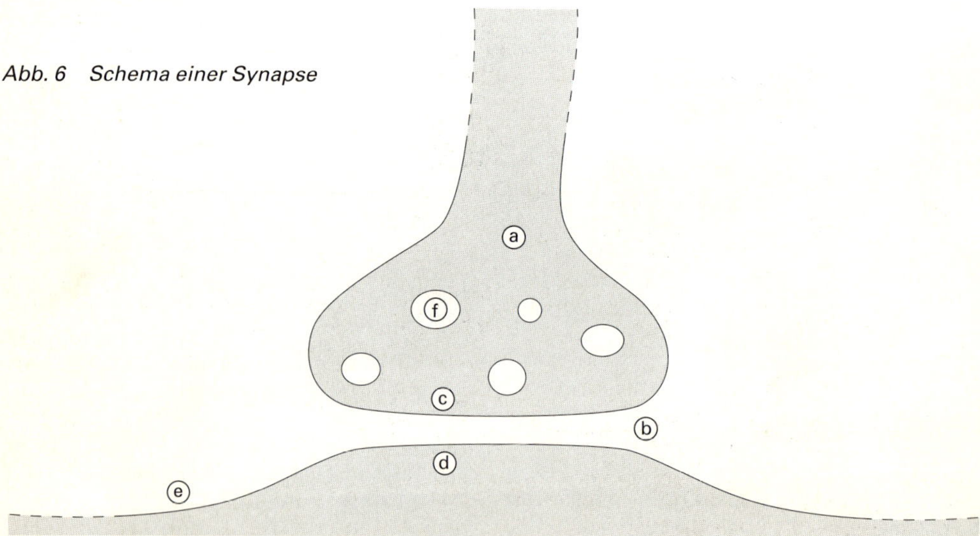

körper weg bis in die an den Endverzweigungen sitzenden Schaltstellen zur angrenzenden Zelle.

Eine solche als **Synapse*** bezeichnete Kontaktstelle zwischen einer Nervenzelle und der Folgezelle wollen wir noch etwas genauer unter die Lupe nehmen *(Abb. 6)*.

Das Ende einer jeden Axonendverzweigung erweitert sich zu einem **Endknöpfchen** ⓐ, das durch den **synaptischen Spalt** ⓑ von der Nachbarzelle getrennt ist. Die an den Spalt angrenzenden Membranbezirke werden als **praesynaptische Membran** ⓒ *(lat. prae = vor)* bzw. als **subsynaptische Membran** ⓓ *(lat. sub = unter)* bezeichnet. Letztere wird in ihrem weiteren Verlauf auch **postsynaptische Membran** ⓔ *(lat. post = hinter, nach)* genannt. Im Axon-Endknöpfchen befinden sich zahlreiche **synaptische Bläschen** ⓕ, die – wie wir später noch eingehend sehen werden *(s. S. 32 f.)* – eine entscheidende Funktion für die Synapse haben.

2.2 Verschiedene Nervenzelltypen

Die im Nervensystem befindlichen Neuronen – beim Menschen schätzt man sie auf ca. 25 Milliarden – unterscheiden sich in ihren Aufgaben und damit auch in ihrem Bau auf mehrerlei Weise.

Eine der Unterscheidungsmöglichkeiten richtet sich nach der Anzahl ihrer Ausläufer *(Abb. 7)*.

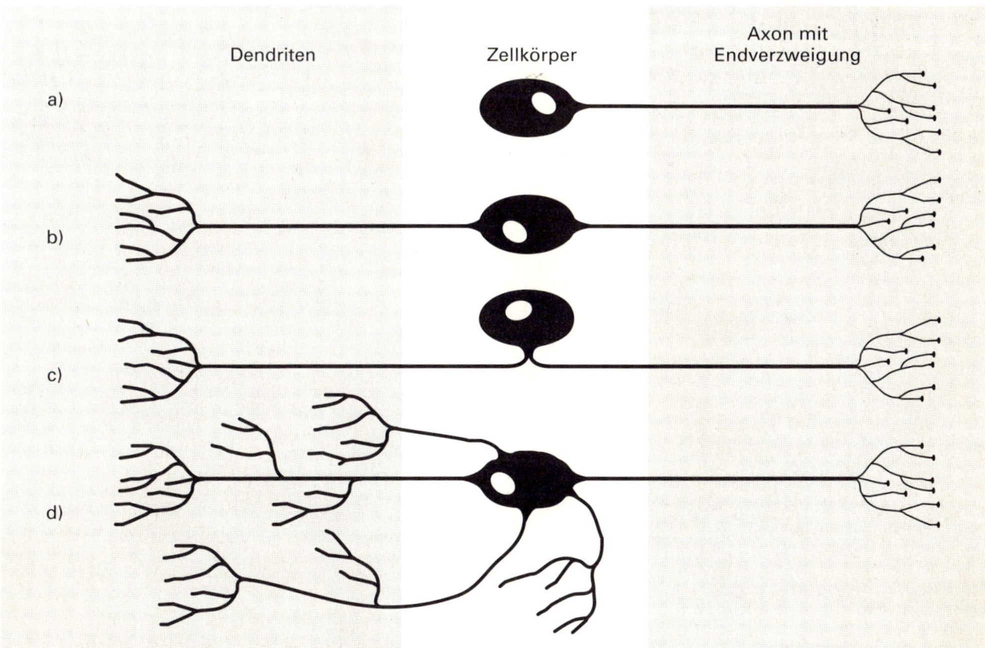

Abb. 7 Verschiedene Nervenzelltypen

Unipolare Neuronen ⓐ sind nur mit einem einzigen kurzen Fortsatz ausgestattet. Sie kommen als Sinneszellen in der Netzhaut des Auges vor *(s. S. 57)*.
Bipolare Neuronen ⓑ weisen zwei an gegenüberliegenden Stellen des Zellkörpers entspringende Fortsätze auf. Sie sind in der Netzhaut des Auges *(s. S. 57)* sowie im Hör- und Gleichgewichtsorgan anzutreffen.
Bei **Pseudounipolaren Neuronen** ⓒ gehen Axon und Dendrit an ihren Mündungsstellen ineinander über. Man findet diese Zellform z. B. in den Spinalganglien *(s. S. 76)*.
Multipolare Neuronen ⓓ besitzen zahlreiche Dendriten und ein Axon. Dieser häufige Zelltyp tritt z.B. als motorische Vorderhornzelle des Rückenmarks auf *(s. S. 76)*.

Eine weitere Unterscheidungsmöglichkeit bezieht eine Sorte von Zellen mit ein, die neben den Neuronen ebenfalls am Aufbau des Nervensystems beteiligt sind. Es handelt sich dabei um die sogenannten **Glia-Zellen***, welche die Nervenzellen umgeben und sie auf vielfältige Weise unterstützen.
Die in ihrer Wirkungsweise am besten verstandenen Zellen des Glia-Typs sind die nach einem Anatomieprofessor benannten **SCHWANN-Zellen**, die im peripheren* Nervensystem der Wirbeltiere auftreten.

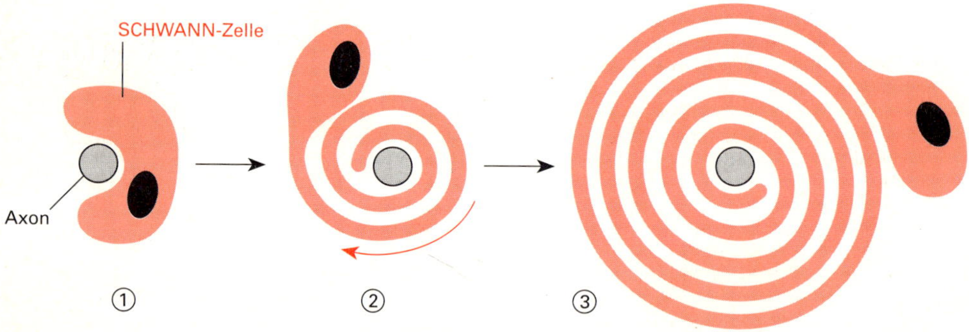

Abb. 8 Bildung einer Markscheide um ein Axon

Als junge Zelle liegen sie einem Axon an *(Abb. 8 ①)*. Im Laufe ihres Wachstums wickeln sie sich mehrfach um dieses herum ② und bilden auf diese Weise schließlich eine feste Hülle (Markscheide, Myelinscheide), die den Nervenfortsatz einschließt ③.
Das Axon und die darum liegende Scheide werden in ihrer Gesamtheit als Nervenfaser bezeichnet. Bei Betrachtung eines Längsschnittes offenbart sich uns ein weiteres wichtiges Detail *(Abb. 9)*.
Es fällt sofort ins Auge, daß die Umhüllung des Axons in regelmäßigen Abständen (von 1–2 Millimetern) von sogenannten RANVIER-Schnürringen (s. Pfeile!) unterbrochen ist.
Sowohl diese Einschnürungsstellen als auch die Ausbildung der Markscheide insgesamt haben – wie wir später noch aus-

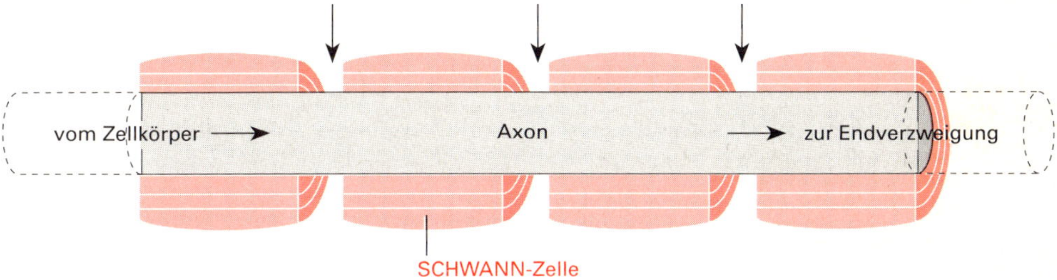

Abb. 9 Längsschnitt einer Nervenfaser

führlich sehen werden *(s. S. 29)* – eine große Bedeutung für die Geschwindigkeit der Erregungsleitung in einem Axon.

Die nach dem beschriebenen Prinzip konstruierten Nervenfasern werden als markhaltige Nervenfasern bezeichnet. Nervenfasern, bei denen das Axon nur leicht in die Hüllzellen eingesenkt ist bzw. von diesen nur locker umwickelt wird, bezeichnet man im Gegensatz dazu als marklose Nervenfasern.

A/1

Aufgabe:

Fertige eine beschriftete Skizze vom Bau einer markhaltigen, multipolaren Nervenzelle an. (Kombiniere hierzu die Abbildungen 5, 7d und 9 miteinander.)

3. Funktion der Nervenzelle

Vor gut zwei Jahrhunderten führte der italienische Arzt und Naturforscher Luigi GALVANI Experimente mit Froschschenkeln durch. Dabei entdeckte er im Jahre 1786, daß sich ein Muskel immer dann zusammenzog, wenn durch den zu ihm führenden Nerv ein elektrischer Strom floß. Bereits zur damaligen Zeit war also die Beteiligung elektrischer Ströme bei der Informationsübertragung in Nerven nachgewiesen.
Bis zur meßtechnischen Erfassung der Phänomene, die dabei an der einzelnen Nervenzelle auftreten, verging jedoch noch eine lange Zeit. Die Untersuchungen erwiesen sich unter anderem auch aufgrund der Winzigkeit der Nervenzellfortsätze als äußerst schwierig. Man versuchte deshalb zunächst, besonders große Nervenfasern als Versuchsobjekte heranzuziehen. 1939 und in den darauffolgenden Jahren gelang es dann an Tintenfisch-Riesenaxonen zum ersten Mal, die elektrischen Verhältnisse an einer ruhenden Nervenfaser aufzuklären.

3.1 Die unerregte Nervenzelle

Mittlerweile sind die Meßmethoden so ausgefeilt, daß man auch Nervenfasern ganz gewöhnlicher Größe zu Messungen heranziehen kann. Wir werden uns zunächst damit befassen, wie dies geschieht, wobei wir uns auf die Darstellung der angewendeten methodischen Grundprinzipien beschränken. Auf eine physikalisch detaillierte Beschreibung der Meßtechnik wollen wir jedoch bewußt verzichten.

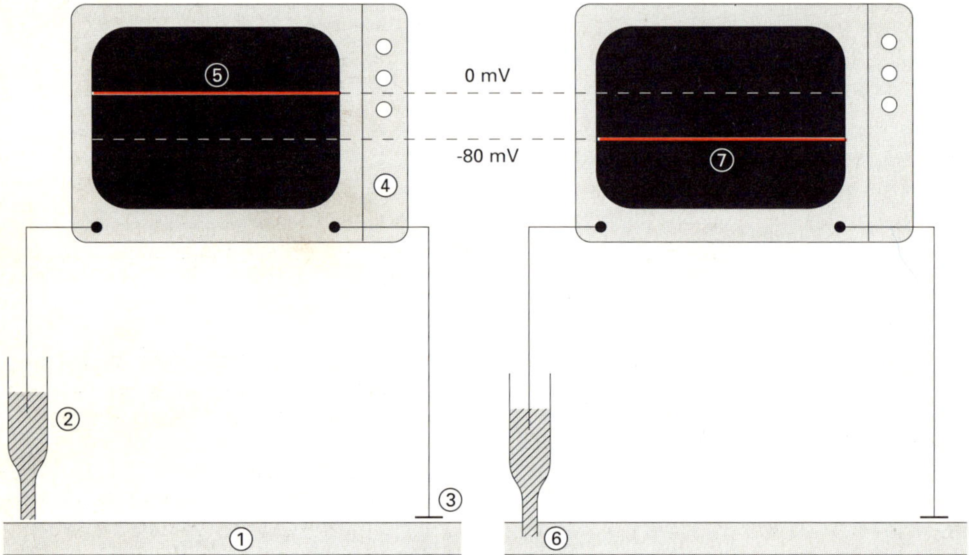

Abb. 10 Messung des Membranpotentials einer unerregten Nervenfaser

Um Messungen an einer Nervenfaser ① durchzuführen, benötigt man zwei Meßelektroden. Bei der einen handelt es sich um die hauchdünn (Durchmesser ca.1 µm = 1/1000 mm) ausgezogene Spitze einer Glaskapillare ②, die mit einer leitenden Flüssigkeit gefüllt ist und als Meßfühler dient. Als Bezugselektrode dient ein geeignetes Metallplättchen ③. Zur Messung der zwischen den beiden Elektroden anliegenden Spannung findet zumeist ein Oszilloskop ④ Verwendung, mit dem die gemessenen elektrischen Werte auf einem Bildschirm sichtbar gemacht werden können.

Zu Beginn des Versuchs liegen beide Elektroden außerhalb der Zelle, und als Meßergebnis wird eine Spannung von 0 Volt angezeigt ⑤.

Durchsticht man nun mit der Meßelektrode die Zellmembran und dringt in das Axoninnere vor ⑥, so ändert sich die gemessene Spannung sprunghaft. Das Meßgerät zeigt nun einen Wert von –80 Millivolt ⑦ an. (Der Meßwert kann je nach Zelltyp in einem Bereich von etwa –60 mV bis –110 mV liegen.)

Die Ruhespannung zwischen dem Zellinneren und der äußeren Umgebung der

Zelle wird zumeist auch als **Ruhepotential** bezeichnet. Obwohl diese Bezeichnung physikalisch nicht ganz korrekt ist, wollen auch wir sie beibehalten, da sie allgemein eingebürgert ist.

Abb. 11 Ladungsverteilung am ruhenden Axon

! Das Ruhepotential ist innen negativ gegenüber außen.

Membranpotentiale, wie das soeben beschriebene, treten bei pflanzlichen und tierischen Zellen generell auf. Bei Nervenzellen sind sie von spezieller Bedeutung für die Ermöglichung der Informationsweitergabe. Wir wollen uns deshalb die Bedingungen für ihr Zustandekommen genauer vor Augen führen.
Eine entscheidende Rolle spielt dabei ein Vorgang, der als **Diffusion*** bezeichnet wird. Wir wollen ihn an dieser Stelle in knapper Form erläutern. *(Eine umfassendere Darstellung kannst du in der Mentor Abiturhilfe 67, S. 55 ff., finden).*

Unter Diffusion versteht man das Bestreben eines Stoffes, sich in einem ihm zur Verfügung stehenden Raum gleichmäßig zu verteilen.
Gibt man z. B. – wie in Abb. 12 dargestellt – einen Salzkristall oder einen Zuckerwürfel ① in ein mit Wasser gefülltes Gefäß ②, so beginnen sich die Ionen des Salzes bzw. die Moleküle des Zuckers im Lösungsmittel zu verteilen ③, bis schließlich ihre Konzentration überall gleich groß ist ④.

Abb. 12 Versuch zur Diffusion

Diffusionsvorgänge können durch Membranen beeinflußt sein, die für verschiedene Teilchensorten unterschiedliche Permeabilität (Durchlässigkeit) aufweisen.

Nehmen wir beispielsweise ein Gefäß mit einer Membran ⓐ, die selektiv permeabel (durchlässig) für Wassermoleküle und Kaliumionen (K^+) ist, Chlorid-Ionen (Cl^-) hingegen nicht passieren läßt. Die rechte Hälfte des Gefäßes wird mit reinem Wasser gefüllt ⓑ, die linke dagegen mit einer Kaliumchloridlösung ⓒ.

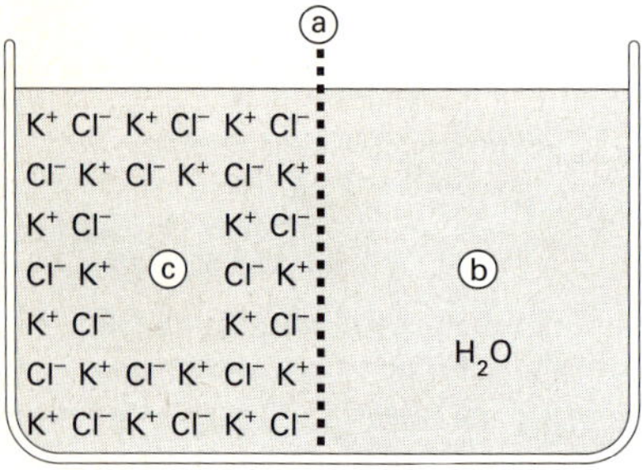

Abb. 13a) Versuch zur Diffusion durch eine selektiv permeable Membran – Teil 1

In der linken Gefäßhälfte ist also die Konzentration für Kaliumionen (K^+) und Chloridionen (Cl^-) höher als in der rechten Gefäßhälfte. Man spricht hier deshalb auch von einem **Konzentrationsgefälle**. Es ist die Ursache dafür, daß die Kaliumionen (K^+) durch die (für sie durchlässige) Membran hindurch diffundieren ①.

Die Wanderung der K^+-Ionen geht aber nicht bis zur völligen Gleichverteilung dieser Teilchen in beiden Gefäßhälften. Vielmehr wird die Abwanderung der K^+-Ionen auch wieder gebremst. Und zwar aus folgendem Grund: Es können ja nur die (positiv geladenen) Kaliumionen die Membran passieren. Die (negativ geladenen) Chloridionen werden hingegen zurückgehalten. Demzufolge kommt es zu einer Ungleichverteilung der Ladung. Rechts von der Membran besteht dann ein Überschuß an positiver Ladung (Kaliumionen) ②, links besteht ein Überschuß an negativer Ladung (Chlorid-Ionen) ③.

Bei den weiteren Überlegungen wollen wir unsere Aufmerksamkeit auf das Diffusionsverhalten der Salz-Ionen richten, das der Wassermoleküle soll indes bewußt außer Acht gelassen werden.

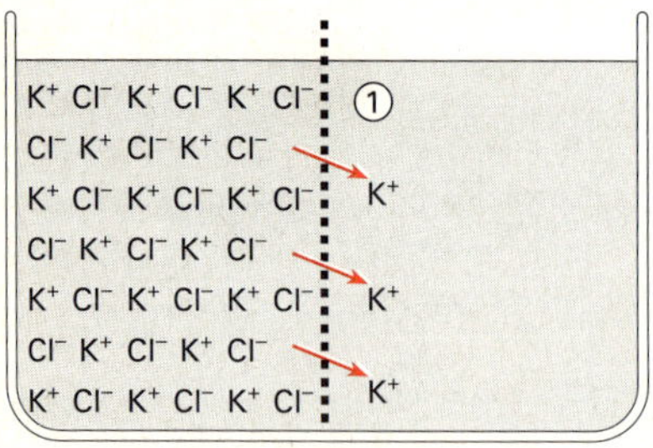

Abb. 13b) Versuch zur Diffusion durch eine selektiv permeable Membran – Teil 2

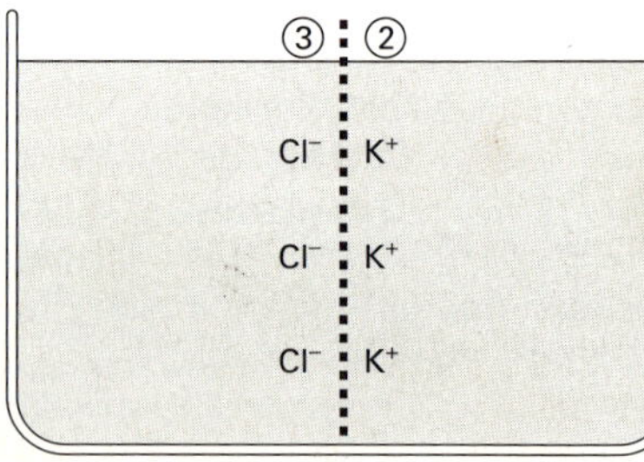

Abb. 13c) Versuch zur Diffusion durch eine selektiv permeable Membran – Teil 3 (Nur die direkt an der Membran befindlichen Ionen sind dargestellt.)

Infolge der ungleichen Ladungsverteilung besteht ein elektrisches **Ladungsgefälle**. Dieses wirkt als zweite Kraft neben dem Konzentrationsgefälle ebenfalls auf die K^+-

Ionen ein. Diese werden demzufolge durch den negativen Ladungsüberschuß links der Membran angezogen, und es kommt zu ihrer Rückwanderung ④.

Wichtig für das Verständnis des sich ergebenden Endzustandes ist die Kenntnis vom Zusammenspiel der beiden auf die K^+-Ionen einwirkenden Kräfte.

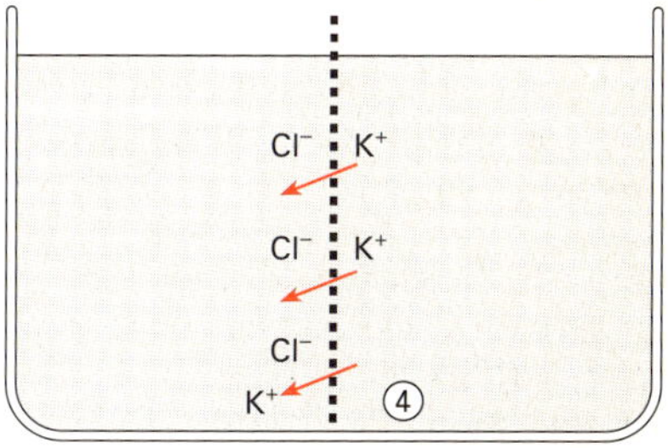

Abb. 13d) Versuch zur Diffusion durch eine selektiv permeable Membran – Teil 4 (Dargestellt sind nur die direkt an der Membran befindlichen Ionen.)

Aufgabe:

Wie ändert sich das Konzentrationsgefälle mit zunehmendem K^+-Ionen-Ausstrom?

Aufgabe:

Wie ändert sich das Ladungsgefälle mit zunehmendem K^+-Ionen-Ausstrom?

Zu einem bestimmten Zeitpunkt sind die beiden auf die K^+-Ionen einwirkenden Kräfte (Konzentrationsgefälle und Ladungsgefälle) gleich groß, und es wird bezüglich der Wanderung der K^+-Ionen ein dynamisches Gleichgewicht erreicht: Es strömen pro Zeiteinheit genauso viele K^+-Ionen (durch das Konzentrationsgefälle getrieben) nach rechts, wie K^+-Ionen (durch das Ladungsgefälle getrieben) nach links strömen.
Der damit erreichte Endzustand ist charakterisiert durch einen Überschuß an K^+-Ionen rechts der Membran und einen Überschuß von Cl^--Ionen links der Membran ⑤.

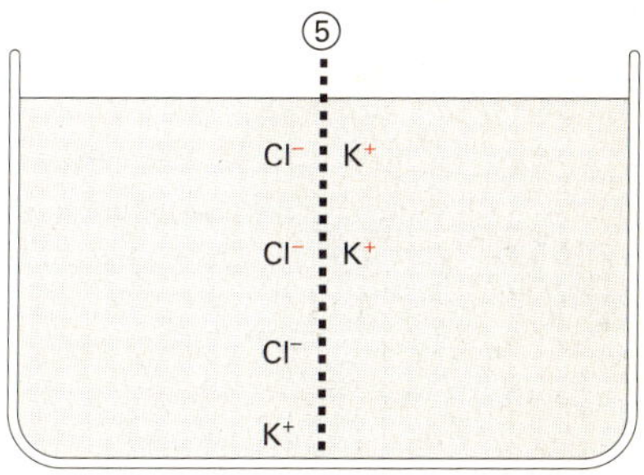

Abb. 13e) Versuch zur Diffusion durch eine selektiv permeable Membran – Teil 5. (Dargestellt sind nur die direkt an der Membran befindlichen Ionen.)

Die Diffusion der K^+-Ionen durch die selektiv permeable Membran hat also den Aufbau eines Membranpotentials zur Folge ⑥.

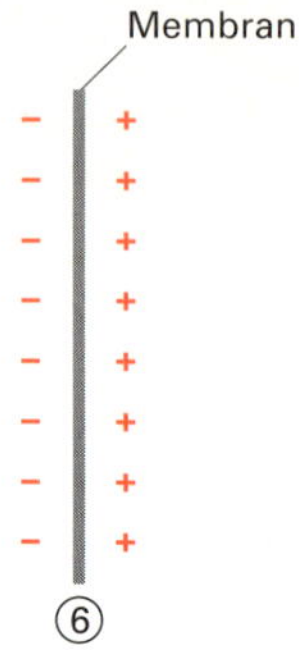

Abb. 13f) Versuch zur Diffusion durch eine selektiv permeable Membran – Teil 6 (Ladungsverteilung an der Membran)

Wir halten fest:

Messungen ergaben: An einer unerregten Nervenfaser besteht ein Ruhepotential, das durch negativen Ladungsüberschuß an der Innenseite der Axonmembran gekennzeichnet ist.

Experimentell wurde gezeigt: Sind Lösungen mit unterschiedlicher Salzkonzentration durch eine für die einzelnen Ionensorten unterschiedlich stark permeable Membran getrennt, so entsteht aufgrund von Diffusionsvorgängen durch die Membran an dieser ein Potential.

Mit diesem Vorwissen gewappnet können wir uns nun den Vorgängen zuwenden, die an der Axonmembran selbst ablaufen. Diese hat als typische Biomembran selektiv permeable Eigenschaften. *(Eine ausführliche Darstellung der Bau- und Funktionsprinzipien von Biomembranen findet sich in der Mentor Abiturhilfe 67, S. 69 ff.)* Und sie ist umgeben von Lösungen, die mehrere Typen von Ionen enthalten. Chemische Analysen ergaben, daß es sich dabei im wesentlichen um folgende Ionensorten handelt:

– **positive Ionen** (Kationen):
  Kaliumionen K^+
  Natriumionen Na^+

– **negative Ionen** (Anionen):
  Chloridionen Cl^-
  Eiweißionen Org^-
  (organische Ionen)

Diese Ionen sind so an der Nervenzellmembran verteilt, daß – wie wir ja bereits wissen – an der Innenseite im Vergleich zur Außenseite ein negativer Ladungsüberschuß besteht. Die chemische Bestimmung der Konzentrationen der einzelnen Ionensorten ergab folgende Daten:

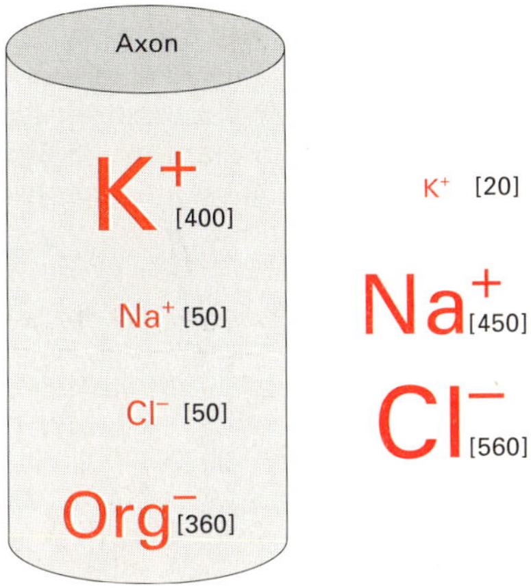

Abb. 14 Ionenkonzentrationen innerhalb und außerhalb des Axons in [mM/l] (M steht für „Mol"; vgl. Mentor Lernhilfen Chemie, z. B. Band 70)

Es zeigt sich, daß die Konzentration für K^+-Ionen und Eiweiß-Ionen im Zellinneren deutlich höher ist als außen. Hingegen sind die Konzentrationen der Na^+- und Cl^--Ionen im Zellinneren deutlich geringer als außen.
Mit Ausnahme der vergleichsweise sehr großen Eiweiß-Ionen können die verschiedenen Ionensorten die Axonmembran durch sogenannte passive Ionen-Kanäle, das sind quasi ständige Öffnungen, durchqueren. Dabei besteht aber ein Unterschied im jeweiligen Durchlaßvermögen, wie die folgende Aufstellung zeigt:

K^+	:	Na^+	:	Cl^-
100	:	4	:	45

Die Membran ist demnach im Ruhezustand für K^+-Ionen am stärksten durchlässig.

Aufgabe:

Die Membran ist im Ruhezustand für K^+-Ionen stärker durchlässig als für Na^+-Ionen. Berechne, um wieviel mehr.

Für die Ausbildung des Ruhepotentials spielen aus diesem Grunde auch die K^+-Ionen die entscheidende Rolle.

!

Das **Ruhe**potential ist im wesentlichen ein **Kalium**potential.

Zu verstehen, wie diese Rolle aussieht, fällt gar nicht schwer, wenn man die Ausführungen zum oben beschriebenen Experiment *(Abb. 13a)–f))* verstanden hat.

Die K^+-Ionen wandern nämlich im Bestreben nach Konzentrationsausgleich vom Axoninneren nach außen. Dabei bildet sich eine ungleiche Ladungsverteilung aus. Im Bestreben nach Ladungsausgleich kommt es zu einem K^+-Ionen-Rückstrom nach innen. Schließlich sind Konzentrations- und Ladungsgefälle gleich groß und die aus- und einströmenden K^+-Ionen halten sich die Waage.

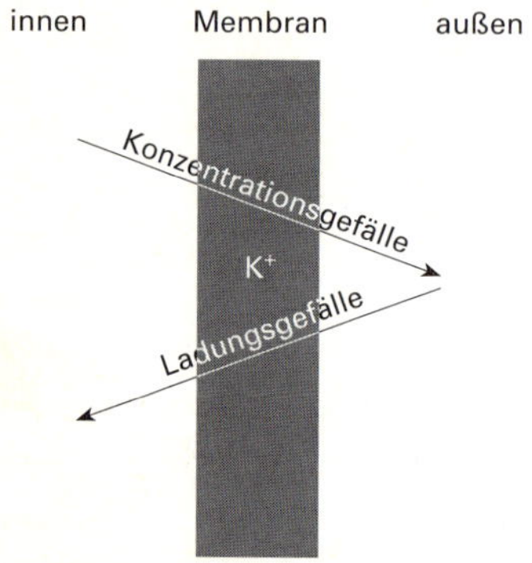

Abb. 15 Zusammenwirken von Konzentrations- und Ladungsgefälle für K^+-Ionen

In diesem Gleichgewicht besteht eine Ladungstrennung unmittelbar an beiden Membranseiten, und es tritt das meßbare und für die unerregte Axonmembran charakteristische Ruhepotential auf *(vgl. oben)*.

Die Rolle der anderen Ionensorten für die Ausbildung des Ruhepotentials wollen wir mit den folgenden beiden Aufgaben beleuchten.

Aufgabe:

In welcher Weise beeinflussen die Chloridionen das Ruhepotential?

Aufgabe:

In welcher Weise beeinflussen die Natriumionen das Ruhepotential?

Trotz der geringen Durchlässigkeit der Membran für Na^+-Ionen würde ein ungehinderter Einstrom dieser Ionensorte in das Axoninnere langsam aber sicher zu einer Abschwächung des Ruhepotentials führen *(vgl. Lösung zu Aufgabe 6)*, und damit die Funktionsfähigkeit der Nervenzelle beeinträchtigen. Um dies zu verhindern, verfügt die Zelle über einen Mechanismus, der dieser Gefahr entgegen wirkt – die **Natrium-Kalium-Pumpe**.
Ihre Wirkungsweise wird mit Hilfe der Abb. 16 erläutert.

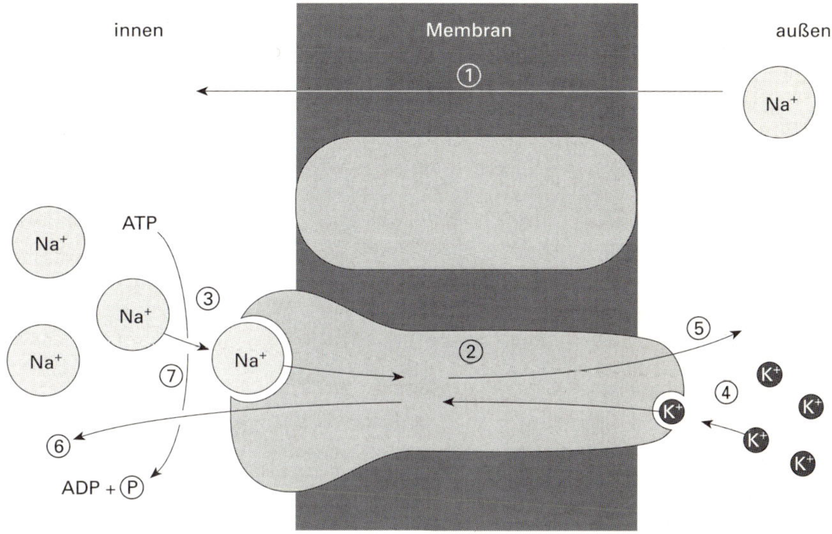

Abb 16 Natrium-Kalium-Pumpe

Das permanente Einsickern von Natriumionen ① wird durch die Wirkungsweise von Carrierproteinen ② in der Membran kompensiert. An diese lagern sich an der Innenseite Na^+-Ionen ③, an der Außenseite K^+-Ionen ④ an. Die Ionen werden durch Konformationsänderung der Carrierproteine auf die jeweils andere Membranseite geschleust ⑤ ⑥ *(zum Mechanismus des Carrier-Transports vgl. ML 67 Kap. C.5.3).* Die für den Prozeß benötigte Energie wird durch ATP bereitgestellt *(zur Rolle des ATP im Stoffwechsel vgl. ML 68).*

A/7

Aufgabe:

Untersuchungen ergaben, daß die Natrium-Kalium-Pumpe beim Abtransport von drei Natriumionen nach außen zwei Kaliumionen in das Zellinnere hineintransportiert.
Welche Auswirkungen hat dies auf das Membranpotential?

A/8

Aufgabe:

Diese Frage ist für den Spezialisten gedacht, der schon gut über die an Biomembranen ablaufenden Vorgänge Bescheid weiß *(vgl. ML 67 Kap. C)*:
Welche Auswirkungen hätte der Ausfall der Natrium-Kalium-Pumpe auf den Wasserhaushalt der Zelle?

3.2 Die erregte Nervenzelle

3.2.1 Bildung des Aktionspotentials

Unter den bereits zu Anfang von Kap. 3 erwähnten Experimenten GALVANIS mit Froschschenkeln befand sich auch eines, bei dem er einen Nerv mit zwei verschiedenen Metallsorten berührte, die miteinander verbunden waren. Daraufhin konnte er eine Kontraktion des von diesem Nerven versorgten Muskels beobachten.
Die durch diese Art der Berührung verursachte Ladungsveränderung hatte also die Informationsweiterleitung entlang des Nervs zur Folge.
Die bei derartigen Vorgängen in einer einzelnen Nervenzelle ablaufenden Ereignisse lassen sich mit einer Apparatur erfassen, die prinzipiell der zu Beginn von Kap. A.3.1 *(S. 14)* entspricht.

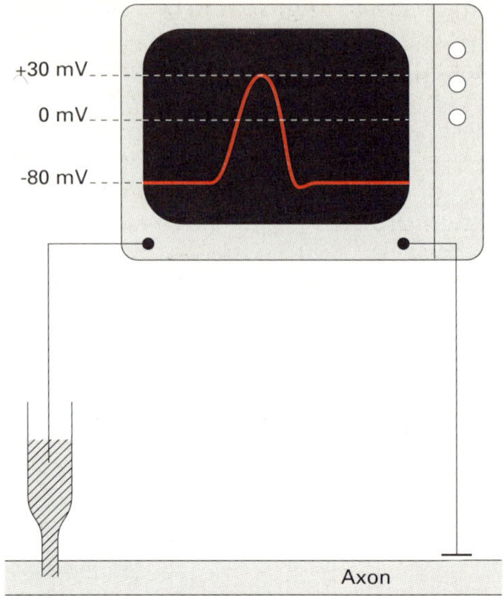

Abb. 17 Messung des Membranpotentials einer erregten Nervenfaser

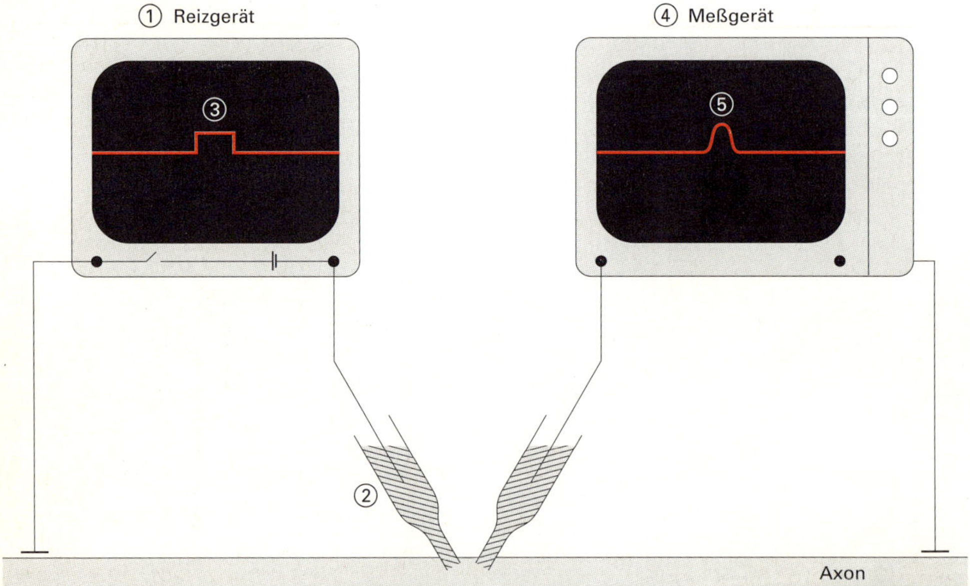

Abb. 18 Versuchsanordnung zur Reizung einer Nervenfaser und Messung des Membranpotentials

Das Meßgerät zeigt zu einem bestimmten Zeitpunkt das Umspringen des Membranpotentials. Dabei verändert sich dieses ausgehend vom negativen Wert des Ruhepotentials für den kurzen Zeitraum von etwa 1 ms auf einen positiven Spitzenwert von ca. +30mV, um dann wieder in den Bereich des Ausgangswertes zurückzufallen. Diese kurzfristige Änderung des Membranpotentials wird in ihrem Gesamtablauf als **Aktionspotential** bezeichnet.
Aktionspotentiale treten im Organismus natürlicherweise auf, wenn z. B. ein Neuron durch eine vorgeschaltete Nervenzelle aktiviert wird. Zur Erforschung der ablaufenden Mechanismen konnte man aber von der Tatsache Gebrauch machen, daß sich Neuronen auch künstlich erregen lassen – wie ja das klassische Experiment von GALVANI bereits zeigte.
Für die systematische Untersuchung benutzt man die in Abb. 18 in stark vereinfachter Form dargestellte Versuchsapparatur.

Mit einem Reizgerät ① kann man an einer Stelle der Membran durch eine Reizelektrode ② kurze Stromstöße setzen, die das Ruhepotential verändern. Die Intensität dieser elektrischen Reize ③ läßt sich variieren. An der angrenzenden Membranstelle wird mit der uns bereits vertrauten Meßapparatur ④ die Auswirkung des Reizes auf das Potential erfaßt ⑤ *(vgl. Abb. 18)*.

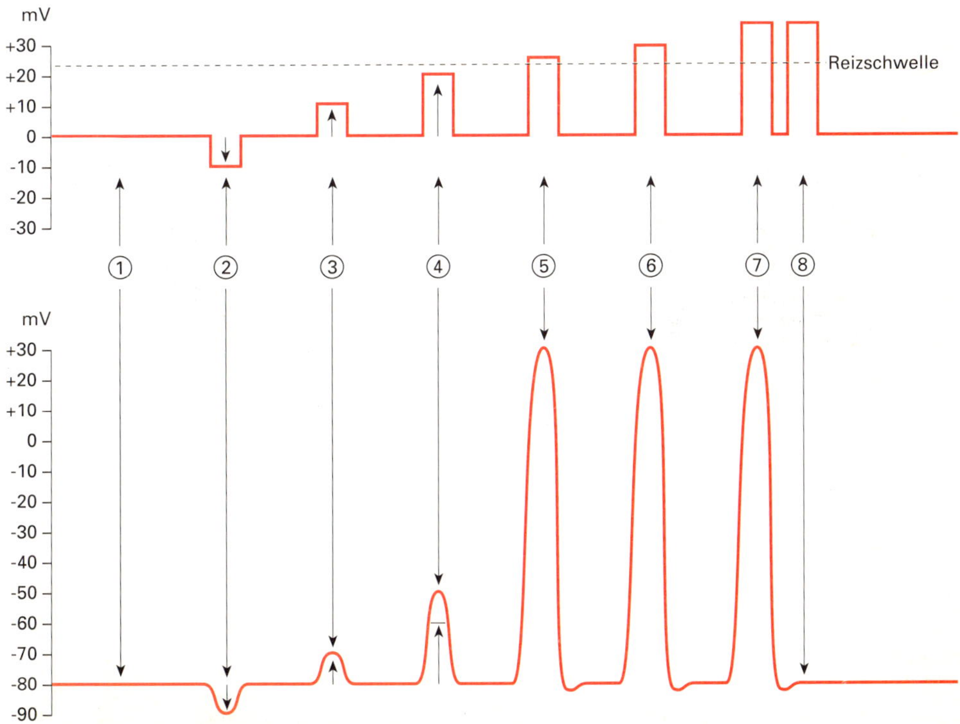

Abb. 19 Auslösebedingungen für das Aktionspotential

Bei eingehenden Untersuchungen wurden die elektrischen Reize abgewandelt und ihre jeweilige Auswirkung auf das Membranpotential gemessen. Auf diese Weise konnte man die Auslösebedingungen für das Aktionspotential ermitteln. Einige typische Reizformen und die zugeordneten Veränderungen des Membranpotentials sind in Abb. 19 zusammengefaßt.

① Bei nicht aktivem Reizgerät erfaßt das Meßgerät das Ruhepotential von – 80 mV.

② Ist die Reizelektrode mit dem negativen Pol des Reizgerätes verbunden, so wird dem Axoninneren eine gewisse Menge negativer Ladung zugeführt. Diese bewirkt eine entsprechende Verschiebung des Membranpotentials in den Bereich stärker negativer Werte. Diese Verstärkung des Ruhepotentials wird als **Hyperpolarisierung** bezeichnet.

③ Ist die Reizelektrode mit dem positiven Pol des Reizgerätes verbunden, so wird dem Axoninneren eine gewisse Menge positiver Ladung zugeführt. Diese bewirkt eine entsprechende Verschiebung des Membranpotentials in den Bereich weniger stark negativer Werte. Diese Abschwächung des Ruhepotentials wird als **Depolarisierung** bezeichnet.

④ Ab einer bestimmten Reizintensität übersteigt die Depolarisierung die Menge der zugeführten Ladung.

⑤ ⑥ ⑦ Ab einer bestimmten **Reizschwelle** kommt es zur Auslösung von Aktionspotentialen. Dabei gilt die **„Alles-oder-Nichts-Regel"**. Sie besagt, daß sämtliche überschwelligen Reize die Bildung eines Aktionspotentials bewirken, sämtliche Reize unterhalb der Schwelle hingegen nicht.

⑧ Bei sehr enger zeitlicher Aufeinanderfolge (2 ms) zweier Reize löst der eigentlich überschwellige zweite Reiz kein Aktionspotential aus. Die Zeitspanne, innerhalb der kein weiteres Aktionpotential ausgelöst werden kann, bezeichnet man als **Refraktärzeit**.

Die Umpolung der Membran – ausgehend vom Ruhepotential bis zum „Gipfel" des Aktionspotentials – kommt durch massive Ionenverschiebungen im Bereich der Axonmembran zustande.

Aufgabe:

a) Überlege, welche der an der Axonmembran befindlichen Ionensorten dafür prädestiniert ist, eine rasche Umpolung an der Membran zu bewirken.
Begründe deine Überlegungen.

b) Welche Veränderung in der Axonmembran muß eintreten, damit die entsprechenden Ionen ihre Rolle spielen können?

Um Art und Ablauf der Ionenverschiebungen verstehen zu können, werden wir grundlegende Vorgänge an der Membran betrachten.
Dabei spielen **aktive Ionen-Kanäle** eine Hauptrolle. Sie sind in ihrer Struktur veränderlich, und zwar richtet sich ihr räumlicher Zustand nach der an der Membran aktuell herrschenden Spannung.
Was ihre Funktionsweise betrifft, so konnte man in letzter Zeit mit Hilfe der **Patch-Clamp-Methode*** zahlreiche Details in

Erfahrung bringen. Bei diesem Verfahren wird eine Glaspipette mit einem Durchmesser von weniger als 0,5 μm auf die Membran aufgesetzt. Durch leichtes Ansaugen der Membran kann es gelingen, in der Pipettenspitze einen einzelnen Ionenkanal zu erfassen, wobei die Membran insgesamt intakt bleibt. Dadurch werden Messungen an einzelnen Ionenkanälen möglich.

Um uns bei unseren Überlegungen besser orientieren zu können, werden wir das Aktionspotential in seinem Ablauf in fünf Phasen zerlegen. Diesen werden wir dann die Geschehnisse zuordnen, die in und an der Membran ablaufen *(vgl. Abb. 20)*.

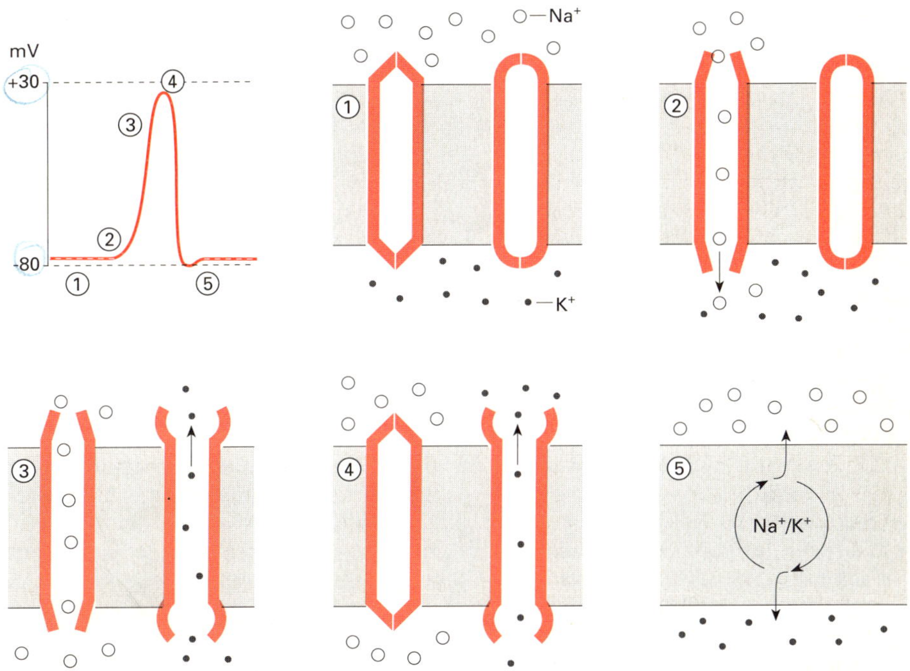

Abb. 20 Modellhafte Darstellung der Vorgänge an der Axonmembran während des Aktionspotentials

① Im Ruhezustand sind die aktiven Ionen-Kanäle allesamt geschlossen und bilden eine Barriere für den Durchstrom von Ionen.

② Bei beginnendem Aktionspotential öffnen sich die aktiven Natriumionen-Kanäle, und es kommt zum ungehinderten Einstrom von Na^+-Ionen. Dies führt zu einer raschen Veränderung des Membranpotentials.

③ Während der zunehmenden Veränderung des Membranpotentials öffnen sich auch die aktiven Kaliumionen-Kanäle, und es kommt zusätzlich zum Ausstrom von K^+-Ionen. Dieser arbeitet der weiteren Veränderung des Membranpotentials entgegen.

④ Im Bereich der größten Veränderung des Membranpotentials schließen sich die aktiven Natriumionen-Kanäle wieder.

Der Einstrom von Na^+-Ionen kommt zum Erliegen. Durch die nun allein geöffneten aktiven Kaliumionen-Kanäle strömen nach wie vor Kaliumionen aus. Dies führt zu einer raschen Rückführung des Membranpotentials in Richtung auf den ursprünglichen Zustand.

⑤ Bei der Rückbildung des Ruhezustands der Membran wird ein sogenanntes **Nachpotential** durchschritten. Am Ende schließen sich auch wieder die aktiven Kaliumionen-Kanäle, und die Natrium-Kalium-Pumpe stellt durch ihre Aktivität die ursprüngliche Ionenverteilung und damit das Ruhepotential wieder her.

Für die Entstehung des Aktionspotentials spielen demnach die Na^+-Ionen die entscheidende Rolle.

!

Das **Aktions**potential ist im wesentlichen ein **Natrium**potential.

A/10

Aufgabe:

Begründe, warum sich das Membranpotential beim Übergang vom Ruhe- zum Aktionspotential so schlagartig ändern kann. Gehe dabei von den beiden folgenden Überlegungen aus:

1. Eine geringe Depolarisation führt zur leichten Öffnung von aktiven Natriumionen-Kanälen.
2. Aktive Ionen-Kanäle ändern die Größe ihrer Durchlaßöffnung in Abhängigkeit von der Spannung, die an der Membran herrscht.

Auch das Auftreten einer Refraktärzeit läßt sich durch das Verhalten der Natriumionen-Kanäle erklären *(vgl. Text zu Abb. 19)*. Diese verharren nämlich nach Ablauf eines Aktionspotentials für eine kurze Zeitspanne in einem Zustand, aus dem heraus eine erneute Öffnung nicht erfolgen kann.

3.2.2 Erregungsleitung

Die Versuchsanordnung zur Reizung einer Nervenfaser und Messung des Membranpotentials *(vgl. Abb. 18)* kann durch weitere Meßgeräte ergänzt werden, die entlang der Nervenfaser verteilt werden. Nach Setzung eines überschwelligen Reizes erfaßt nicht nur das Meßgerät in unmittelbarer Nachbarschaft der Reizstelle ein Aktionspotential. Vielmehr werden auch an all den anderen Meßstellen Aktionspotentiale in voller Stärke registriert. Dies geschieht allerdings nicht gleichzeitig, sondern – proportional zur steigenden Entfernung vom Reizort – mit einer gewissen Zeitverschiebung. Das Aktionspotential breitet sich also entlang des gesamten Axons aus.

Die dabei auftretenden Leitungsgeschwindigkeiten können je nach Beschaffenheit der Nervenfasern sehr unterschiedlich ausfallen.

– Erregungsleitung in einer marklosen Nervenfaser

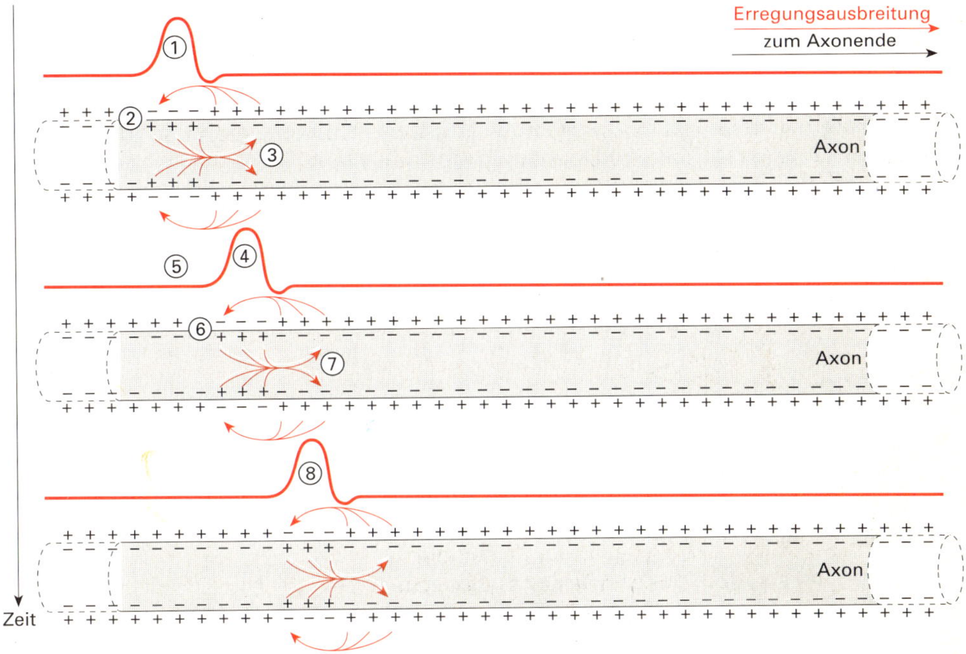

Abb. 21 Fortleitung eines Aktionspotentials in einer marklosen Nervenfaser

① An der Stelle, an der gerade ein Aktionspotential auftritt, wird das Membranpotential durch einen starken Einstrom von Na^+-Ionen quasi „umgedreht" *(vgl. Erläuterungen zu Abb. 20).*

② An beiden Seiten der Membran stoßen damit positive und negative Ladungen direkt aufeinander.

③ Da sich entgegengesetzte Ladungen anziehen, kommt es zu einer Verschiebung der Ionen in Längsrichtung des Axons. Diese Ionenströme (**„Kreisströmchen"**) bewirken eine Veränderung des Membranpotentials in der unmittelbaren Nachbarschaft der gerade umgepolten Stelle.

④ Die Nachbarstelle wird auf diese Weise überschwellig depolarisiert, und es bildet sich an ihr ein Aktionspotential aus.

⑤ An der ursprünglich umgepolten Stelle stellt sich wieder das Ruhepotential ein.

⑥ Die Stelle, an der entgegengesetzte Ladungen aufeinander stoßen, befindet sich damit weiter in Richtung auf das Axonende verschoben.

⑦ Ionenströme bewirken wiederum die überschwellige Depolarisation der Membran in der unmittelbaren Nachbarschaft der aktuell umgepolten Stelle.

⑧ Das Aktionspotential entsteht erneut „weiter rechts" und wirkt in der beschriebenen Form auf die neue Nachbarstelle ein.

Das Aktionspotential breitet sich auf diese Weise – unter Beibehaltung seiner vollen Stärke – entlang der gesamten Nervenfaser aus.

A/11

Aufgabe:

Wird an einer Stelle der Nervenfaser (z. B. in der Mitte), das Aktionspotential durch ein Reizgerät ausgelöst, so breitet es sich in beide Richtungen aus. Unter natürlichen Bedingungen läuft die Erregung hingegen immer nur in eine Richtung: Ein in der Axonmitte angekommenes Aktionspotential wirkt mit den von ihm ausgehenden Kreisströmchen zwar in beide Richtungen des Axons, löst aber nur in die Richtung auf das Axonende hin an der Nachbarstelle ein Aktionspotential aus. Die in die andere Richtung wirkenden Ionenströme (sie wurden in Abb. 21 nicht mit eingezeichnet) bleiben hingegen unwirksam.
Finde eine Erklärung für dieses Phänomen.

Die Leitungsgeschwindigkeit ist abhängig von der Dicke des Axons. Je größer der Faserdurchmesser ist, desto ungehinderter können sich die Ionenströme in Längsrichtung ausbreiten und um so schneller wird das Aktionspotential weitergeleitet. Bei den bereits erwähnten Tintenfisch-Riesenaxonen ergaben Messungen eine Leitungsgeschwindigkeit von 25 m/s.

– Erregungsleitung in einer markhaltigen Nervenfaser

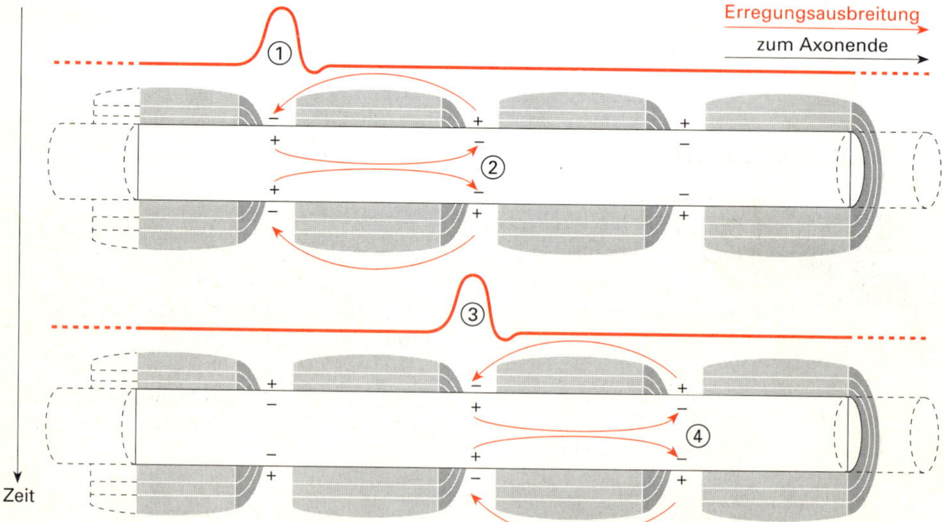

Abb. 22 Fortleitung eines Aktionspotentials in einer markhaltigen Nervenfaser

Bei der markhaltigen Nervenfaser sind weite Bereiche des Axons durch eine Markscheide isoliert. Nur an einem RANVIER-Schnürring *(vgl. Kap. A.2.2)* können sich Ionen durch die Membran bewegen.

① An der Einschnürung, an der gerade ein Aktionspotential auftritt, wird das Membranpotential durch den Einstrom von Na^+-Ionen quasi „umgedreht“.
② Die Ionenströme („Kreisströmchen“) können wegen der isolierend wirkenden Markscheide erst am nächsten Schnürring eine Depolarisation bewirken.
③ Dort wird ein Aktionspotential gebildet, während sich an der ursprünglich umgepolten Stelle wieder das Ruhepotential einstellt.
④ Die Ionenströme führen dann zur Weitergabe des Aktionspotentials an den nächstfolgenden Schnürring.

Die Erregung wird in diesem Falle also nicht kontinuierlich weitergeleitet, sondern sie springt gleichermaßen von Schnürring zu Schnürring. Man spricht deshalb auch von **saltatorischer*** **Erregungsleitung**.

Die Leitungsgeschwindigkeit ist in diesem Fall abhängig von der Dicke der Markscheide und von dem Abstand der Schnürringe. Je dicker die Markscheide ist, desto besser ist das Axon isoliert, und die Kreisströmchen können nicht „verloren gehen“, sondern wirken sich mit voller Kraft nur an den Schnürringen aus. Je größer deren Abstand voneinander ist, desto „größer die Sprünge“.

Auf diese Weise werden hier deutlich höhere Leitungsgeschwindigkeiten als bei den marklosen Nervenfasern erreicht. So konnte man z. B. in den markhaltigen Nervenfasern, die die Muskulatur von Säugetieren mit Nervenimpulsen versorgen, Geschwindigkeiten von bis zu 120 m/s messen.

Die saltatorische Erregungsleitung ist darüber hinaus auch ökonomischer, denn der energieverzehrende Einsatz von Ionenpumpen, wie er am Ende eines Aktionspotentials zur Wiederherstellung des Ruhepotentials notwendig ist, beschränkt sich auf die kleine Membranfläche an den Schnürringen.

4. Zusammenfassung

Die Fähigkeit von Lebewesen, Reize mit Reaktionen zu beantworten, wird als **Reizbarkeit** bezeichnet; hierfür spielt die Informationsverarbeitung eine herausragende Rolle.
Bei höher entwickelten Tieren und dem Menschen ist diese Verarbeitung an **Nervenzellen (Neuronen)** gebunden.

Ihrem Grundbauplan nach lassen sich alle Nervenzellen in drei Abschnitte untergliedern: **Zellkörper** (Perikaryon, Soma), **Dendriten** und **Axon**.

Die Schaltstellen eines Neurons zu den angrenzenden Zellen werden als **Synapsen** bezeichnet.

Die im Nervensystem befindlichen Neuronen unterscheiden sich nach Aufgabe und Bau:
Nach der Anzahl ihrer Ausläufer unterscheidet man zwischen **unipolaren, bipolaren, pseudounipolaren** und **multipolaren Neuronen**.
Bei **markhaltigen Nervenfasern** ist das Axon von einer aus **SCHWANN-Zellen** gebildeten Hülle (Markscheide, Myelinscheide) umgeben. Bei **marklosen Nervenfasern** ist das Axon nur leicht in die Hüllzellen eingesenkt.
Bei der Informationsübertragung durch Nervenfasern sind elektrische Ströme beteiligt.
Messungen ergaben: An einer unerregten Nervenfaser besteht ein **Ruhepotential**, das durch negativen Ladungsüberschuß an der Innenseite der Axonmembran gekennzeichnet ist.
An seinem Zustandekommen sind Kaliumionen K^+, Natriumionen Na^+, Chloridionen Cl^- und Eiweißionen Org^- beteiligt.
Im Ruhezustand ist die Membran für K^+-Ionen am stärksten durchlässig. Diese spielen deshalb für die Ausbildung des Ruhepotentials die entscheidende Rolle. **Die Konzentration für K^+-Ionen ist im Axoninneren deutlich höher.** Daher wandern sie im Bestreben nach **Konzentrationsausgleich** nach außen. Dabei bildet sich eine ungleiche Ladungsverteilung aus. Im Bestreben nach **Ladungsausgleich** kommt es zu einem K^+-Ionen-Rückstrom nach innen. Schließlich sind Konzentrations- und Ladungsgefälle gleich groß und die aus- und einströmenden K^+-Ionen halten sich die Waage. In diesem Gleichgewicht besteht eine **Ladungstrennung** unmittelbar an beiden Membranseiten und es tritt das meßbare und für die unerregte Axonmembran charakteristische Ruhepotential auf, das je nach Zelltyp im Bereich zwischen –60mV bis –110 mV liegt.

Die Na^+-Ionen, deren Konzentration außen deutlich höher ist als innen, wandern sowohl im Bestreben nach Konzentrations- als auch nach Ladungsausgleich ins Axoninnere ein.
Trotz der geringen Durchlässigkeit der Membran für Na^+-Ionen würde ein ungehinderter Einstrom dieser Ionensorte in das Axoninnere langsam aber sicher zu einer Abschwächung des Ruhepotentials führen. Um dies zu verhindern, verfügt die Zelle über einen Mechanismus, der dieser Gefahr entgegen wirkt – die **Natrium-Kalium-Pumpe**. Diese sorgt unter Verwendung von Stoffwechselenergie (ATP) für den Abtransport von Natrium-Ionen nach außen.
Die kurzfristige Änderung des Membranpotentials vom negativen Wert des Ruhepotentials auf einen positiven Spitzenwert

von ca. +30 mV wird als **Aktionspotential** bezeichnet. Sie tritt bei Erregung der Nervenfaser auf.
Untersuchungen der Auslösebedingungen ergaben, daß eine Abschwächung des Ruhepotentials **(Depolarisierung)** bis zu einer bestimmten Reizschwelle zur Auslösung von Aktionspotentialen führt.
Die Umpolung der Membran – ausgehend vom Ruhepotential bis zum „Gipfel" des Aktionspotentials – kommt durch massive Ionenverschiebungen im Bereich der Axonmembran zustande.
Dabei spielen **aktive Ionen-Kanäle** eine Hauptrolle.
Diese sind im Ruhezustand allesamt geschlossen und bilden eine Barriere für den Durchstrom von Ionen.
Bei beginnendem Aktionspotential öffnen sich die aktiven Natriumionen-Kanäle und es kommt zum ungehinderten **Einstrom von Na^+-Ionen**. Dieser bewirkt die rasche Veränderung des Membranpotentials, die bis zur Umpolung führt.
Die Rückbildung des Ruhezustands wird durch den Einstrom von Kaliumionen und das Wirken der Natrium-Kalium-Pumpe erreicht.
Für eine kurze Zeitspanne – die **Refraktärzeit** – kann kein weiteres Aktionspotential ausgelöst werden.

Bei der **Erregungsleitung** in einer Nervenfaser wirkt die aktuell umgepolte Stelle über Ionenströme auf die unmittelbare Nachbarschaft ein und führt dort zur überschwelligen Depolarisation der Membran. Das Aktionspotential breitet sich auf diese Weise – unter Beibehaltung seiner vollen Stärke – entlang der gesamten Nervenfaser aus.
Unter natürlichen Bedingungen läuft die Erregung immer nur in die Richtung auf das Axonende hin.
Die Fortleitung eines Aktionspotentials erfolgt in einer marklosen Nervenfaser **kontinuierlich**, in einer markhaltigen Nervenfaser hingegen **saltatorisch**, d. h. von Schnürring zu Schnürring springend.

5. Synaptische Erregungsübertragung

Ein Aktionspotential wird in einer Nervenfaser über die axonalen Endverzweigungen bis zu den Synapsen geleitet. Dort erfolgt die Weitergabe der Erregung auf die nachgeschalteten Zellen. Bei diesen kann es sich wieder um Nervenzellen oder auch um andere Zelltypen wie z.B. Drüsen- oder Muskelzellen handeln.
Als man die Geschwindigkeit maß, mit der die Erregung von einer Zelle auf die ande-

re übertragen wird, stellte man fest, daß dies nur in wenigen Fällen mit der Geschwindigkeit erfolgt, wie man sie von den Erregungsleitvorgängen im Axon her kennt. In diesen seltenen Fällen handelt es sich um die elektrische synaptische Übertragung, auf die wir in diesem Buch nicht eingehen werden.
In den meisten Fällen hingegen ergaben die Messungen, daß die synaptische Erregungsübertragung langsamer abläuft als die Erregungsleitung in einer Nervenfaser. Dies war ein Hinweis darauf, daß die Übertragung in diesem Fall nicht durch Ionenströme erfolgt, sondern auf andere Weise zustande kommen muß.
Wir werden uns nun den Vorgängen zuwenden, die in diesem für die allermeisten Nervenzellverbindungen charakteristischen Synapsentyp ablaufen.

Aufgabe:

Welches Baumerkmal einer Synapse verhindert es, daß die Erregungsübertragung von der einen Zelle zur anderen auf „elektrischem Weg“ (durch Ionenströme) erfolgt *(vgl. Abb. 6 und zugeordneten Text)*?

5.1 Prinzip der chemischen synaptischen Übertragung

Die Übertragung der Erregung erfolgt in dem verbreitetsten Synapsentyp auf chemischem Wege. Die dabei ablaufenden Vorgänge sind in Abb. 23 dargestellt.

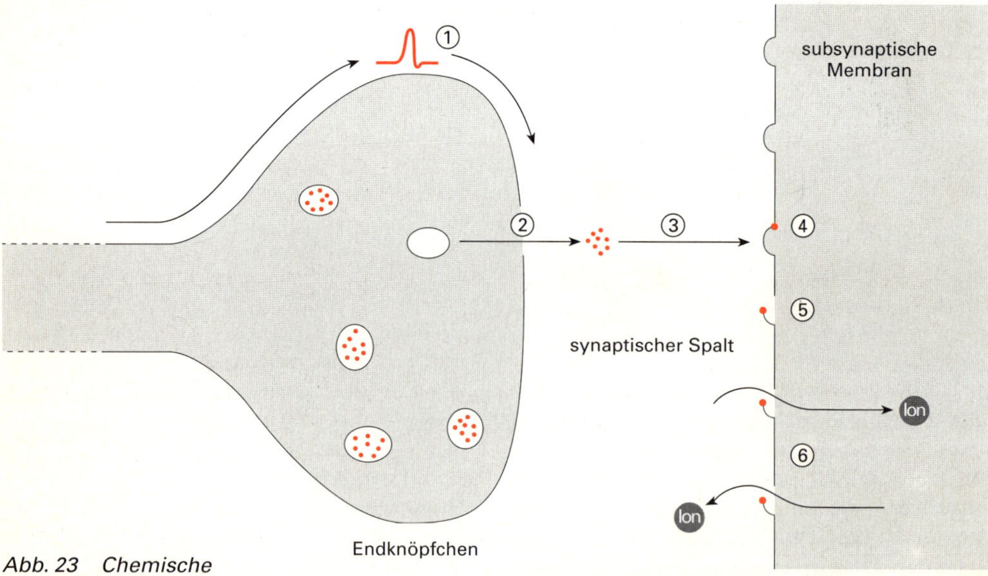

Abb. 23 Chemische synaptische Übertragung

① Ein einlaufendes Aktionspotential depolarisiert die Membran im Bereich des Endknöpfchens.
② Daraufhin wird aus den synaptischen Bläschen ein **Überträgerstoff** (Transmitter*) freigesetzt und in den synaptischen Spalt ausgeschüttet.
③ Der Überträgerstoff diffundiert durch den synaptischen Spalt zur subsynaptischen Membran. Auf diese Weise wird quasi die Verbindung zwischen den beiden in der Synapse verschalteten Zellen hergestellt.
④ Die Moleküle des Überträgerstoffes binden sich an Rezeptoren*, die sich in der subsynaptischen Membran befinden.
⑤ Die Bindung der Moleküle des Überträgerstoffs an die Rezeptoren führt zur Öffnung von Membrankanälen.
⑥ Durch die geöffneten Membrankanäle strömen Ionen, was zu einer Veränderung des Membranpotentials führt. Wird das Membranpotential z.B. bis zur Schwelle depolarisiert, so kann es zur Ausbildung eines Aktionspotentials kommen. Wird das Membranpotential hingegen hyperpolarisiert, so kann das Entstehen einer Hemmung die Folge sein. Beide Möglichkeiten können verwirklicht sein, und demgemäß unterscheidet man zwischen **erregenden** und **hemmenden Synapsen**.

Der eben beschriebene prinzipielle Ablauf gilt generell für jede chemische synaptische Übertragung. Im Einzelfall treten jedoch noch weitere wichtige Details hinzu.

A/13

Aufgabe:

Für welche Ionensorten müssen die Membrankanäle durchlässig sein, die zu einer Depolarisation führen?
Gehe bei deinen Überlegungen von den Vorgängen an der Membran aus, wie sie in Kapitel 3.2.1 erläutert sind.

5.2 Arbeitsweise zentraler Synapsen

Im Zentralnervensystem der Wirbeltiere *(vgl. Kap. A.7)* befinden sich Neuronen, auf deren Dendriten bzw. Perikarien die Nervenfaserenden von bis zu mehreren tausend vorgeschalteter Zellen einmünden *(vgl. Abb. 24)*. Die Versuchstechnik, mit der man der Funktionsweise dieser Synapsen auf die Spur zu kommen versucht, ist sehr aufwendig. Wir werden deshalb auf ihre Erläuterung verzichten. Die entdeckten Prinzipien, nach denen zentrale Synapsen arbeiten, werden wir jedoch erläutern, denn sie liefern den Schlüssel, um Grundmechanismen der Verhaltenssteuerung deuten zu können.

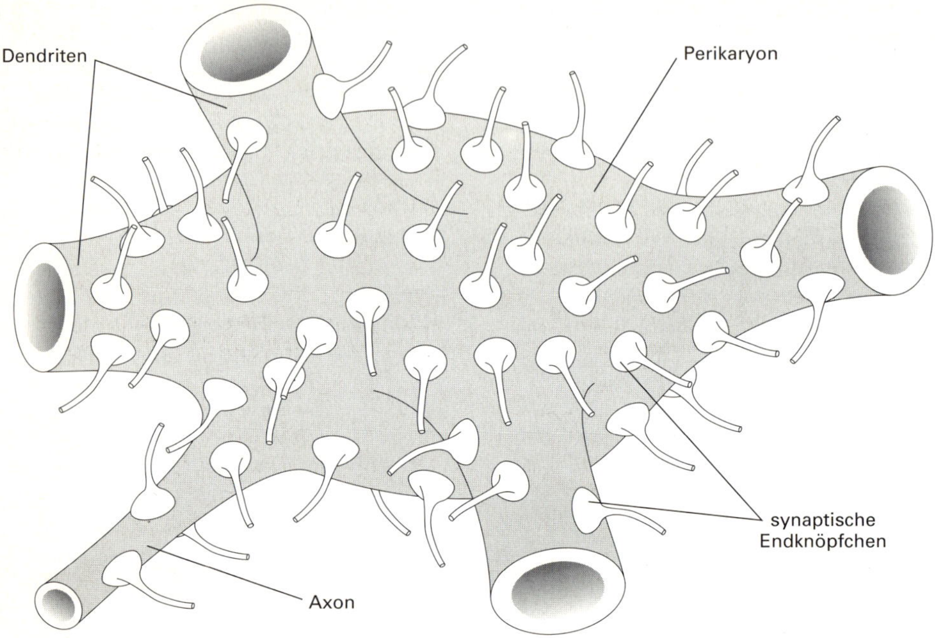

Abb. 24 Motoneuron mit zahlreichen Synapsen

Über all die zahlreichen Synapsen *(vgl. Abb. 24)* können Erregungen auf das Neuron übertragen werden. Dies kann zu unterschiedlichen Zeitpunkten oder auch gleichzeitig der Fall sein, wodurch dann auch jeweils eine ganz unterschiedliche Anzahl von Synapsen aktiv ist. Unter diesen können sich dann auch noch sowohl erregende als auch hemmende befinden.
Auf die Nervenzelle strömt also ein Sammelsurium von Erregungen ein, auf die sie gegebenenfalls mit der Ausbildung eigener Aktionspotentiale reagiert.
Die Abläufe in diesem Geschehen sind demgemäß sehr komplex. Wir werden uns zunächst einzelnen Punkten zuwenden, um von diesen ausgehend letztlich den Gesamtablauf verstehen zu können.

5.2.1 Zentrale erregende (excitatorische) Synapsen

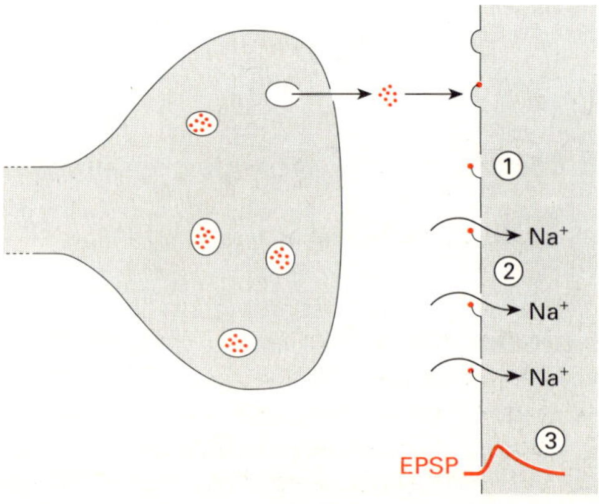

Abb. 25 Aktivierung der erregenden Synapse

Wird die Synapse durch ein einlaufendes Aktionspotential aktiviert, so laufen erst sämtliche Vorgänge so ab, wie sie für die chemische synaptische Übertragung allgemein üblich sind, und wie wir sie in den Erläuterungen zu Abb. 23, in den Punkten ① bis ④ beschrieben haben.
Danach bewirkt die Reaktion des Transmitterstoffs mit den Rezeptormolekülen in diesem Falle folgendes:

① In der Membran öffnen sich Ionenkanäle, die besonders gut durchlässig für Na^+-Ionen sind.
② Die Na^+-Ionen strömen daraufhin durch die subsynaptische Membran in die postsynaptische Zelle ein.
③ Dadurch kommt es zu einer kurzzeitigen Depolarisation des postsynaptischen Potentials (PSP), die als **excitatorisches* postsynaptisches Potential (EPSP)** bezeichnet wird.

Mißt man das EPSP und stellt die Meßergebnisse graphisch dar, so ergibt sich folgendes Diagramm:

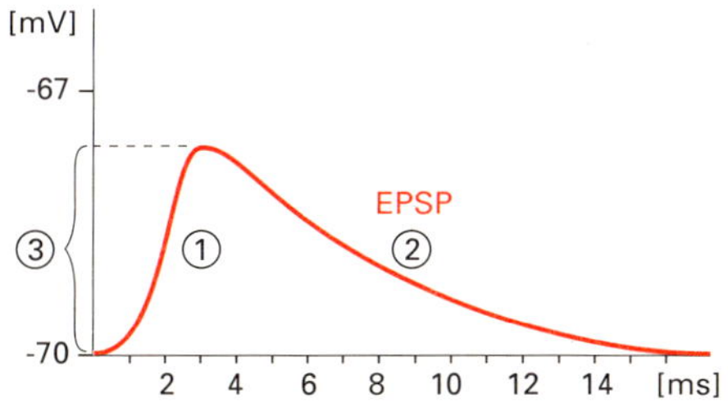

Abb. 26 Zeitlicher Verlauf des EPSP

① Innerhalb von etwa 2 ms steigt das Membranpotential an.
② Für etwa 15 ms liegt das Membranpotential über dem Ruhewert.
③ Die Höhe der Depolarisation beträgt lediglich einige Millivolt.

Diese Vorgänge, die an einer einzelnen erregenden Synapse ablaufen, nähern das Membranpotential der Schwelle, ab der ein Aktionspotential ausgelöst wird. Sie sind in ihrer Einzelwirkung aber viel zu klein, um zur Bildung eines Aktionspotentials zu führen.
Wie ein solches aber dennoch entstehen kann, werden wir bald darlegen.

5.2.2 Zentrale hemmende (inhibitorische) Synapsen

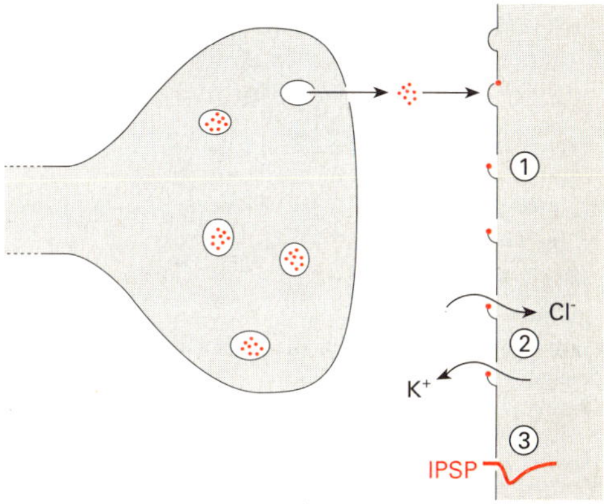

Abb. 27 Aktivierung der hemmenden Synapse

Wird dieser Synapsentyp durch ein einlaufendes Aktionspotential aktiviert, so laufen auch in diesem Fall wieder sämtliche Vorgänge zunächst so ab, wie sie für die chemische synaptische Übertragung allgemein üblich sind und wie wir sie in den Erläuterungen zu Abb. 23, in den Punkten ① bis ④ beschrieben haben.
Danach bewirkt die Reaktion des Transmitterstoffs mit den Rezeptormolekülen jedoch folgendes:

① In der Membran öffnen sich Ionenkanäle, die besonders gut durchlässig für Cl^--Ionen oder K^+-Ionen sind.

② Die Cl^--Ionen strömen daraufhin durch die subsynaptische Membran in die postsynaptischen Zelle ein, während die K^+-Ionen aus ihr ausströmen.
③ Dadurch kommt es zu einer kurzzeitigen Hyperpolarisation des postsynaptischen Potentials (PSP), die als **inhibitorisches* postsynaptisches Potential (IPSP)** bezeichnet wird.

Mißt man das IPSP und stellt die Meßergebnisse graphisch dar, so ergibt sich folgendes Diagramm:

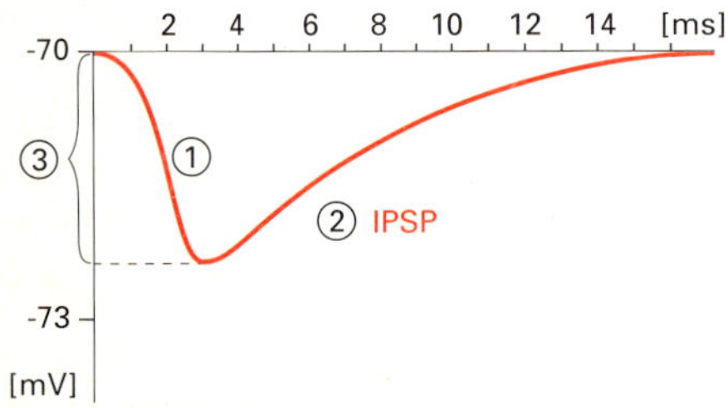

Abb. 28 Zeitlicher Verlauf des IPSP

① Innerhalb von etwa 2 ms sinkt das Membranpotential ab.
② Für etwa 15 ms liegt das Membranpotential unter dem Ruhewert.
③ Die Höhe der Hyperpolarisation beträgt lediglich einige Millivolt.

Diese Vorgänge, die an einer hemmenden Synapse ablaufen, entfernen das Membranpotential von der Schwelle, ab der ein Aktionspotential ausgelöst wird. Sie vermindern also die Erregbarkeit eines Neurons.

Als Transmitterstoffe dienen z. B. bei erregenden Synapsen Acetylcholin oder Glutaminsäure, bei hemmenden Synapsen hingegen Glycin oder Gamma-Aminobuttersäure (GABA) *(vgl. Abb. 29)*. Daneben gibt es noch eine große Zahl weiterer Überträgerstoffe. Sie weisen häufig Aminosäurecharakter auf bzw. gehen durch einfache chemische Reaktionen aus Aminosäuren hervor *(zur Chemie der Aminosäuren vgl. ML 67 Kap. B.4)*.

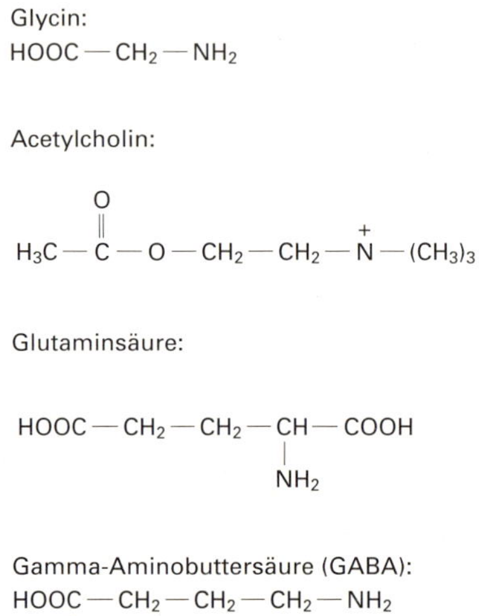

Abb. 29 Strukturformeln einiger Transmitterstoffe

5.2.3 Zusammenspiel der Synapsen

Die subsynaptischen Membranabschnitte am Dendriten bzw. Perikaryon einer Nervenzelle sind nicht zur Erregungsleitung, d. h. zur Bildung eines Aktionspotentials, befähigt. Änderungen im PSP bewirken jedoch Ladungsverschiebungsvorgänge, die sich bis in das Gebiet des Axonhügels – das ist die Stelle, an der das Axon aus dem Perikaryon entspringt – ausbreiten. Erst dort kann es zur Ausbildung eines Aktionspotentials kommen. Dies geschieht, wenn die Membran an dieser Stelle überschwellig depolarisiert wird. Ob dies der Fall ist, ergibt sich aus der Art der Aktivität der einzelnen Synapsen.

Eine **erste Möglichkeit** besteht darin, daß mehrere erregende Synapsen gleichzeitig aktiv sind *(vgl. Abb. 30)*.

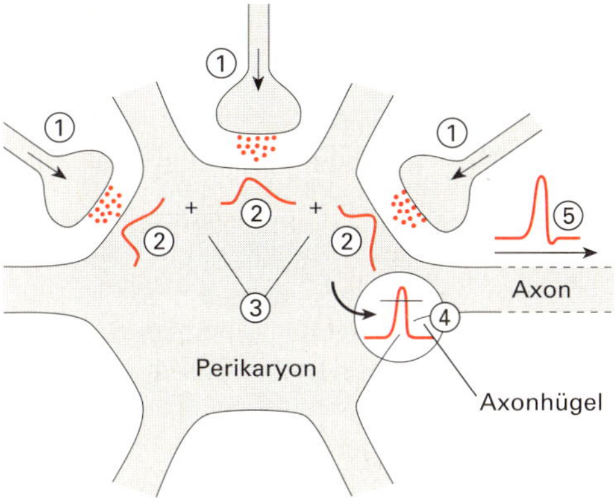

Abb. 30 Erregungsauslösung durch das Zusammenspiel mehrerer Synapsen

① Es werden mehrere Synapsen gleichzeitig aktiviert.
② Dabei kommt es jeweils zu einer einzelnen geringen Depolarisation der subsynaptischen Membran.
③ Die einzelnen depolarisierenden Einflüsse summieren sich.
④ Wird am Axonhügel der Wert der überschwelligen Depolarisation erreicht, so bildet sich ein Aktionspotential.
⑤ Das Aktionspotential breitet sich auf bekannte Weise entlang der gesamten Nervenfaser aus *(vgl. Kap. A.3.2.2)*.

Diese Art der Erregungauslösung bezeichnet man auch als **räumliche Summation**, weil sie durch die gleichzeitige Aktivität mehrerer räumlich getrennter Synapsen bewirkt wird.

Eine **zweite Möglichkeit** besteht darin, daß eine einzelne erregende Synapse in kurzen zeitlichen Abständen mehrfach aktiv wird *(vgl. Abb. 31)*.

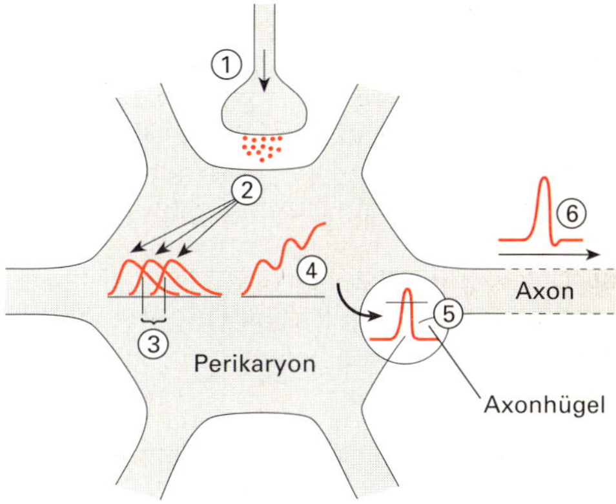

Abb. 31 Erregungsauslösung durch mehrfache Aktivität einer einzelnen Synapse

① Eine einzelne Synapse ist in kurzen Abständen mehrfach aktiv.
② Sie verursacht dabei jedesmal eine einzelne geringe Depolarisation der subsynaptischen Membran.
③ Jede zusätzlich Depolarisation fällt in eine Phase, in der die vorherigen Depolarisationen noch nicht ganz abgeklungen sind.
④ Die einzelnen depolarisierenden Einflüsse summieren sich.
⑤ Wird am Axonhügel der Wert der überschwelligen Depolarisation erreicht, so bildet sich ein Aktionspotential.
⑥ Das Aktionspotential breitet sich wiederum auf bekannte Weise entlang der gesamten Nervenfaser aus *(vgl. Kap. A.3.2.2)*.

Diese Art der Erregungauslösung bezeichnet man auch als **zeitliche Summation**, weil sie durch die mehrfach wiederholte Aktivität einer einzelnen erregenden Synapse bewirkt wird.

Eine **dritte Möglichkeit** besteht darin, daß erregende Synapse und hemmende Synapsen gleichzeitig aktiv werden *(vgl. Abb. 32)*.

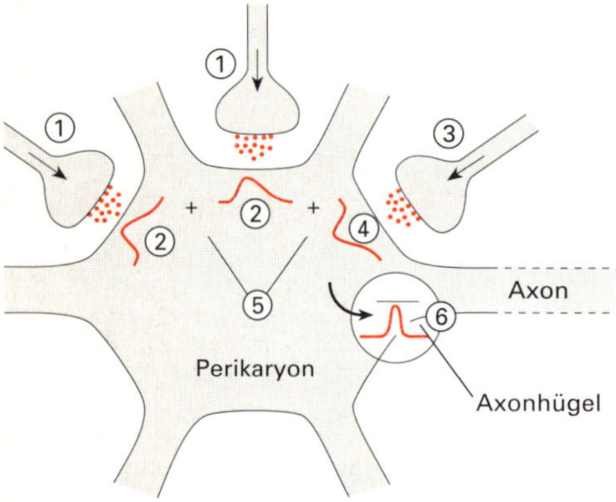

① Es werden mehrere erregende Synapsen gleichzeitig aktiviert.
② Dabei kommt es jeweils zu einer einzelnen geringen Depolarisation der subsynaptischen Membran.
③ Gleichzeitig ist aber auch eine hemmende Synapse aktiv.
④ Dadurch wird in diesem Bereich eine Hyperpolarisation der subsynaptischen Membran bewirkt.
⑤ Die depolarisierenden und die hyperpolarisierenden Einflüsse überlagern sich
⑥ Am Axonhügel wird der Wert der überschwelligen Depolarisation nicht erreicht, es entsteht kein Aktionspotential.

Abb. 32 Zusammenspiel erregender und hemmender Synapsen bei der Erregungsauslösung

Aufgabe:

Ein gleichbleibender Reiz in der Nase wirkt oft eine Weile ein (Haahaahaa-...), bis es dann zum Niesen kommt (...-tschi!).
Um welchen Fall der Erregungsauslösung handelt es sich in diesem Beispiel?

Das „Potpourri" von Erregungen, die durch die zahlreichen einlaufenden Synapsen auf ein Neuron einströmen können, wird quasi von diesem selbst verrechnet. Die Entscheidung, ob die Zelle selbst Aktionspotentiale als „Meldung" weiterleitet, erfolgt also postsynaptisch.

5.3 Übertragung an der neuromuskulären Synapse

Am Anfang dieses Buches wurde u. a. am Beispiel des Fliegen fangenden Frosches dargelegt, wie Organismen allgemein äußere Reize verarbeiten und durch Reaktionen beantworten *(vgl. Kap. A.1)*. Direkt beobachten können wir dabei die sichtbaren Bewegungen. Bei höher entwickelten Tieren und beim Menschen kommen diese durch die Aktivität der Muskulatur zustande. Daher betreffen die allermeisten vom Nervensystem ausgehenden Informationen auch direkt irgendwelche Muskeln. Wir werden deshalb die Verschaltungsstelle, die die Verbindung zwischen den Nervenfasern und den Muskelzellen herstellt, nun genauer unter die Lupe nehmen.
Diese auch als neuromuskuläre Synapse bezeichnete Verbindung ist der am einge-

hendsten untersuchte und deshalb bestbekannte Synapsentyp. Seine Funktion können wir besser verstehen, wenn wir einige grundlegende Fakten vom Aufbau der Skelett-Muskulatur in unsere Überlegungen mit einbeziehen *(vgl. Abb. 33)*.

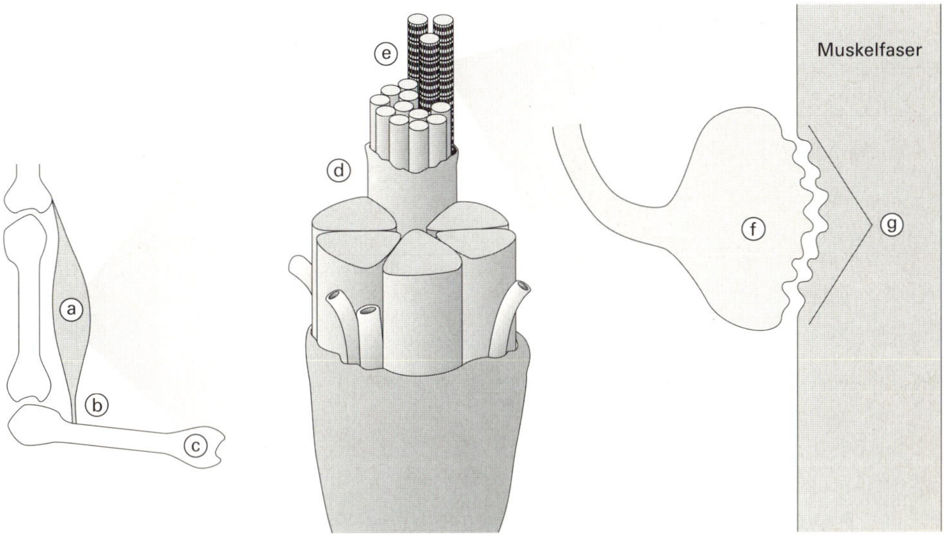

Abb. 33 Aufbau des Skelett-Muskels

Ein Skelett-Muskel ⓐ ist über Sehnen ⓑ mit Knochen ⓒ verbunden. Dadurch entstehen bei Kontraktionen Bewegungen. Der Muskel besteht aus Muskelfaserbündeln ⓓ die wiederum aus vielen einzelnen Muskelfasern ⓔ bestehen. Auf diesen sitzen die Endknöpfchen ⓕ der Nervenfasern auf und bilden zusammen mit Anteilen der Muskelfasermembran die Weitergabestelle der Erregung. Diese neuromuskuläre Synapse ⓖ wird auch als **motorische Endplatte** bezeichnet.

– Erregungsübertragung an der neuromuskulären Synapse

Wir werden nun die Abläufe in der neuromuskulären Synapse bei der Erregungsübertragung darstellen. Dabei werden wir einige Details anfügen, auf deren Darstellung wir bisher verzichtet haben, die aber prinzipiell für jede chemische synaptische Übertragung gelten.

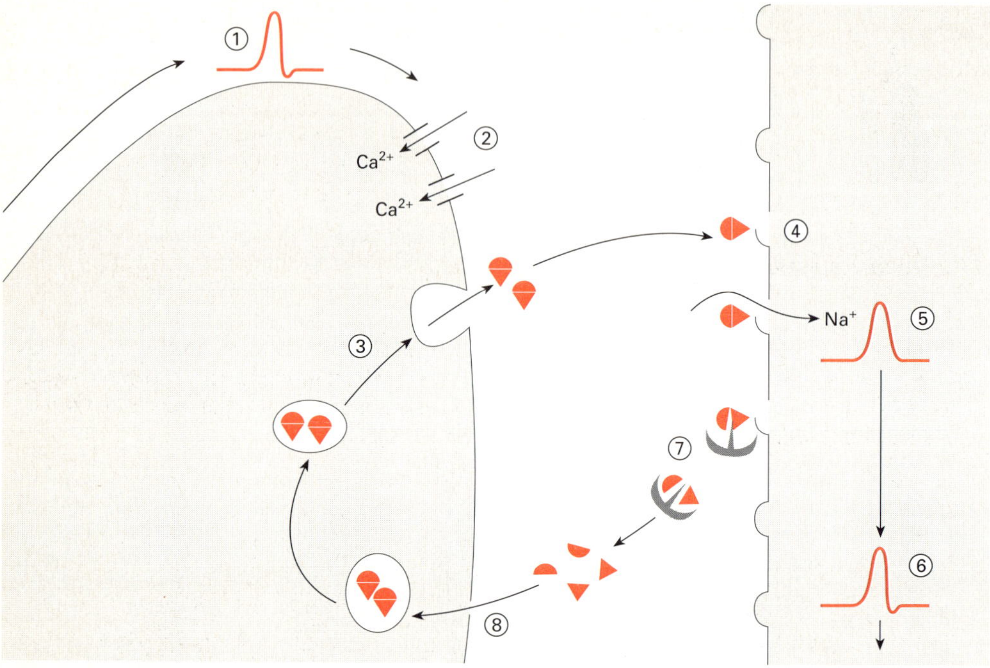

Abb. 34 Erregungsübertragung an der neuromuskulären Synapse

① Auch in der neuromuskulären Synapse führt ein einlaufendes Aktionspotential zur Depolarisation der Membran im Bereich des Endknöpfchens.

② Dies hat zur Folge, daß in der Membran Calciumionen-Kanäle geöffnet werden, was eine Erhöhung der Ca^{2+}-Ionen-Konzentration im Endknöpfchen zur Folge hat.

③ Synaptische Bläschen verschmelzen daraufhin mit der praesynaptischen Membran und setzen im Stile einer Exocytose *(vgl. ML 67 Kap. C.5.4)* die Moleküle des Überträgerstoffs frei, bei dem es sich in diesem Fall um Acetylcholin handelt.

④ Nach Diffusion über den synaptischen Spalt und Anlagerung an die Rezeptoren in der subsynaptischen Membran öffnen sich Ionenkanäle, die besonders gut durchlässig für Na^+-Ionen sind.

⑤ Dies hat eine Depolarisation zur Folge, die als **Endplattenpotential** bezeichnet wird.

⑥ Dieses lokale Potential breitet sich aus in die angrenzenden Bezirke der Muskelfasermembran und löst dort ein Muskel-Aktionspotential aus, das letztendlich die Kontraktion bewirkt.

⑦ Das Enzym Cholinesterase spaltet die Acetylcholin-Moleküle auf und löst sie so von den Rezeptoren ab. Die Ionenkanäle schließen sich wieder.

⑧ Die Bruchstücke des Transmitterstoffes diffundieren über den synaptischen Spalt zurück, werden in das Endknöpfchen aufgenommen und durch ein anderes Enzym wieder zu Acetylcholin zusammengesetzt.

A/15

Aufgabe:

Beschreibe die einzelnen Schritte, so wie sie bei der Erregungsübertragung in der neuromuskulären Synapse nacheinander ablaufen. Kombiniere hierzu die allgemeinen Erläuterungen zur Synapsenfunktion *(Abb. 23)* mit den speziellen Ausführungen zur Funktion der neuromuskulären Synapse *(Abb. 34)*.

– Kontraktionsvorgänge in der Muskelfaser

Nachdem wir erläutert haben, wie die Erregung von der Nervenfaser in der neuromuskulären Synapse auf die Muskelfaser übertragen wird, werden wir jetzt erläutern, wie es zur Kontraktion des Muskels kommt. Hierzu wenden wir uns zunächst quasi der Innenarchitektur der Muskelfaser zu.

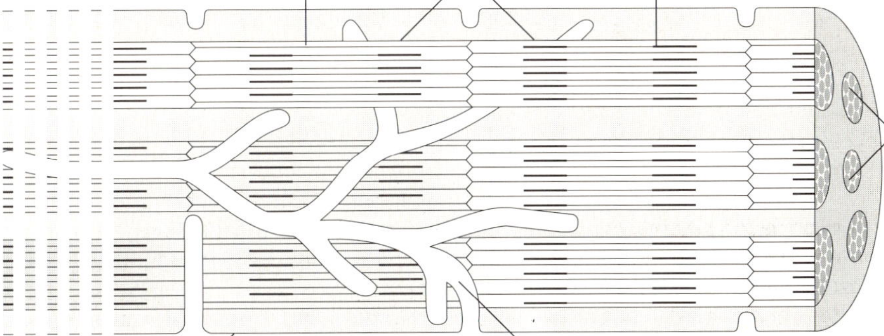

Abb. 35 Feinbau der Muskelfaser (Längsschnitt)

Im elektronenmikroskopischen Bild zeigt sich, daß eine Skelett-Muskelfaser ihrerseits wieder aus noch kleineren faserartigen Strukturen, den sogenannten **Muskelfibrillen** aufgebaut ist. Diese bestehen aus einer Aufeinanderfolge sich stetig wiederholender Einheiten, den **Sarkomeren**. Sie stellen die eigentlichen kontraktilen Strukturelemente des Muskels dar. In ihrem Inneren befinden sich zwei Sorten von Eiweiß-Kettenmolekülen – **Actin** und **Myosin** – in regelmäßiger Anordnung.

Zwischen den Muskelfibrillen besteht ein verästeltes Schlauchsystem, das sogenannte **sarkoplasmatische Reticulum**, das Verbindungen zu Einstülpungen der Muskelfasermembran aufweist.

Wird durch Vorgänge, die wir oben *(vgl. die Ausführungen zu Abb. 34)* beschrieben haben, ein Muskel-Aktionspotential ausgebildet, so breitet sich dies über die Muskelfasermembran aus, läuft über die Einstülpungen in den Innenraum der Muskelfibrillen und löst am sarkoplasmatischen Reticulum eine Permeabilitätsänderung für Ca^{2+}-Ionen aus. Diese sickern daraufhin in den Raum zwischen Actin- und Myosinfilamenten ein. Dabei kommt es zum entscheidenden Vorgang, der zur Muskelkontraktion führt.

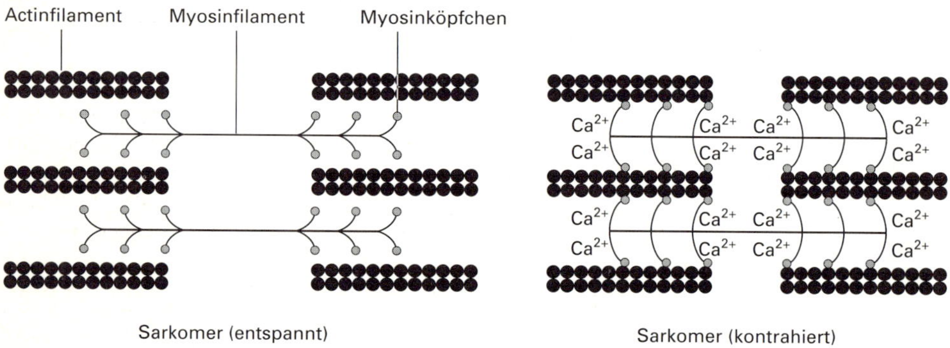

Abb. 36 Modellvorstellung des Filament-Gleit-Mechanismus

Die Anwesenheit von Ca^{2+}-Ionen bewirkt eine Strukturveränderung der Myosinfilamente. Seitlich hervorstehende Teilstrukturen – die Myosinköpfchen – klappen um, binden sich an die Actinfilamente und verschieben sie zur Sarkomer-Mitte. Die Filamente gleiten also aneinander vorbei. Das Sarkomer kontrahiert sich. Im Zusammenspiel aller Sarkomere ergibt sich die Kontraktion der Muskelfaser. Aus dem Zusammenspiel zahlreicher Muskelfasern resultiert die Kontraktion des Gesamtmuskels.

Die Bereitstellung der die Bewegung antreibenden Energie erfolgt über den Einsatz von ATP. Auf eine genauere Betrachtung der dabei ablaufenden Prozesse wollen wir bewußt verzichten.

5.4 Langsame Synapsen

Alle bisher behandelten Synapsen sind dadurch gekennzeichnet, daß der synaptische Transmitterstoff einen innerhalb von Sekundenbruchteilen ablaufenden Effekt an der postsynaptischen Zelle bewirkt. Wie in den letzten 20 Jahren erkannt wurde, gibt es aber auch Synapsen, bei denen die postsynaptischen Zellen viel langsamer auf die Überträgerstoffe reagieren. Dabei kommen die Wirkungen der Transmitterübertragung teilweise erst nach Sekunden oder gar Minuten zum Abschluß. Die Funktionsweise einer solchen **langsamen Synapse** wollen wir uns an einem ausgewählten Beispiel klarmachen *(vgl. Abb.37)*.

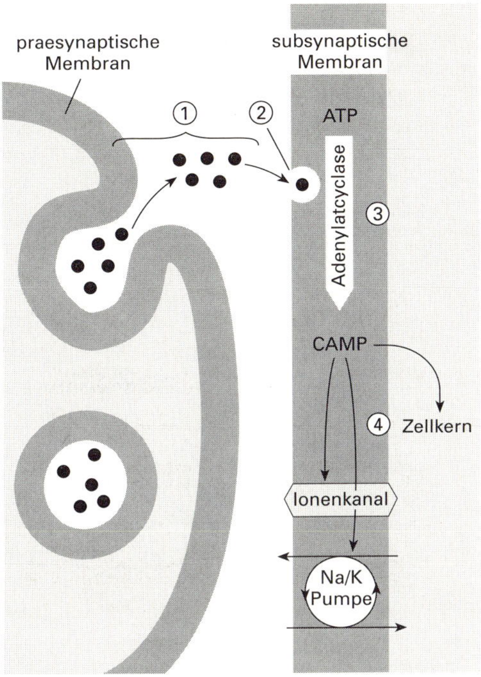

Abb. 37 Funktionsweise einer langsamen Synapse

① Zunächst laufen sämtliche Prozesse bis zur Anlagerung des Transmitterstoffes an die Rezeptoren der subsynaptischen Membran genauso ab, wie in den uns bereits vertrauten Synapsentypen *(vgl. Erläuterungen zu den Abb. 23 und 34).*

② Die Rezeptoren sind in diesem Fall aber von anderer Beschaffenheit. Sie sind nicht mit Ionenkanälen gekoppelt, sondern lösen bei Besetzung durch Transmittermoleküle in der Zellmembran eine Kette von chemischen Reaktionen aus.

③ Am Anfang dieser Reaktionen steht ATP. Dieses wird bei besetztem Rezeptor unter Einwirkung des Enzyms Adenylatcyclase in cyclisches Adenosinmonophosphat (cAMP) umgewandelt.

④ cAMP kann dann Prozesse in Gang setzen, die z. B. die Natrium-Kalium-Pumpe beeinflussen, zur Öffnung von Ionenkanälen in der Zellmembran führen oder auch auf die im Zellkern ablaufenden Vorgänge einwirken.

In diesem Fall bewirkt also der Überträgerstoff im synaptischen Spalt die Aktivierung der postsynaptischen Zelle nicht allein. Vielmehr wirkt in dieser cAMP als **„second messenger"** (zweiter Bote). Erst dieser ruft die eigentlichen elektrischen oder biochemischen Wirkungen hervor, die durch die Aktivierung der Synapse ausgelöst werden sollen.

Wer etwas über die Bedeutung dieser Art der Signalübertragung erfahren möchte, kann seine Neugier später stillen *(vgl. Kap. B.2.4.3).*

5.5 Beeinflussung der synaptischen Erregungsübertragung

Es gibt eine ganze Reihe von Substanzen, die den Aktivitätszustand des Nervensystems, insbesondere aber des Gehirns, beeinflussen. Da diese Substanzen auch auf psychische Prozesse einwirken werden sie als **Psychopharmaka*** bezeichnet.
Einige werden ganz gezielt in der Medizin und vor allem in der Psychiatrie zur Behandlung von psychischen Störungen ver-

schiedenster Art eingesetzt. Es handelt sich also um **Medikamente**.
Davon zu unterscheiden sind die **Drogen**. Sie werden ebenfalls gezielt wegen ihrer psychischen Wirkungen konsumiert, aber aus ganz individuellen Motiven. Zu ihnen zählen die „Alltagsdrogen" wie Alkohol, Nicotin und Coffein und die sogenannten „harten" Drogen wie Heroin und Kokain. Sie alle können ihre Konsumenten in hohem Maße **süchtig** machen *(vgl. dazu Kap. D.5.4)*.
Allen Psychopharmaka ist **gemeinsam**, daß sie auf irgendeine Weise in den Prozeß der synaptischen Erregungsübertragung eingreifen. Abb. 38 zeigt, welche prinzipiellen **Möglichkeiten** dazu existieren. Wir wollen sie der Reihe nach kurz erläutern.

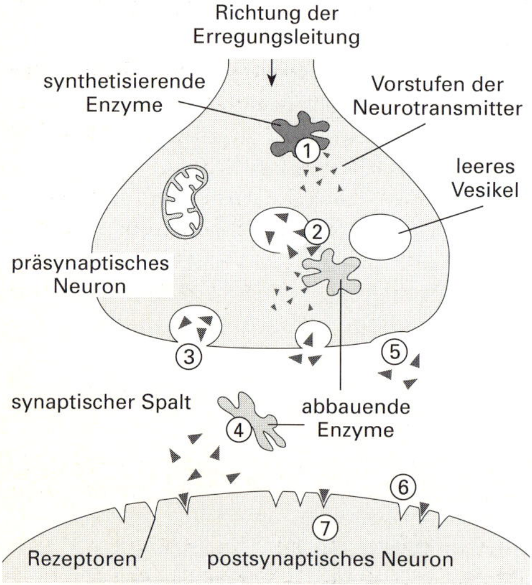

Abb. 38 Beeinflussungsmöglichkeiten der synaptischen Erregungsübertragung

① Da alle Neurotransmitter mit Hilfe von Enzymen aus Vorstufen gebildet werden, **unterbindet** eine Substanz, die eines dieser Enzyme hemmt, die **Synthese** dieses Neurotransmitters.

② Alle Neurotransmitter werden in Vesikeln gespeichert. Wenn eine Substanz dafür sorgt, daß die synaptischen **Vesikel auslaufen**, werden die ins Cytoplasma freigesetzten Transmitter sofort abgebaut.

③ Einige Substanzen beeinflussen die **Freisetzung** des Transmitters in den synaptischen Spalt. Sie ähneln in ihrer chemischen Struktur dem Transmitter so gut, daß sie ihn aus den Vesikeln verdrängen.

④ Fast alle Transmitter werden enzymatisch abgebaut. Substanzen, die eines der **abbauenden Enzyme hemmen**, sorgen dafür, daß sich dieser Transmitter im synaptischen Spalt anreichert und somit länger wirkt.

⑤ Andere Substanzen erreichen dasselbe, indem sie die **Wiederaufnahme** des Transmitters durch die praesynaptische Membran **hemmen**.

⑥ Substanzen, die dem Transmitter chemisch sehr ähnlich sind, können ihre Wirkung dadurch entfalten, daß sie sich an die gleichen **Rezeptoren** anlagern. Dadurch können sie die Wirkung des Transmitters **verstärken**. Wenn sie aber stattdessen den Rezeptor nur blockieren, ohne eine Wirkung zu entfalten, behindern sie die Anlagerung der Transmitter und wirken **hemmend**.

⑦ Bei langsamen Synapsen können Substanzen in den Vorgang der Signalübertragung durch den **second messenger** eingreifen.

!

Die vielfältigen Wirkungen der Psychopharmaka auf das Gehirn und damit das Empfinden und Erleben beruhen darauf, daß **jede Substanz** nur **an einer bestimmten Stelle** in die synaptische Übertragung **durch einen bestimmte Neurotransmitter** eingreift.

Wir haben die Eingriffstellen und die betroffenen Neurotransmitter für die wichtigsten Psychopharmaka in Tab. 1 zusammengestellt. Einige der aufgeführten Botenstoffe sind keine Neurotransmitter (Endorphine, Benzodiazepine). Sie werden in einem späteren Abschnitt behandelt *(vgl. Kap. D.5.4)*.

Der **Drogenmißbrauch** ist in den letzten Jahren zu einem schwerwiegenden gesellschaftlichen Problem geworden. Obwohl wir uns der immensen Bedeutung bewußt sind, müssen wir auf eine angemessene Darstellung dieser Thematik verzichten. Einige Aspekte, die die **biologische Steuerung des Suchtverhaltens** betreffen, sind in Kapitel D.5.5 behandelt.

Synapsengifte greifen ebenfalls in den ordnungsgemäßen Ablauf der synaptischen Erregungsübertragung ein. Wir wollen einige exemplarisch nennen.

Atropin, das Gift der Tollkirsche, blockiert u. a. die Acetylcholinrezeptoren in Synapsen des Herzens und führt auf diese Weise zum Tod durch Herzstillstand. Die lokale Anwendung am Auge führt zur Pupillenerweiterung.

Das in verderbendem Fleisch von Bakterien erzeugte **Botulinumgift** hemmt die Ausschüttung von Acetylcholin z.B. im Zwerchfell. Bereits 0,01 mg führen zur tödlichen Atemlähmung.

Das Pflanzengift **Curare** (Pfeilgift der Indianer) blockiert die Acetylcholinrezeptoren der neuromuskulären Synapse und führt zum Tod durch Atemlähmung.

E 605 (ein bekanntes, in Deutschland inzwischen verbotenes Pflanzenschutzmittel) hemmt die Cholinesterase und führt letztendlich zum Tod durch Atemlähmung.

A/16

Aufgabe:

Curare findet bei Operationen unter künstlicher Beatmung Verwendung und führt zur totalen Entspannung der Muskulatur.
Erkläre unter Bezug auf seine Wirkungsweise und unter Bezug auf die normale Synapsenfunktion diesen Effekt.

Psychopharmaka-Gruppe	Wirkungsmechanismus an der Synapse	Wirkungen auf das Empfinden und Erleben	Allgemeine Wirkung
Opiate (z. B. Heroin)	Bindung an Endorphin-Rezeptoren → Hemmung der Adenylatcyclase	Dämpfung des Schmerzempfindens (auch sehr starke Schmerzen), euphorisierend; daher großes Abhängigkeitspotential	**dämpfend**
Neuroleptika (Medikamente gegen Psychosen)	Bindung an Dopamin-Rezeptoren → Hemmung der dopaminergen Übertragung	Linderung des psychotischen Erlebens und allgemeine Erregungsdämpfung; starke, unangenehme Nebenwirkungen	
Barbiturate (Schlafmittel)	Bindung an GABA-Rezeptoren → Verstärkung der hemmenden Wirkung von GABA	Allgemeine Erregungsberuhigung und Dämpfung des Wachgefühls; Gefahr der Abhängigkeitsbildung	
Tranquillizer (Beruhigungsmittel)	Bindung an Benzodiazepin*-Rezeptoren → Verstärkung der hemmenden Wirkung von GABA	Allgemeine Erregungsberuhigung, angst- und spannungslösend, schlaffördernd; Gefahr der Abhängigkeitsbildung	
Alkohol (Ethanol)	1. Membranverflüssigung → Hemmung der Nervenleitung 2. Beeinflussung des GABA-Rezeptors → Verstärkung der Wirkung von GABA	Wirkt bis etwa 1 ‰ entspannend, enthemmend und anregend; über 1 ‰ Einschränkungen der intellektuellen und sensorischen und motorischen Leistungen; Gefahr der Abhängigkeitsbildung	
Nicotin	Bindung an Acetylcholin-Rezeptoren → 1. in geringer Konzentration Aktivierung der cholinergen Übertragung 2. in hoher Konzentration Hemmung	Wirkt je nach Stimmungslage anregend oder beruhigend mit einer Reihe vegetativer Begleitsymptome; Gefahr der Abhängigkeitsbildung	
Amphetamine (Aufputschmittel) **Kokain/Crack**	1. Entleerung synaptischer Vesikel → 2. Hemmung der Wiederaufnahme → Erhöhung der Noradrenalin-Konzentration im synaptischen Spalt	Erzeugt Gefühle von Wachheit, Leistungsfähigkeit, Wohlbefinden bis zu Euphorie, gesteigertem Selbstvertrauen, gesteigerter Muskelkraft, Appetitlosigkeit; Gefahr der Abhängigkeitsbildung	
Antidepressiva (Medikamente gegen schwere Depressionen)	Hemmung der Wiederaufnahme von Noradrenalin und Serotonin → Erhöhung der Noradrenalin- und Serotonin-Konzentration im synaptischen Spalt	Wirken stimmungsaufhellend und antriebssteigernd, einige Substanzen auch angstreduzierend; unangenehme vegetative Nebenwirkungen	
Haschisch	Bindung an Acetylcholin-Rezeptoren → Hemmung der cholinergen Übertragung	Intensivierung sensorischer Erlebnisse, Euphorie, Ausgelassenheit, verändertes Zeitgefühl; Gewohnheitsbildung möglich	
Halluzinogene (z.B. LSD)	Bindung an Serotonin-Rezeptoren → Verstärkung der serotonergen Übertragung	Intensivierung sensorischer, vor allem visueller Erlebnisse, veränderte Wahrnehmung von Raum und Zeit, veränderte Selbstwahrnehmung; Gefahr von „Horrortrips"	**anregend**

Tab. 1 Einteilung der Psychopharmaka nach ihrer Wirkung im Gehirn

5.6 Zusammenfassung

Aktionspotentiale werden in einer Nervenfaser bis zu den **Synapsen** geleitet. Dort erfolgt die **Weitergabe der neuronalen Erregung** auf die nachgeschalteten Zellen.

Die Geschwindigkeit der **synaptischen Erregungsübertragung** ist deutlich langsamer als die der Erregungsleitung in einer Nervenfaser. Grund hierfür ist, daß der synaptische Spalt **auf chemischem Wege** überwunden wird.

Trifft ein Aktionspotential am synaptischen Endknöpfchen ein, wird ein **Überträgerstoff (Transmitter)** in den synaptischen Spalt ausgeschüttet. Die Moleküle des Überträgerstoffs diffundieren zur subsynaptischen Membran und binden sich dort an **Rezeptoren**. Diese Anlagerung führt zur Öffnung von Membrankanälen, durch die daraufhin Ionen strömen, und führt damit zu einer **Veränderung des Membranpotentials**.

Je nach Synapsentyp kommt es zur Ausbildung eines Aktionspotentials oder zur Ausbildung einer Hemmung.

Bei einer zentralen **erregenden** (excitatorischen) **Synapse** bewirkt die Reaktion des Transmitterstoffs mit den Rezeptormolekülen die Öffnung von Ionenkanälen, die besonders gut durchlässig für Na^+-Ionen sind. Die Na^+-Ionen strömen daraufhin durch die subsynaptische Membran in die postsynaptische Zelle ein. Dadurch kommt es zu einer kurzzeitigen **Depolarisation** des postsynaptischen Potentials (PSP), die als **excitatorisches postsynaptisches Potential (EPSP)** bezeichnet wird.

Bei einer zentralen **hemmenden** (inhibitorischen) **Synapse** bewirkt die Reaktion des Transmitterstoffs mit den Rezeptormolekülen die Öffnung von Ionenkanälen, die besonders gut durchlässig für Cl^--Ionen oder K^+-Ionen sind. Die Cl^--Ionen strömen daraufhin durch die subsynaptische Membran in die postsynaptische Zelle ein, während die K^+-Ionen aus ihr ausströmen. Dadurch kommt es zu einer kurzzeitigen **Hyperpolarisation** des postsynaptischen Potentials (PSP), die als **inhibitorisches postsynaptisches Potential (IPSP)** bezeichnet wird.

Als **Transmitterstoffe** dienen bei erregenden Synapsen z.B. **Acetylcholin** oder **Glutaminsäure**, bei hemmenden Synapsen hingegen **Glycin** oder **Gamma-Aminobuttersäure** (GABA).

Das **Zusammenspiel mehrerer Synapsen** führt zur Erregungsauslösung. Dabei summieren sich die einzelnen depolarisierenden Einflüsse. Wird dabei am **Axonhügel** der Wert der **überschwelligen Depolarisation** erreicht, so bildet sich ein **Aktionspotential** aus, das sich entlang der gesamten Nervenfaser ausbreitet.
Kommt die überschwellige Depolarisation durch die gleichzeitige Aktivität mehrerer räumlich getrennter Synapsen zustande, so spricht man von **räumlicher Summation**. Wird sie hingegen durch die mehrfach wiederholte Aktivität einer einzelnen erregenden Synapse bewirkt, so spricht man von **zeitlicher Summation**.
Die Vorgänge, die an einer hemmenden Synapse ablaufen, entfernen das Membranpotential von der Schwelle, ab der ein Aktionspotential ausgelöst wird. Beim Zusammenspiel von hemmenden mit erregenden Synapsen überlagern sich die depolarisierenden und die hyperpolarisierenden Einflüsse.

Auch im Fall der **neuromuskulären Synapse** – der Verschaltungsstelle zwischen den Nervenfasern und den Muskelzellen – führt ein einlaufendes Aktionspotential zur Ausschüttung von Molekülen eines Überträgerstoffs, bei dem es sich in diesem Fall um **Acetylcholin** handelt. Nach Diffusion über den synaptischen Spalt und Anlagerung an die Rezeptoren in der subsynaptischen Membran öffnen sich Ionenkanäle, die besonders gut durchlässig für Na^+-Ionen sind. Dies hat eine Depolarisation zur Folge, die als **Endplattenpotential** bezeichnet wird. Dieses lokale Potential breitet sich in die angrenzenden Bezirke der Muskelfasermembran aus und führt dort zur Ausbildung eines **Muskel-Aktionspotentials**, das letztendlich die Kontraktion bewirkt.

Muskelfasern bestehen aus **Muskelfibrillen**, die aus einer Aufeinanderfolge von kontraktilen Strukturelementen – den **Sarkomeren** – aufgebaut sind. In ihrem Inneren befinden sich zweierlei Sorten von Eiweiß-Kettenmolekülen – **Actin** und **Myosin** – in regelmäßiger Anordnung.
Die Ausbreitung eines Muskel-Aktionspotentials über die Muskelfasermembran führt zum **Aneinandervorbeigleiten der Actin- und Myosinfilamente**. Das Sarkomer kontrahiert sich. Im Zusammenspiel aller Sarkomere ergibt sich die **Kontraktion der Muskelfaser**. Aus dem Zusammenspiel zahlreicher Muskelfasern resultiert die Kontraktion des Gesamtmuskels. Für diesen Vorgang ist Energie in Form von ATP notwendig.

Bei **langsamen Synapsen** sind die Rezeptoren, an die sich die Moleküle des Transmitterstoffes anlagern, nicht direkt mit Ionenkanälen gekoppelt, sondern lösen bei Besetzung durch Transmittermoleküle die Bildung von cyclischem Adenosinmonophosphat (cAMP) aus. Dieses wirkt als **„second messenger"** und bringt die eigentlichen elektrischen oder biochemischen Wirkungen hervor, die durch die Aktivierung der Synapse ausgelöst werden sollen.

Die **Effekte**, die ein Neurotransmitter ausübt, werden generell **von den Rezeptormolekülen auf der subsynaptischen Membran bestimmt**. Je nach deren Beschaffenheit und Wirkungsweise kann der gleiche Überträgerstoff schnelle erregende bzw. hemmende Wirkung entfalten oder über ein second-messenger-system langsam wirken.

Die synaptische Erregungsübertragung kann durch **Psychopharmaka (Medikamente und Drogen)** beeinflußt werden. Alle Psychopharmaka greifen auf irgendeine Weise in den Prozeß der synaptischen Erregungsübertragung ein. Gleiches gilt für **Synapsengifte** wie **Atropin, Botulinumgift, Curare** und **E 605**.

6. Bau und Funktion von Sinneszellen

Lebewesen können auf äußere und innere Reize in geeigneter Weise reagieren *(vgl. Kap. A.1)*. Dazu verfügen sie über die Fähigkeit zur Reizaufnahme. Diese ist an bestimmte Wahrnehmungsstrukturen gebunden. Bei mehrzelligen Tieren und dem Menschen handelt es sich dabei z.B. um Sinnesorgane. Allseits bekannt sind Gehörsinn, Seh-, Tast-, Geruchs- und Geschmackssinn. Alle Sinnesorgane verfügen über Rezeptor-Zellen, die auf bestimmte Reize ansprechen und diese in Nervensignale umwandeln.

6.1 Überblick über die verschiedenen Rezeptortypen

Dem Bau nach unterscheidet man dabei zwischen drei verschiedenen Zelltypen.

ⓐ Eine **Primäre Sinneszelle** nimmt den Reiz auf, leitet die Erregung entlang ihres Axons weiter und überträgt sie auf eine Nervenzelle. (Beispiel: Geruchsrezeptoren der Wirbeltiere)

ⓑ Eine **Sekundäre Sinneszelle** nimmt

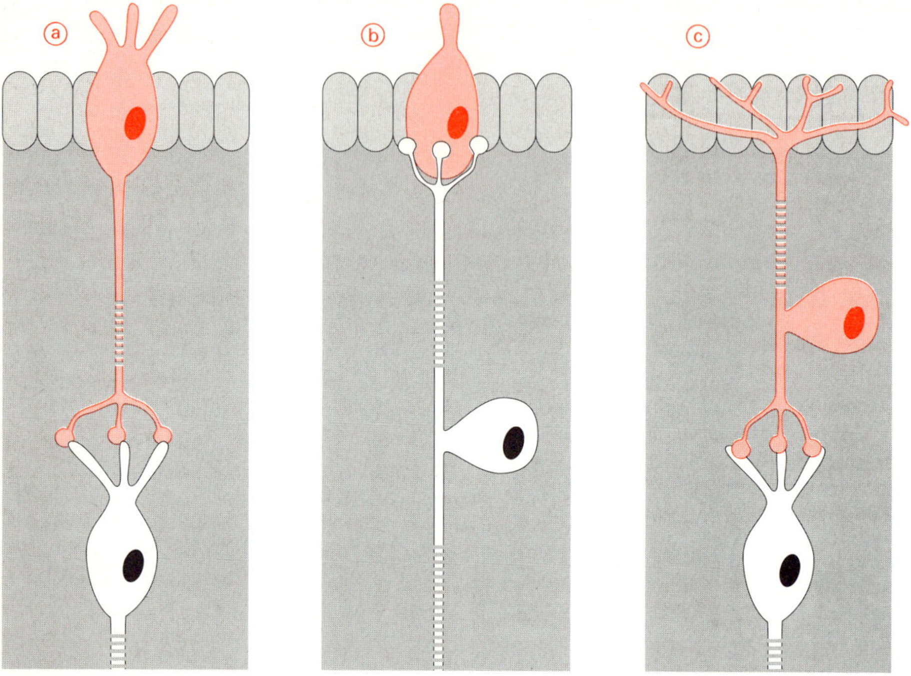

Abb. 39 Sinneszellen bzw. Sinnesnervenzellen

den Reiz auf, verfügt jedoch nicht über Strukturen, um die Erregung selbständig weiterzuleiten. Vielmehr überträgt sie die Erregung vermittels eines Neurotransmitters auf eine Nervenzelle. (Beispiel: Rezeptoren in den Hörsinnesorganen der Wirbeltiere)

Ⓒ Eine **Sinnesnervenzelle** besitzt weit aufgefaserte Dendriten, die der Reizaufnahme dienen. Die Erregung wird über die Dendriten fortgeleitet, die nahtlos in das Axon übergehen. (Beispiel: Tast- und Schmerzrezeptoren der Wirbeltierhaut)

Eine weitere Einteilungsmöglichkeit richtet sich nach der Art der Reize, von denen die Rezeptoren in Erregung versetzt werden. In diesem Zusammenhang unterscheidet man zwischen folgenden Rezeptortypen:

- **Photorezeptoren** werden durch elektromagnetische Wellen erregt. Sie sind die Grundlagen für die Sehsinnesorgane.

- **Thermorezeptoren** z.B. in der Haut sprechen auf Wärme oder Kälte an.

- **Chemorezeptoren** sind durch chemische Substanzen erregbar. Sie spielen eine Rolle für den Geruchssinn und den Geschmackssinn.

- **Mechanorezeptoren** sprechen auf mechanische Reize an. Sie spielen eine Rolle in so verschiedenen Sinnesbereichen wie z.B. Gehörsinn, Tastsinn oder Schmerzsinn.

Alle Rezeptoren wandeln dabei die aufgenommenen Reize in die „Sprache" des Nervensystems um. Wir werden uns zunächst mit den grundlegenden Prinzipien dieser Umwandlung befassen.

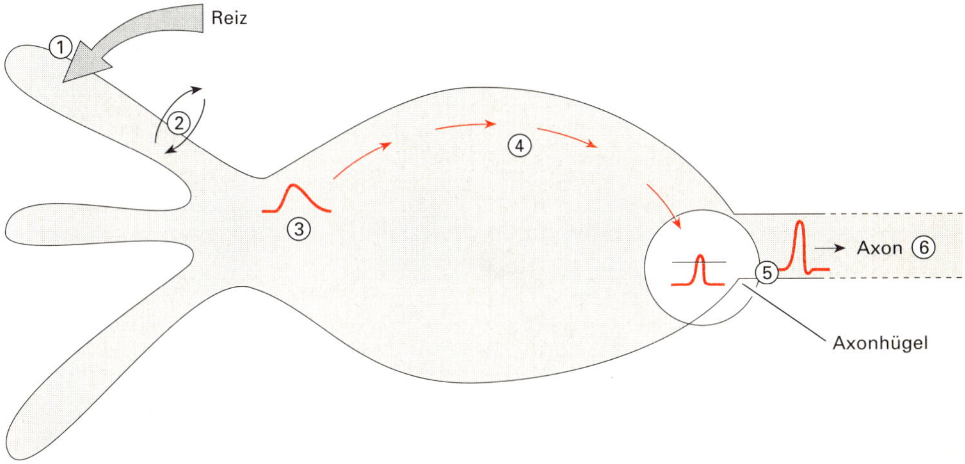

Abb. 40 Verarbeitung eines Reizes durch eine Rezeptorzelle

① Den auftreffenden Reiz nehmen bestimmte Zellstrukturen, die speziell dafür geeignet sind, wahr. Bei Mechanorezeptoren handelt es sich z.B. um bestimmte Bereiche, die sich verformen können, bei Chemorezeptoren um Kontaktstellen für Moleküle. Bei Photorezeptoren absorbiert ein Sehfarbstoff einfallendes Licht *(vgl. Kap. A.6.2.2)*.

② Beim Eintreffen eines **adäquaten Reizes** – also eines solchen, der allein dem Rezeptor angemessen ist – ändert sich die Durchlässigkeit der Rezeptor-Membran für bestimmte Ionensorten.

③ Das Membranpotential nimmt als Folge davon ab *(eine Ausnahme davon werden wir später kennenlernen; vgl. Ausführungen zu Abb. 50)*. Die Differenz zwischen dem Membranpotential im Ruhezustand bzw. nach erfolgter Reizung bezeichnet man als **Rezeptorpotential**.

④ Das Rezeptorpotential breitet sich durch Ionenverschiebungsvorgänge über das Perikaryon hinweg bis zum Beginn des Axons aus.

⑤ Wird das Membranpotential am Axonhügel dabei überschwellig, so bildet sich ein Aktionspotential aus.

⑥ Das Aktionspotential breitet sich längs des Axons aus.

!

Alle Reize – ganz gleich ob es sich um Lichtreize, chemische Reize, mechanische oder andere Reize handelt – führen also in den für sie jeweils adäquaten Rezeptoren zur Ausbildung von Aktionspotentialen.

Auf ein Sinnesorgan einwirkende Reize können von unterschiedlicher Intensität oder Dauer sein. So macht es sicher einen Unterschied, ob uns eine Fliege oder aber ein Hamster über unsere Haut läuft. Der Zusammenhang zwischen Reizstärke, Rezeptorpotential und Potential der Nervenfaser wurde in eingehenden Untersuchungen aufgeklärt *(vgl. Abb. 41)*.

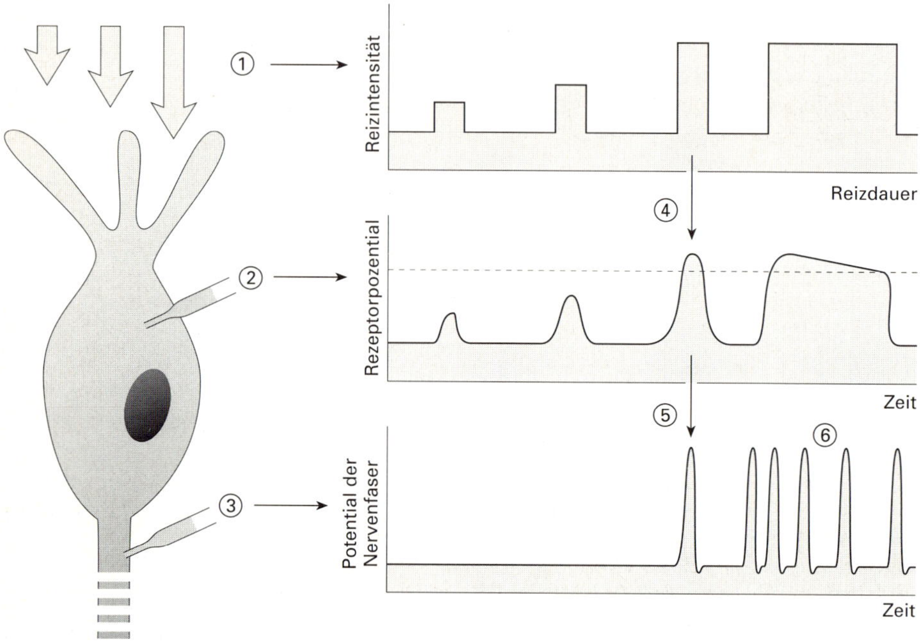

Abb. 41 Reizstärke – Rezeptorpotential – Aktionspotential

Dabei wurden Rezeptoren adäquaten Reizen von unterschiedlicher Intensität und Dauer ausgesetzt ①. Gemessen wurde einerseits das daraus resultierende Rezeptorpotential ②, andererseits das sich daraus ergebende Potential der Nervenfaser ③.
Man konnte folgende Feststellungen treffen:
Die Reizstärke wird jeweils umgesetzt in ein Rezeptorpotential bestimmter Höhe ④. Erreicht dies eine bestimmte Schwelle, so entstehen fortgeleitete Aktionspotentiale ⑤. Die Frequenz, mit der diese auftreten, ist proportional zum Rezeptorpotential und damit auch zur Reizstärke.

!

Unterschiedliche Reizstärken werden in unterschiedliche Frequenzen von Aktionspotentialen übersetzt.

Weitere Untersuchungen ergaben, daß Sinneszellen unterschiedlich auf einen **konstanten Reiz** reagieren. Man unterscheidet diesbezüglich drei verschiedene Typen *(vgl. Abb. 42)*.

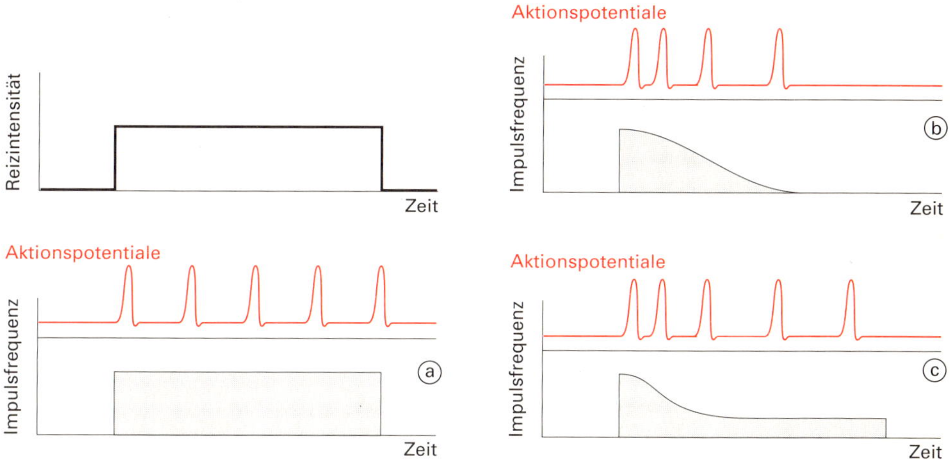

Abb. 42 Reaktion verschiedener Typen von Sinneszellen auf einen konstanten Reiz

ⓐ Bei **tonischen Sinneszellen** ändert sich die Impulsfrequenz bei Dauerreizung nicht.

ⓑ Bei **phasischen Sinneszellen** fällt die Impulsfrequenz bei Dauerreizung auf Null ab.

ⓒ Bei **phasisch-tonischen Sinneszellen** fällt die Impulsfrequenz bei Dauerreizung zunächst stark ab, bleibt dann aber auf einen konstanten Niveau erhalten.

Der Bedeutung dieser Unterschiede können wir durch die Bearbeitung einer Aufgabe auf die Spur kommen.

Aufgabe:

Kommt man in ein länger ungelüftetes Klassenzimmer, so kann es einem passieren, daß man zunächst die Ausdünstung der Schülerinnen und Schüler (und die des Lehrers) als unangenehm empfindet, nach einer Weile aber den ursprünglich wahrgenommenen Geruch nicht mehr registriert.
Welcher Typ von Sinneszelle ist in diesem Fall für die Wahrnehmung zuständig?

Je nach ihrer speziellen Aufgabe reagieren die Sinneszellen ganz unterschiedlich auf anhaltende Reize.
Rezeptoren, die sich wie im Beispiel, das in Aufgabe 17 behandelt ist, rasch an die neue Reizstärke anpassen, registrieren im Grunde nur den Reizwechsel. Ein weiteres Beispiel für sie sind die Berührungsrezeptoren der Haut.

Bei anderen Rezeptoren hingegen kommt es darauf an, einen Dauerreiz über die gesamte Einwirkzeit zuverlässig zu erfassen. Beispiele hierfür sind Gelenkstellungsrezeptoren oder Rezeptoren, die die Atemgaskonzentrationen im Blut messen.

6.2 Der Lichtsinn

Alle Sinneszellen arbeiten nach denselben soeben dargestellten Prinzipien. In den Sinnesorganen stehen sie im anatomischen und funktionellen Zusammenhang mit anderen Baueinrichtungen, und es tritt eine Fülle weiterer Fakten hinzu. Wir wollen den Lichtsinn exemplarisch herausgreifen und an ihm noch weitere Details herausarbeiten.

6.2.1 Die Entwicklung verschiedener Augentypen

Im Verlaufe der Evolution haben sich im Tierreich verschiedene Augentypen entwickelt. Wir wollen zunächst einen Überblick über die unterschiedliche Anatomie und das jeweilige Leistungsvermögen geben.

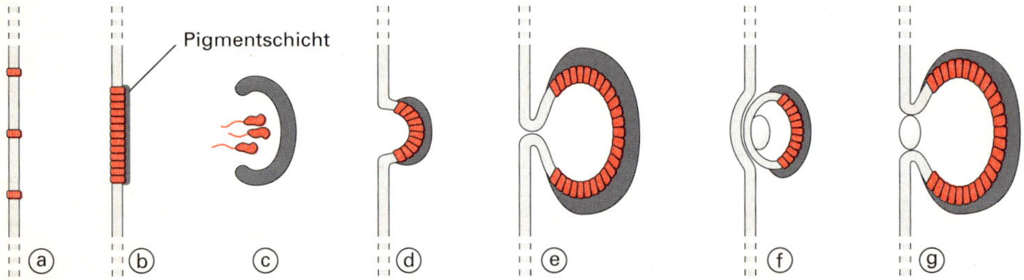

Abb. 43 Verschiedene Augentypen in schematischer Darstellung (Lichtsinneszellen sind rot eingezeichnet)

ⓐ Bei manchen niederen Tieren (z.B. dem Regenwurm) liegen in der Haut verstreut **einzelne Lichtsinneszellen**, die in dieser Anordnung lediglich ein Hell-Dunkel-Sehen ermöglichen.

ⓑ **Flachaugen** findet man bei Quallen, Seesternen und dem Lanzettfischchen. Bei ihnen befindet sich in der flachen Haut eine Ansammlung von Lichtsinneszellen, die nach dem Körperinneren hin von einer lichtundurchlässigen Pigmentschicht abgeschirmt sind. Damit wird die Bestimmung der ungefähren Richtung des einfallenden Lichtes möglich.

ⓒ **Pigmentbecheraugen** findet man u.a. bei Strudelwürmern und manchen Schnecken. In diesem Fall sind die Sehzellen umgeben von einer halbkugelförmigen Schicht von Pigmentzellen.

Die Bestimmung der Richtung des einfallenden Lichtes erreicht in diesem Fall bereits eine größere Genauigkeit.

ⓓ **Grubenaugen** von z. B. Quallen sind quasi weiterentwickelte Flachaugen, bei denen aber die Ansammlung von Lichtsinneszellen mitsamt der abschirmenden Pigmentschicht in eine Grube abgesenkt ist. Hier ist ebenfalls die Richtungsbestimmung des einfallenden Lichtes möglich.

ⓔ **Lochkameraaugen** sind quasi weiterentwickelte Grubenaugen, bei denen die Öffnung nur noch aus einem engen Loch besteht. Dieser Augentyp, den man bei niederen Tintenfischen (Nautilus) findet, erlaubt bereits bildhaftes Sehen. Allerdings ist das Bild sehr lichtschwach.

ⓕ Bei **Blasenaugen** ist die Grube durch eine durchsichtige Haut komplett verschlossen, und im Innenraum der Grube befindet sich ein lichtbrechendes Sekret, das man bereits als eine Art von Linse bezeichnen kann. Blasenaugen – man findet sie z. B. bei Weinbergschnecken – sind bereits eine einfache Form von Linsenaugen. Auch hier ist bildhaftes Sehen möglich, wobei das Bild aber immer noch sehr lichtschwach ist.

ⓖ Mit den **Linsenaugen** ist schließlich die höchste Stufe des Sehens erreicht. Die Grubenöffnung ist vergrößert – damit wird das Bild lichtstärker. In die Grubenöffnung ist eine Sammellinse eingelagert, damit wird eine scharfe Abbildung ermöglicht. Die leistungsfähigsten Linsenaugen findet man bei den höchstentwickelten Tintenfischen und bei den Wirbeltieren.

Wir werden diesen Augentypus noch eingehender betrachten *(vgl. Kap. A.6.2.2)*.

Einen ganz anderen Augentyp findet man bei den Gliedertieren, wie z. B. den Insekten *(vgl. Abb. 44)*.

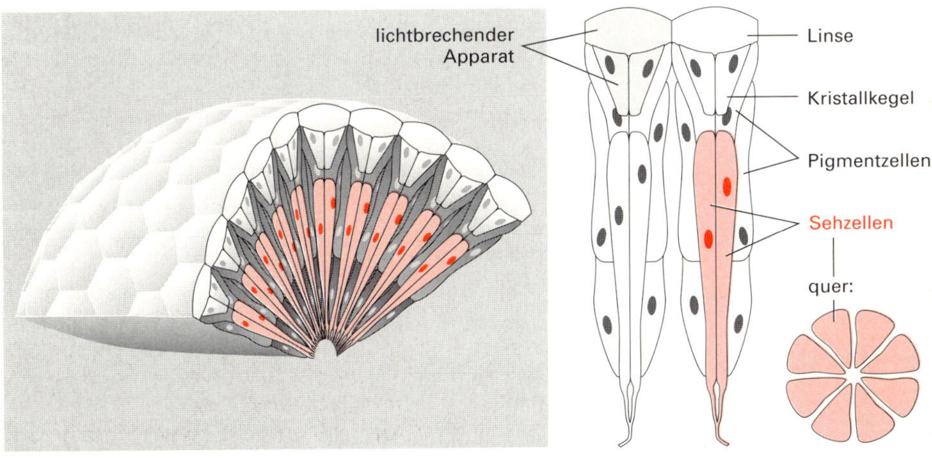

Abb. 44 Facettenauge in Übersicht und Einzelauge im Detail

Das **Facettenauge (= Komplexauge)** besteht aus vielen Einzelaugen, die wabenartig zusammengesetzt sind. Jedes Einzelauge setzt sich zusammen aus einem lichtbrechenden Apparat, aus (meist 8) Sinneszellen und aus Pigmentzellen, die die Einzelaugen voneinander abschirmen. Die von den Einzelaugen gelieferten Bilder setzen sich mosaikartig zu einem Gesamtbild zusammen. Komplexaugen liefern relativ lichtstarke, scharfe Bilder, entsprechen also im Leistungsvermögen prinzipell den Linsenaugen. Allerdings gilt dies nur eingeschränkt. Ein Komplexauge von der Größe eines Linsenauges würde eine wesentlich schlechtere Bildschärfe aufweisen. Allerdings sind ja die Komplexaugen entsprechend den Abmessungen ihrer Träger deutlich kleiner als z. B. die Augen der Wirbeltiere. Und in diesem Größenbereich funktionieren beide Augen hinsichtlich Lichtstärke und Bildschärfe in etwa gleich gut.

Der Sehbereich der Facettenaugen ist im Vergleich zum Menschenauge in den UV-Bereich hinein verschoben. Außerdem können manche Facettenaugen (z. B. bei Libellen) bis zu 300 Einzelbilder pro Sekunde auflösen, beim Menschen sind nur 16 Bilder pro Sekunde voneinander unterscheidbar. Auf diese Weise kann eine Libelle schnelle Bewegungen besser erfassen. Ein Kinofilm (18 bzw. 24 Bilder pro Sekunde), bei dem wir die Einzelbilder nicht mehr unterscheiden können, würde ihr wie ein Lichtbildvortrag erscheinen.

A/18

Aufgabe:

Erstelle eine Übersicht über die verschiedenen Augentypen und ihr jeweiliges Leistungsvermögen.

6.2.2 Das menschliche Auge

– Bau des menschlichen Auges

Einen Überblick über das menschliche Auge gibt Abb. 45.

Mit diesem Sinnesorgan können scharfe und zugleich lichtstarke Bilder erzeugt werden. Und zwar werden Lichtstrahlen, die von einem Gegenstand ausgehend auf das Auge treffen, vom lichtbrechenden Apparat so gesammelt, daß auf der Netzhaut ein verkleinertes und auf dem Kopf stehendes Abbild des Gegenstandes entsteht *(vgl. ML 67 Cytologie Kap. E.1)*.

Um verstehen zu können, wie dieses Bild zu Sinnesempfindungen führt, wollen wir zunächst den Feinbau der Netzhaut betrachten.

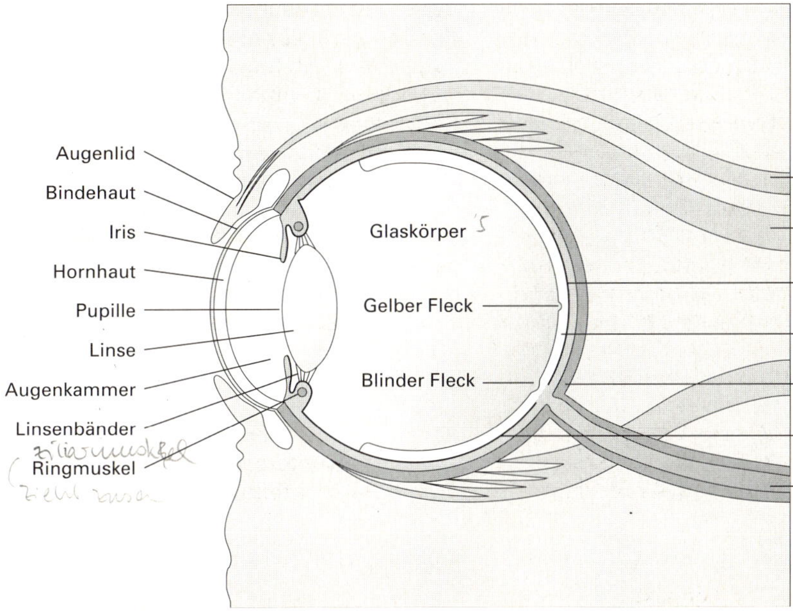

Abb. 45 Bau des menschlichen Auges

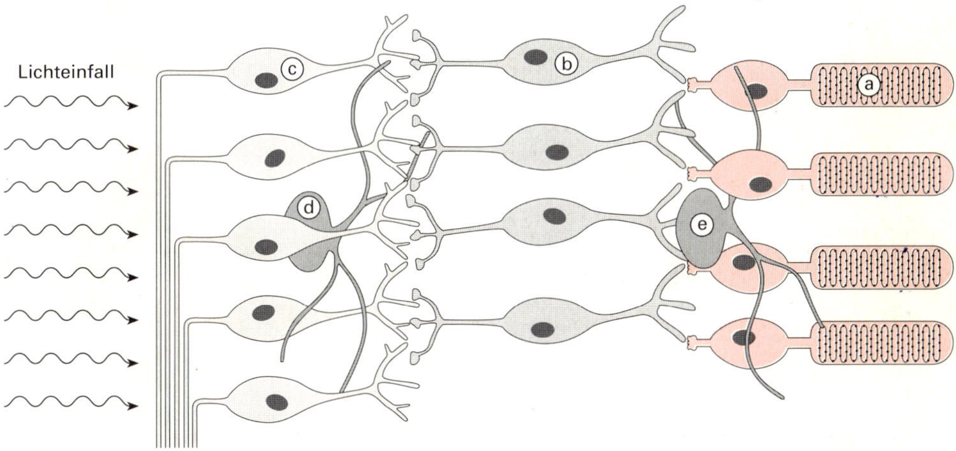

Abb. 46 Vereinfachtes Schema vom Bau einer Netzhaut

In der Netzhaut liegen die Lichtsinneszellen, die **Photorezeptoren** ⓐ, auf der dem Lichteinfall abgewandten Seite. In Richtung des Lichteinfalls stehen sie über Synapsen in Verbindung mit **bipolaren Schaltzellen** ⓑ.

Jede Bipolare hat auf der einen Seite Kontakt mit mehreren Rezeptorzellen und auf der anderen Seite mit mehreren **Ganglienzellen** ⓒ.
Amakrinzellen ⓓ verbinden jeweils mehrere Ganglienzellen miteinander.
Horizontalzellen ⓔ verbinden jeweils mehrere Rezeptorzellen seitlich miteinander.
Es fällt auf, daß bereits auf der Ebene der Netzhaut die sie aufbauenden Neuronen eng miteinander verschaltet sind. Diese Verschaltung erfolgt sowohl über erregende als auch über hemmende Synapsen und spielt eine Rolle für die neuronale Verarbeitung des auf die Netzhaut projizierten Bildes *(vgl. Kap. A.6.2.3)*.
Die Nervenfasern der Ganglienzellen sammeln sich an einer Stelle der Netzhaut und bilden ab dort in ihrer Gesamtheit den Sehnerv. An der Stelle, an der dieser aus dem Augapfel austritt, ist kein Platz für Lichtsinneszellen, die Netzhaut weist hier den **Blinden Fleck** auf.

Abb. 47 Versuch zur Bestimmung des Blinden Flecks

Versuch 1:

Betrachte bei geschlossenem linken Auge das Kreuz auf Abb. 47 mit dem rechten Auge. Verändere den Abstand zwischen Papierebene und Auge und fixiere dabei beständig das Kreuz.
In einer bestimmten Entfernung verschwindet der schwarze Kreis, da sein Abbild auf den Blinden Fleck der Netzhaut fällt.
Für das linke Auge muß man die Abbildung „auf den Kopf stellen" und ansonsten analog verfahren.

A/19

Aufgabe:

Zeichne eine Skizze vom Aufbau der Netzhaut und benenne die verschiedenen darin enthaltenen Zelltypen.

– Vorgänge in den Photorezeptoren

Im Bereich der Netzhaut sind wir auf der Ebene der Rezeptoren angekommen und wenden uns nun eingehend der Frage zu, wie die Lichtreize von den Photorezeptoren erfaßt werden.

Auf der Netzhaut des menschlichen Auges befinden sich pro mm^2 im Durchschnitt 400.000 Photorezeptoren. Das ergibt insgesamt etwa 125 Millionen Zellen. In ihrer Anzahl überwiegen deutlich die sehr lichtempfindlichen **Stäbchen** gegenüber den weniger lichtempfindlichen dafür aber „farbtüchtigen" **Zapfen**, von denen es drei Sorten gibt *(vgl. S. 61)*.

Alle Rezeptortypen enthalten lichtempfindliche Farbstoffe. Im Fall der Stäbchen handelt es sich dabei um **Rhodopsin** (Sehpurpur).

Rhodopsin ist ein Chromoprotein, welches aus zwei Komponenten besteht – dem Eiweißanteil **Opsin** und der Farbstoffkomponente Retinal (Aldehyd des Vitamins A). **Retinal** kann in zwei Formen vorliegen *(vgl. Abb. 48)*.

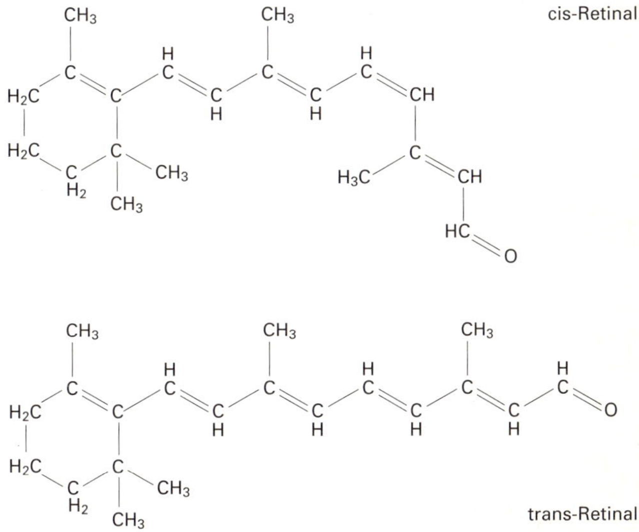

Abb 48 Strukturformeln von Retinal

In seiner cis-Form ist Retinal fest an Opsin gebunden. Bei Lichteinfall geht die gewinkelte cis-Form in die gestreckte trans-Form über, und Retinal löst sich vom Opsin ab. Diese Veränderung hat in der Lichtsinneszelle entscheidende Auswirkungen.

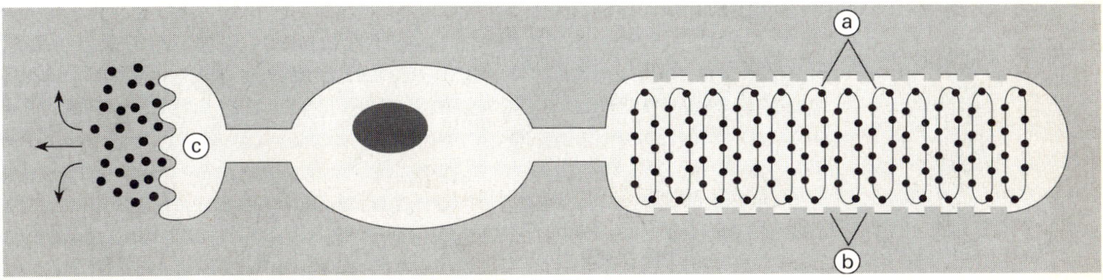

Abb. 49 Photorezeptor in Dunkelheit

ⓐ Die Lichtsinneszelle weist in ihrem Außenglied zahlreiche geldrollenartig nebeneinander gelagerte Membranstapel auf, in die dicht gepackt Rhodopsinmoleküle eingelagert sind.

ⓑ In der Außenmembran des Außengliedes befinden sich Natriumionen-Kanäle, die in Dunkelheit – in der wir eigentlich Inaktivität erwarten – paradoxerweise geöffnet sind. Als Folge davon ist das Membranpotential der Zelle stark depolarisiert (–20 mV)!

ⓒ Die Zelle setzt deshalb in der Synapsenregion ständig Transmitterstoff frei.

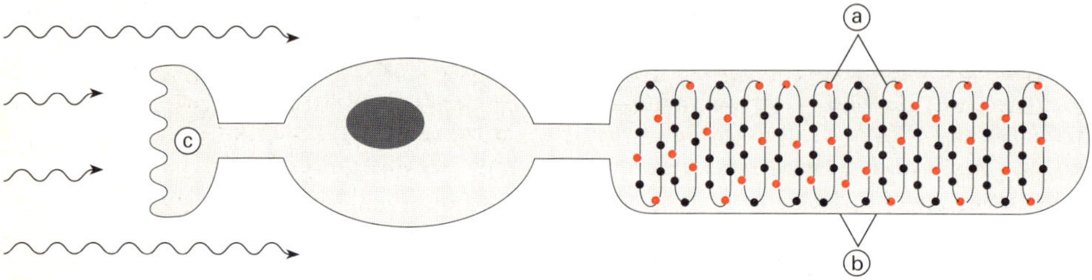

Abb. 50 Photorezeptor im Licht

ⓐ Bei Lichteinfall wechseln „die von einem Lichtstrahl getroffenen" Retinalkomponenten der Rhodopsinmoleküle ihre Form *(vgl. Ausführungen zu Abb. 48).*

ⓑ Als Folge davon schließen sich in der Außenmembran des Außengliedes die Natriumionen-Kanäle. Als Folge davon kommt es im belichteten Zustand zu einer Hyperpolarisation, die das Membranpotential auf Werte um –70 mV ansteigen läßt. Bei Belichtung stellt sich hier also – jetzt, da wir eigentlich Aktivierung erwarten – quasi das Ruhepotential ein.

ⓒ Die Ausschüttung von Transmitterstoff wird eingestellt.

Die Entfernung zwischen den Membranstapeln und der Außenmembran ist zu groß, als daß die Veränderung der Rhodopsinmoleküle bei Lichteinfall den Verschluß der Natriumionen-Kanäle direkt bewirken könnte. Diese Distanz wird vielmehr überbrückt durch eine mehrstufige, kaskadenartig ablaufende Folge von Reaktionen, auf die wir jedoch nicht eingehen werden. Uns kommt es auf die Erhellung des Prinzips an.

A/20

Aufgabe:

Vergleiche die normale Verarbeitung eines Reizes in einer Rezeptorzelle *(Abb. 40 und zugeordneter Text)* mit der soeben beschriebenen Arbeitsweise einer Lichtsinneszelle.

!

Die Lichtsinneszelle reagiert auf die Reizeinwirkung im Gegensatz zu anderen Rezeptoren also mit einer Desaktivierung.

Wie ist es möglich, daß gerade dadurch eine Sinnesempfindung bewirkt wird?
Der Schlüssel zur Antwort liegt in der Funktionsweise der Synapse des Photorezeptors. Bei Dunkelheit wird hier der Neurotransmitter freigesetzt, der über den synaptischen Spalt wandert und die Folgezelle **hemmt**. Bei Belichtung wird die Neurotransmitterausschüttung eingestellt, die Folgezelle wird also nicht **mehr gehemmt**, sondern auf diese Weise sogar aktiviert.

– Farbensehen

Wenn weißes Licht (z.B. Sonnenlicht) durch ein Prisma dringt, wird es in ein regenbogenartiges Spektrum* verschiedener Farben zerlegt.

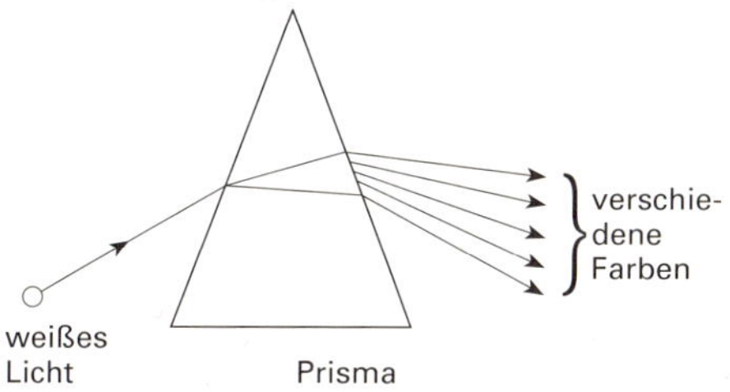

Abb. 51 Zerlegung des weißen Lichts in seine Farbanteile

Die von uns als verschiedene Farben empfundenen Lichtanteile unterscheiden sich physikalisch durch ihre Wellenlängen *(vgl. Abb. 52)*.

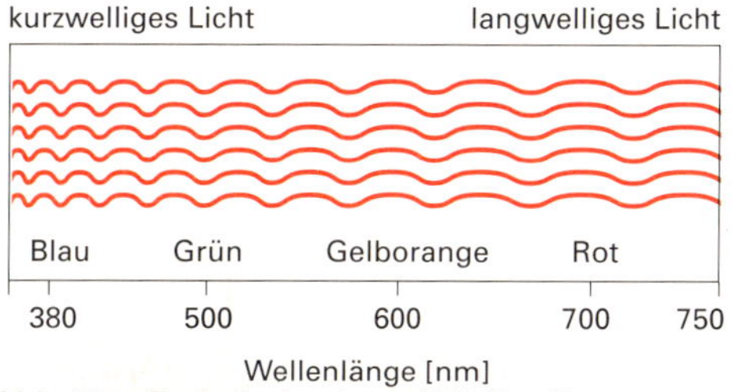

Abb. 52 Farbeindruck und Wellenlänge des Lichtes

Die Mischung aller Farben ergibt den Farbeindruck „Weiß". Dieser kann aber bereits durch die Mischung der **drei** (spektralreinen) **Grundfarben Rot, Grün** und **Blau** erzielt werden. Durch unterschiedliche Mischungsverhältnisse dieser drei Grundfarben lassen sich alle überhaupt möglichen Farbeindrücke erzeugen. Technische Anwendung findet dieses Prinzip z.B. beim Farbfernseher. Davon kann man sich überzeugen, wenn man mit der Lupe die Farbfelder des TV-Bildschirms betrachtet.
Dieses Prinzip der additiven Farbmischung dreier Grundfarben führte bereits im Jahre 1801 den Physiker YOUNG zu der Vermutung, daß unser Auge alle Farbempfindungen auf ebendiese Weise erzeugt. HELMHOLTZ zog 1852 den Schluß, daß in der Netzhaut des menschlichen Auges drei verschiedene Sorten von Zapfen vorhanden sein müssen. Diese Vermutung konnte in späteren Untersuchungen bestätigt werden.
Das menschliche Auge enthält also drei Sorten von Zapfen, die jede mit einem anderen Sehfarbstoff ähnlich dem Rhodopsin der Stäbchen ausgestattet sind. Diese Farbstoffe und damit die jeweilige Zapfensorte sind empfindlich für rotes, grünes bzw. blaues Licht *(vgl. Abb. 53)*.

Die verschiedenen Wellenlängen werden demnach von den drei Zapfensorten unterschiedlich stark verarbeitet. Damit wird

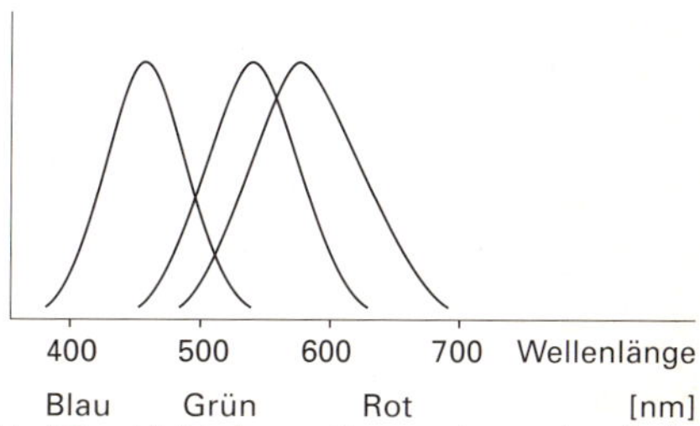

Abb. 53 Lichtabsorptionspektren der drei Zapfensorten

in ihrem Zusammenspiel das Erkennen sämtlicher Farbsorten möglich.
Farbenblindheit bzw. Farbenfehlsichtigkeit, die es in mehreren Varianten gibt und von der etwa 8% der männlichen und 0,5% der weiblichen Bevölkerung betroffen sind, beruhen auf dem Ausfall oder der Veränderung einer oder mehrerer Zapfensorten *(zur Vererbung der Farbenblindheit vgl. ML 66 Genetik Kap. D).*

6.2.3 Das Prinzip der lateralen Hemmung

Versuch 2:

Fixiere in Abb. 54 eine Kreuzungsstelle der weißen Gitterstreifen und achte dabei auf den Helligkeitseindruck sämtlicher weißer Gitterlinien.
Du wirst feststellen, daß die Kreuzungspunkte – mit Ausnahme des direkt fixierten – dunkler erscheinen, als sie in Wirklichkeit sind.

Abb. 54 Versuch zur lateralen Hemmung (Optische Täuschung 1)

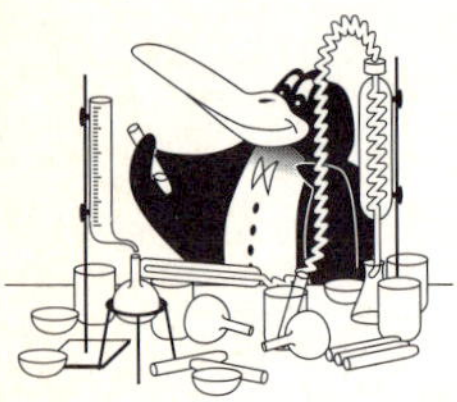

Versuch 3:

Betrachte die Abb. 55, die sich aus verschiedenen Graustufen zusammensetzt, mit halb geschlossenen Augen und führe dabei seitliche Kopfbewegungen aus.
Du wirst feststellen, daß eine einheitliche graue Fläche an der Grenze zu einer dunkleren Fläche heller erscheint und an der Grenze zu einer helleren Fläche dunkler.

Abb. 55 Versuch zur lateralen Hemmung (Optische Täuschung 2)

Offensichtlich werden Helligkeitsunterschiede in der Wahrnehmung verstärkt. Dadurch wird die Wahrnehmung von Gegenständen, die sich eigentlich kaum von der Umgebung abheben, erleichtert.
Der Erklärung für dieses Phänomen kam man auf die Spur durch ein historisches Experiment von Hartline aus dem Jahre 1940. Dabei führte man am Facettenauge des Pfeilschwanzkrebses (Limulus) elektrophysiologische Untersuchungen durch. Die Nervenfasern der Einzelaugen sind hinter ihren Austrittsstellen durch Querverbindungen miteinander verknüpft und vereinigen sich zum optischen Nerv, der zum Gehirn führt *(vgl. Abb. 56)*.

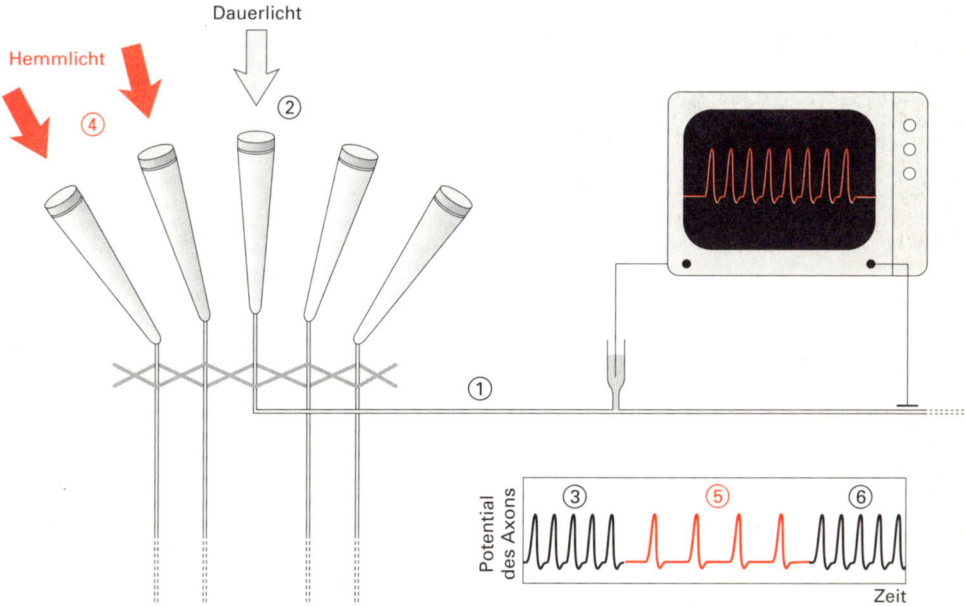

Abb. 56 Entdeckung der lateralen Hemmung am Limulusauge; schematische Darstellung

① Man isolierte aus dem optischen Nerv des Limulusauges das Axon eines Einzelauges (jedes Einzelauge hat mehrere Nervenfasern, doch können nur an einer Aktionspotentiale registriert werden). Die in diesem Axon auftretenden Aktionspotentiale wurden mit Elektroden abgeleitet und mit einem Oszilloskop meßtechnisch erfaßt.

② Das zu dem Axon gehörende Einzelauge wurde mit Dauerlicht aus einer eng begrenzten Lichtquelle bestrahlt, um nur dieses Einzelauge zu treffen.

③ Folge war die Aussendung von Aktionspotentialen mit hoher Frequenz.

④ Man belichtete nun zusätzlich auch benachbarte Einzelaugen ebenfalls mit punktförmigen Lichtquellen.

⑤ Im Axon des untersuchten Einzelauges sank daraufhin die Impulsfrequenz auf Null ab, um dann wieder anzusteigen. Sie blieb aber deutlich unter dem ursprünglichen Wert bei Einzelbelichtung.

⑥ Nach Abschalten des „Hemmlichtes" stieg die Frequenz der Aktionspotentiale wieder auf den ursprünglichen Wert an.

Während der gesamten Versuchsdauer blieb die Belichtung im untersuchten Einzelauge konstant.

Die Senkung der Impulsfrequenz konnte also eindeutig nur durch die Belichtung der benachbarten Einzelaugen zustande kommen.

Insgesamt wurde festgestellt, daß jedes Einzelauge seine Nachbarn hemmt, und zwar umso mehr, je stärker es selbst belichtet wird. Umgekehrt wird es auf gleiche Weise von seinen Nachbarn beeinflußt. Und dies hat Auswirkungen, die wir mit Hilfe eines Schaltschemas erklären wollen *(vgl. Abb. 57)*.

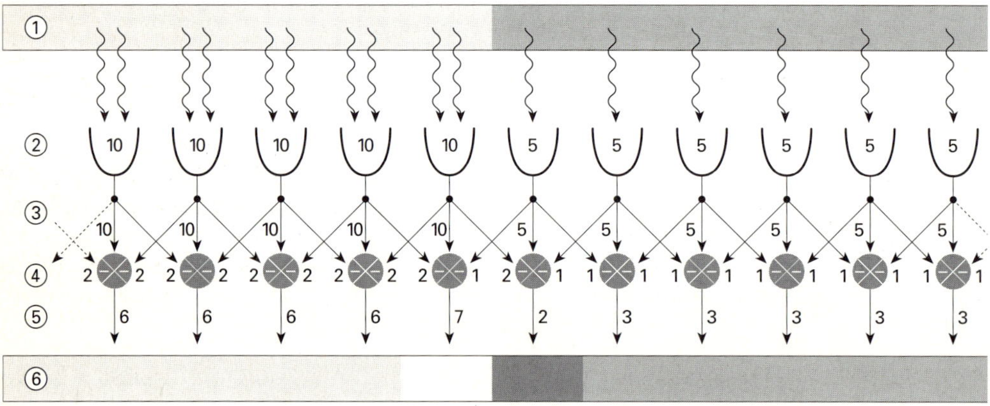

Abb. 57 Schaltprinzip der lateralen Hemmung

① Von zwei unterschiedlich hellen Flächen strahlt Licht unterschiedlicher Intensität aus.

② Das Licht fällt auf nebeneinander stehende Rezeptoren, von denen die heller beleuchteten eine stärkere Reizstärke (10 „Einheiten") registrieren als die weniger hell beleuchteten (5 „Einheiten").

③ Die Rezeptoren wandeln die Reizstärke in Erregungsmuster um, die einerseits direkt weitergeleitet werden und andererseits über seitliche Verknüpfungen hemmend auf die benachbarten Rezeptoren einwirken. In unserem Schema beträgt der Hemmfaktor 1/5. (In Wirklichkeit erreicht der Hemmfaktor viel kleinere Werte.)

④ Die direkt weitergeleiteten Erregungsmuster werden mit den seitlich einwirkenden, hemmenden Erregungsmustern verrechnet. *(Rechenbeispiele siehe Aufgabe 21!)*

⑤ Nach der Verrechnung werden geänderte Werte in Richtung Gehirn weitergeleitet. Links der Wert 6, rechts der Wert 3. Das Verhältnis (6:3=2) entspricht dabei dem der einwirkenden Reizstärken (10:5=2). An der **Helligkeitsgrenze** ergeben sich jedoch **andere Werte** (7 bzw. 2).

⑥ In der Wahrnehmung erscheint die einheitlich hellere Fläche an der Grenze zur dunkleren Fläche heller als sie in Wirklichkeit ist. Die einheitlich dunklere Fläche hingegen erscheint an ebendieser Grenze dunkler als in Wahrheit.

Für Limulus bedeutet dies eine Verschärfung der Abbildung und eine Erhöhung ihres Kontrastes.
Das Prinzip der lateralen Hemmung ist mittlerweile auch durch Befunde für Insektenaugen und Wirbeltieraugen bestätigt.

A/21

Aufgabe:

Vollziehe die Verrechnung der Erregungsmuster in Abb. 57 nach. Erkläre dabei das Zustandekommen der vier unterschiedlichen Werte (6,7,2 und 3).

A/22

Aufgabe:

Die optischen Täuschungen in den Versuchen 2 und 3 zeigen, daß das Prinzip der lateralen Hemmung auch im menschlichen Auge verwirklicht ist.
Welches Baumerkmal der Netzhaut liefert dazu die Voraussetzung *(vgl. Abb. 46)*?

6.3 Besondere Leistungen von Sinnesorganen

Viele Tiere können mit ihren Sinnesorganen Leistungen erreichen, die entweder weit über das hinausreichen, wozu der Mensch in der Lage ist, oder sie können sogar Reize registrieren, die für uns ohne technische Hilfsmittel nicht erfaßbar sind.

So können sich Zugvögel u.a. auch nach dem Magnetfeld der Erde orientieren, verfügen also gewissermaßen über einen „eingebauten Kompaß".
Haie sind mit Elektrorezeptoren ausgerüstet, mit denen sie die Muskelpotentiale

von Beutetieren orten können, die sich im Meeresgrund versteckt halten.
Ameisen und Bienen können mit ihren Komplexaugen die unterschiedlichen Schwingungsebenen polarisierten Lichts wahrnehmen. Dies verleiht ihnen die Fähigkeit, sich auch bei wolkenverdeckter Sonne zu orientieren.
Fledermäuse können Ultraschall-Laute wahrnehmen und sich damit in stockfinsterer Nacht durch Echo-Ortung orientieren.

Männliche Seidenspinner – eine Schmetterlingsart – können den Sexualduftstoff ihrer Weibchen noch in einer extremen Verdünnung wahrnehmen. Ein einziges Duftmolekül zwischen zehntausend Billionen Luftmolekülen reicht bereits aus. Dieser Wert macht es möglich, daß ein Seidenspinnermännchen ein Weibchen derselben Art praktisch kilometerweit riechen kann.

6.4 Zusammenfassung

Sinnesorgane verfügen über Rezeptor-Zellen, die auf bestimmte Reize ansprechen und diese in Nervensignale umwandeln.

Dem Bau nach unterscheidet man zwischen **Primären Sinneszellen, Sekundären Sinneszellen** und **Sinnesnervenzellen**.

Nach der Art der Reize, von denen die Rezeptoren in Erregung versetzt werden, unterscheidet man zwischen **Photorezeptoren, Thermorezeptoren, Chemorezeptoren** und **Mechanorezeptoren**.

Rezeptorzellen wandeln aufgenommene, für sie **adäquate Reize** in die „Sprache" des Nervensystems um.
Bei Eintreffen eines adäquaten Reizes verändert sich die Durchlässigkeit der Rezeptormembran für bestimmte Ionensorten. Als Folge davon bildet sich ein **Rezeptorpotential** aus. Dieses kann dann zur Ausbildung von Aktionspotentialen führen, durch die die Erregung der Zelle weitergemeldet wird.

Unterschiedliche **Reizstärken** werden von den Rezeptoren in unterschiedliche **Frequenzen von Aktionspotentialen** übersetzt.

Je nachdem wie Sinneszellen auf einen konstanten Reiz reagieren, unterscheidet man zwischen **tonischen Sinneszellen, phasischen Sinneszellen** und **phasisch-tonischen Sinneszellen**.

Bei der Entwicklung des Lichtsinnes haben sich im Verlaufe der Evolution verschiedene Augentypen herausgebildet.
Flachaugen und **Grubenaugen** ermöglichen die Bestimmung der ungefähren Richtung des einfallenden Lichtes.
Bei **Pigmentbecheraugen** erreicht die Bestimmung der Richtung des einfallenden Lichtes bereits eine größere Genauigkeit.
Lochkameraaugen und **Blasenaugen** erlauben bereits bildhaftes Sehen. Allerdings ist das Bild sehr lichtschwach.
Linsenaugen ermöglichen die Abbildung eines scharfen und lichtstarken Bildes.
Die aus vielen Einzelaugen zusammengesetzten **Facettenaugen (Komplexaugen)** liefern ebenfalls relativ lichtstarke, scharfe Bilder.

Die **Netzhaut** des menschlichen Auges besteht aus **Photorezeptoren, bipolaren Schaltzellen, Ganglienzellen, Amakrinzellen** und **Horizontalzellen**, die auf charakteristische Weise miteinander verschaltet sind.
Diese Verschaltung spielt eine Rolle für die neuronale Verarbeitung des auf die Netzhaut projizierten Bildes.

An der Austrittsstelle des Sehnervs aus dem Augapfel weist die Netzhaut einen **Blinden Fleck** auf.

Die Photorezeptoren (lichtempfindliche **Stäbchen** oder „farbtüchtige" **Zapfen**) enthalten lichtempfindliche Farbstoffe (z. B. **Rhodopsin**), die bei Lichteinfall ihre Form ändern und damit Prozesse in Gang setzen, die direkt zur Aktivierung der Folgezellen und letztendlich zur Ausbildung einer Sinnesempfindung führen.

Drei verschiedene **Zapfensorten**, die jeweils für eine der Grundfarben (Rot, Grün und Blau) empfindlich sind, ermöglichen durch ihr Zusammenwirken das **Farbensehen**.

Die **laterale Hemmung** von Sinneszellen führt dazu, daß Helligkeitsunterschiede in der Wahrnehmung verstärkt werden. Dadurch wird die Abbildung schärfer und kontrastreicher.

Viele Tiere können mit ihren Sinnesorganen besondere Leistungen erreichen. Dazu gehören die Orientierung im Magnetfeld der Erde, die Wahrnehmung von elektrischen Feldern oder von Ultraschall-Lauten sowie die Registrierung der Schwingungsebene polarisierten Lichtes.

7. Nervenzellverbände

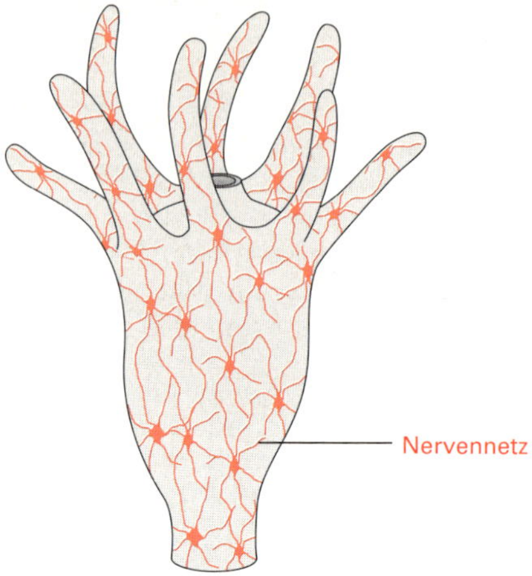

Die einzelnen Nervenzellen eines Tieres sind zu Netzwerken zusammengefaßt. Diese kontrollieren und steuern die Aktivität unterschiedlicher Körperteile und ermöglichen durch ihre Kooperation dem Organismus die sinnvolle Verarbeitung und Beantwortung von Außenreizen.
Je nach Höhe der Entwicklungsstufe sind diese Nervensysteme in unterschiedlicher Komplexität ausgebildet.

Abb. 58 Nervennetz von Hydra

7.1 Nervensysteme von Wirbellosen

Das einfachste Nervensystem findet man bei den Hohltieren. Beim Süßwasserpolyp (Hydra) besteht es aus einer Ansammlung von Nervenzellen, die mehr oder weniger gleichmäßig über den Körper verteilt sind. Durch ihre Fortsätze sind sie miteinander zu einem **Nervennetz** verbunden.

Wie wir aus der Abbildung erkennen können, hat Hydra Neuronen mit relativ kurzen Zellfortsätzen. Die Weiterleitung eines Signals zu einer entfernt liegenden Zelle erfolgt demnach über zahlreiche Synapsen hinweg.

Aufgabe:

Welche Auswirkung auf die Geschwindigkeit der Signalleitung bringt die Zwischenschaltung zahlreicher Synapsen mit sich?

Bei der Höherentwicklung der Tiere im Verlaufe der Evolution hat sich die Ausbildung eines Vorderendes (Kopfes) durchgesetzt. Es ist als Träger des Mundes mit der Nahrungsaufnahme beschäftigt. Zum Aufspüren der Nahrung hat sich dabei die Ansammlung von Sinnesorganen als notwendig erwiesen. Damit Hand in Hand kam es im Kopfbereich zu einer Konzentration von Nervenzellen, um die Aufgabe der Steuerung und Informationsverarbeitung besser bewältigen zu können.
Diese Entwicklungstendenz zeigt sich bereits bei noch relativ einfach strukturierten Organismen wie den Strudelwürmern. An deren Vorderende befinden sich zwei als **Ganglien** bezeichnete Verdickungen im Nervensystem, von denen ausgehend

zwei Hauptnervenstränge längs durch den Körper ziehen. Von ihnen zweigen dann zahlreiche kleinere Nervenstränge ab. Bei jedem Ganglion (griech. „Geschwulst") handelt es sich um Ansammlungen der Perikarien zahlreicher Nervenzellen, über die die nervliche Kontrolle der angeschlossenen Körperregionen läuft. Es handelt sich hier quasi um die Vorstufe des Gehirns komplexer organisierter Tiere.

Eine noch deutlich ausgeprägtere Tendenz zur Zentralisierung zeigt sich im **Strickleiternervensystem** der Insekten, die etwa drei Viertel aller Tierarten ausmachen. Auch deshalb ist ihr bereits weit stärker differenziertes Nervensystem von besonderem Interesse. Wir können seinen typischen Bau der Abb. 60 entnehmen.

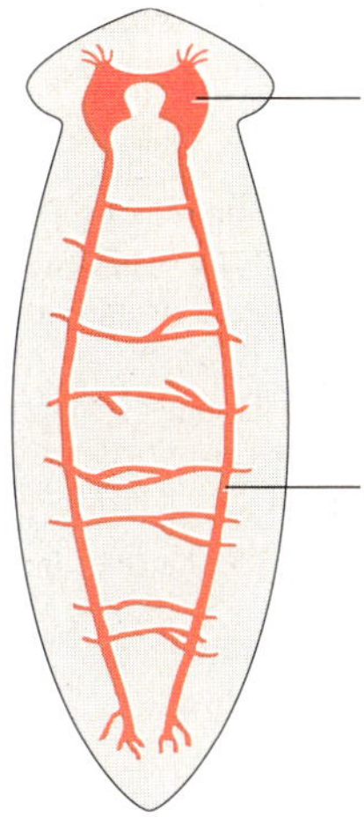

Abb. 59 Nervensystem eines Strudelwurms

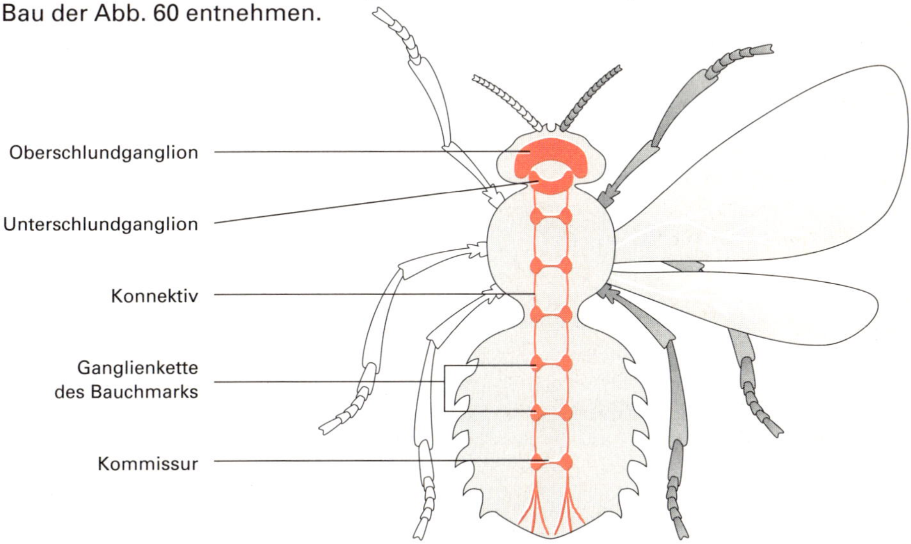

Abb. 60 Strickleiternervensystem eines Insektes (nur zentrale Anteile dargestellt)

7.2 Nervensysteme der Wirbeltiere und des Menschen

Die Wirbeltiere (Fische, Amphibien, Reptilien, Vögel und Säugetiere) weisen einen sehr hohen Grad an körperlicher Komplexität auf. Dementsprechend ist auch ihr Nervensystem besonders hoch organisiert. Als beherrschendes Zentrum befindet sich im Schädel das **Gehirn**, von dem aus als Hauptnervenrohr das **Rückenmark** entlang der Rückenseite des Körpers nach hinten zieht *(vgl. Abb. 61)*. Gehirn und Rückenmark bilden zusammen das **Zentralnervensystem**. Davon ausgehend durchziehen zahlreiche Nerven als **peripheres Nervensystem** den Körper. Auch das Nervensystem des Menschen ist nach diesem Muster aufgebaut. Wir wollen deshalb die einzelnen Komponenten noch genauer betrachten.

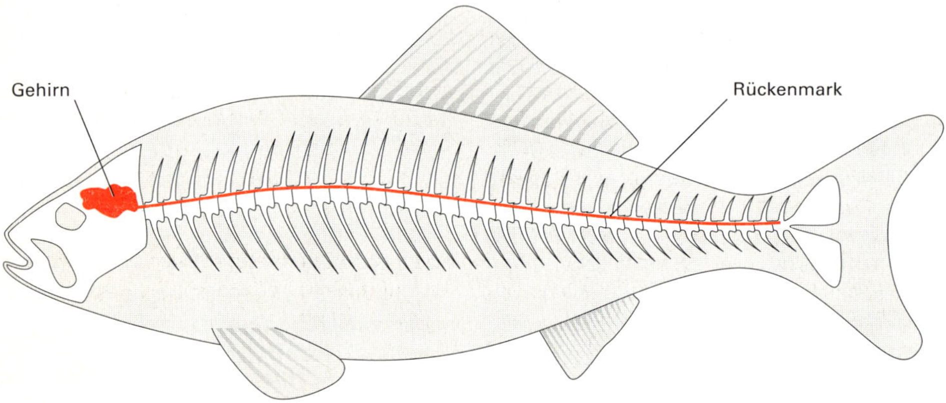

Abb. 61 Lage des Zentralnervensystems bei einem Wirbeltier

7.2.1 Zentralnervensystem (ZNS)

– Das Gehirn

Das Gehirn eines Wirbeltieres bildet sich im Embryonalstadium – ebenso wie das Rückenmark – aus dem einfachen Nervenrohr, das sich an der Rückenseite des Embryos befindet. Das Vorderende dieses Rohres ist zunächst zu einem Bläschen verdickt, das sich dann im weiteren Verlauf seines Wachstums in fünf Gehirnabschnitte untergliedert.

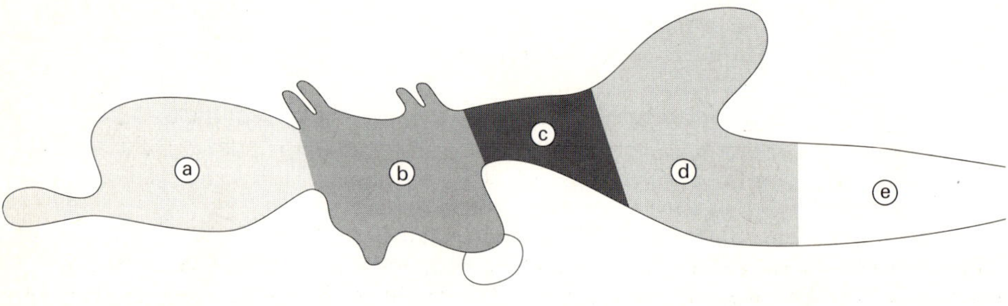

Abb. 62 Gehirnabschnitte eines Wirbeltiers

- Das **Vorderhirn** ⓐ ist bei höheren Wirbeltieren zu einem hochentwickelten Großhirn ausgebildet, das beim Menschen u. a. Sitz des Bewußtseins ist. Bei den niederen Wirbeltieren dient es vorwiegend als Riechhirn.
- Das **Zwischenhirn** ⓑ ist der Ursprung des Sehnervs. Zugleich liegt in seinem Bereich der Hypothalamus, der in enger Verbindung mit der Hirnanhangsdrüse (Hypophyse) – einer sehr bedeutsamen Hormondrüse – steht *(vgl. Kap. B)*.
- Das **Mittelhirn** ⓒ ist bei niederen Wirbeltieren eine Hauptschaltstelle zwischen sensorischen Bahnen aus Auge und Ohr. Außerdem entspringen hier zwei Hirnnerven.
- Das **Hinterhirn (Kleinhirn)** ⓓ steuert die Bewegungskoordination und spielt eine wichtige Rolle für die Erhaltung des Körpergleichgewichts.
- Das **Nachhirn** ⓔ ist die Übergangsstelle des Gehirns zum Rückenmark. Es reguliert viele lebenswichtige Grundfunktionen (z.B. Atmung, Blutkreislauf, Kauen, Schlucken, Husten etc). Es ist der Ursprung mehrerer Nerven, die die Kopfregion versorgen sowie des Nervus vagus, der Teil des vegetativen Nervensystems ist *(vgl. Kap. A.9)*.

Die genannten Gehirnabschnitte sind sowohl hinsichtlich der Kompliziertheit der inneren Struktur als auch der Größe bei den verschiedenen Wirbeltierklassen sehr unterschiedlich ausgestaltet.

Dies wollen wir durch den Vergleich eines Vogelgehirns mit dem eines Amphibiums verdeutlichen.

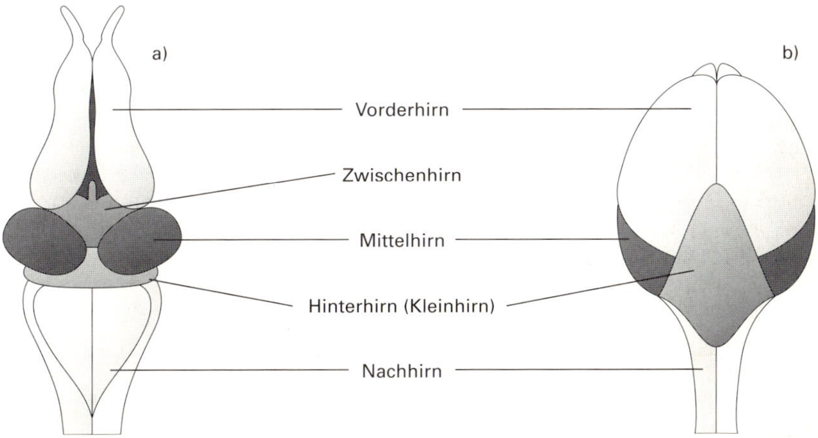

Abb. 63 Gehirne von a) Frosch und b) Taube in Aufsicht

Schon mit ungeschultem Blick ist der relative Größenunterschied und die unterschiedliche Ausformung der einzelnen Gehirnabschnitte zu erkennen. So nimmt z. B. das Kleinhirn beim Frosch vergleichsweise wenig Raum ein, während es beim Vogel deutlich größer und auch reicher strukturiert erscheint

A/24

Aufgabe:

Stelle einen Zusammenhang her zwischen der Lebensweise eines Amphibiums und eines Vogels und der Ausgestaltung ihrer Kleinhirne.

Auch das **menschliche Gehirn** ist in die oben genannten fünf Abschnitte untergliedert. Der eindeutig dominante Teil ist hier jedoch das zum Großhirn gewordene Vorderhirn. Es ist Sitz von Gedächtnis, Intelligenz, Wille, Bewußtsein und Lernfähigkeit. Auf einzelne dieser Punkte werden wir später noch eingehen *(vgl. Kap. D)*. An dieser Stelle wollen wir uns darauf beschränken, den Bau des menschlichen Gehirns mit einer beschrifteten Abbildung darzustellen.

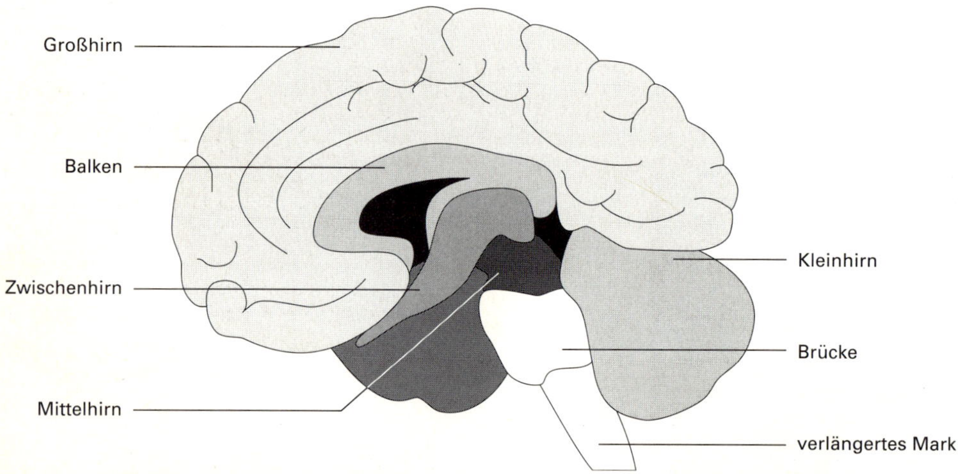

Abb. 64 Gehirn des Menschen im Längsschnitt

– Das Rückenmark

Das Rückenmark entsteht ebenso wie das Gehirn aus dem ursprünglichen Neuralrohr der Wirbeltierembryonen. Es bleibt in seiner weiteren Entwicklung im Vergleich zum Gehirn jedoch viel einfacher und einheitlicher strukturiert. Wir werden uns deshalb bei seiner Betrachtung auf die Verhältnisse beim Menschen beschränken.

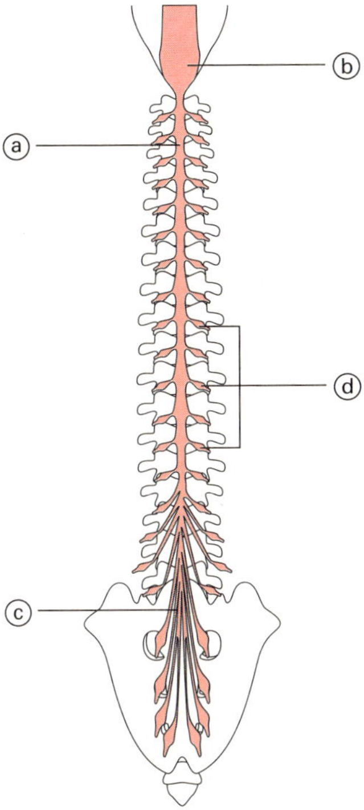

Abb. 65 Lage des Rückenmarks im Wirbelkanal

Wie Abb. 65 zeigt, durchzieht das Rückenmark ⓐ – vom Nachhirn aus beginnend ⓑ – den Wirbelkanal bis in den Bereich der Lendenwirbel ⓒ. Dabei zweigen von ihm zwischen den Wirbeln zahlreiche Nerven ab ⓓ.

Weitere wichtige Informationen liefert uns die Betrachtung eines Rückenmarksquerschnittes.

Wir können dabei zwei verschiedenfarbene Rückenmarksbereiche unterscheiden *(vgl. Abb. 66)*. Die sogenannte weiße Substanz ⓐ (sie besteht aus Nervenfasern) umschließt die – allgemein als schmetterlingsförmig beschriebene – graue Substanz ⓑ, die eine Ansammlung von Nervenzellkörpern darstellt. Die „Flügel des Schmetterlings" werden als Hörner bezeichnet und in Vorderhorn b_1 und Hinterhorn b_2 unterschieden. Seitlich zweigen Nerven ab, wobei man zwischen den vorderen Wurzeln ⓒ und den hinteren Wurzeln ⓓ des Rückenmarks unterscheidet. In den Hinterwurzeln liegen Ansammlungen von Nervenzellkörpern – die Spinalganglien ⓔ.

Die Funktion des Rückenmarks läßt sich nicht isoliert betrachten, sie wird nur verständlich, wenn man die Nerven, die sich –

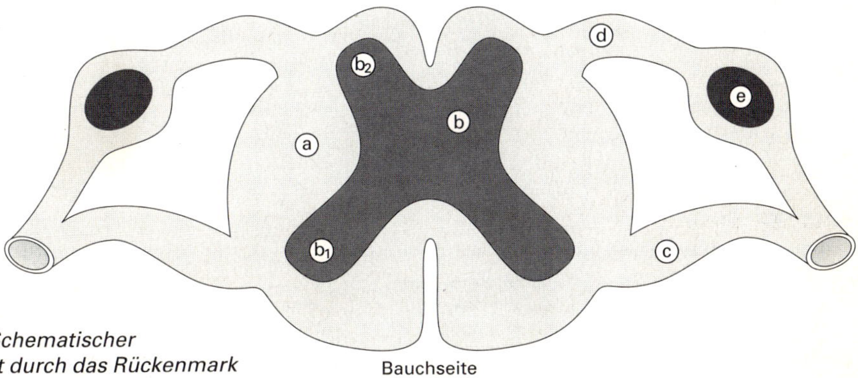

Abb. 66 Schematischer Querschnitt durch das Rückenmark mit austretenden Rückenmarksnerven

von ihm ausgehend – in den Körper hineinverzweigen, in die Überlegungen mit einbezieht *(vgl. Abb. 67)*.

7.2.2 Peripheres Nervensystem

Wenn wir uns im Sommer beim Baden vom Schulstreß erholen, wird uns dieses wohlverdiente Vergnügen manchmal durch die Attacken von Stechmücken vergällt, die sich auf unserer Haut niederlassen. Den Angriff der blutsaugenden Insekten empfinden wir als Schmerz und unterbinden ihn in den meisten Fällen umgehend mit einem zielsicheren Angriff, der vom ZNS gesteuert wird. Diesem ist die Steuerung aber nur möglich, wenn es Kenntnis von dem Einstich erhält.
Die Mitteilung darüber erfolgt über eine Nervenbahn, die, aus der Peripherie des Körpers kommend, dem ZNS die Meldung zuführt. Man bezeichnet diese Richtung der Informationsweiterleitung als **Afferenz**. Die Antwort des ZNS besteht in unserem Beispiel darin, daß es eine Aktion jener Muskeln veranlaßt, die zu einer zielgerichteten Bekämpfung des Parasiten führen. Die erforderlichen Meldungen werden den **Erfolgsorganen** in der Peripherie des Körpers über dafür geeignete Nervenbahnen zugeführt. Diese Richtung der Informationsweiterleitung bezeichnet man als **Efferenz**.

!

Afferente Nervenzellen leiten Informationen von den Sinneszellen zum ZNS.

Efferente Nervenzellen leiten Informationen vom ZNS zu den Erfolgsorganen.

Bei der Komplexität des Wirbeltierkörpers mit all seinen Möglichkeiten, äußere Reize mit sinnvollen Reaktionen zu beantworten, ist der Grad der „Verdrahtung" des Körpers mit afferenten und efferenten Nervenbahnen natürlich immens.
Einen Eindruck davon vermittelt die folgende Abbildung (vgl. Abb. 67), die die Verhältnisse beim Menschen zeigt.

Von den zahlreichen Nerven sind in der Abbildung nur einige wenige benannt. Eine intensivere Beschäftigung mit ihnen würde den Rahmen dieser Lernhilfe sprengen.
Unsere weiteren Überlegungen werden sich mit der Funktionsweise des Nervensystems befassen *(vgl. Kap. A.8)*. Dafür ist

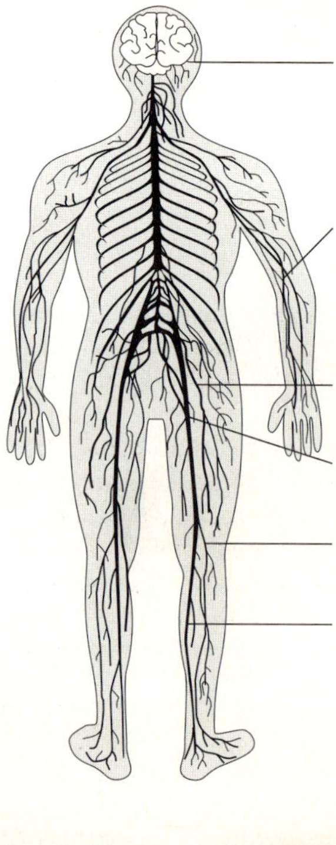

Abb. 67 Übersicht über einen Teil des peripheren Nervensystems des Menschen

es wichtig, das Augenmerk auf die Verzahnungsstellen des Zentralnervensystems mit dem Peripheren Nervensystem zu richten. Wir werden deshalb einen noch genaueren Blick auf das Rückenmark werfen und einen Ausschnitt betrachten, wie er auf der Länge von vier Brustwirbel anzutreffen ist *(vgl. Abb. 68)*.

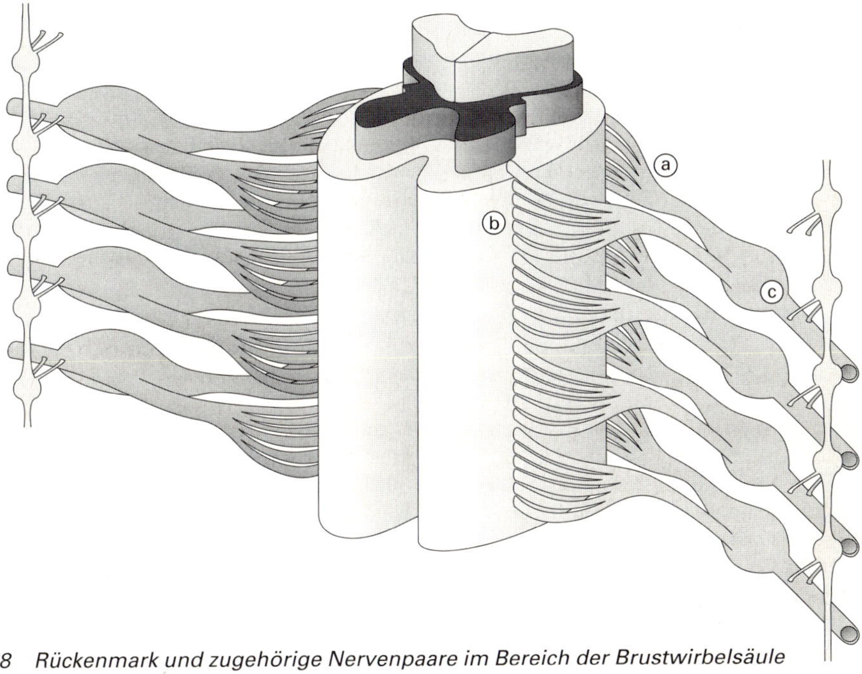

Abb. 68 Rückenmark und zugehörige Nervenpaare im Bereich der Brustwirbelsäule

Wir sehen, wie aus der weißen Substanz des Rückenmarks in regelmäßiger Wiederkehr beiderseits Nervenfasern entspringen.
Dabei handelt es sich einerseits um Hinterwurzelfasern ⓐ und andererseits um Vorderwurzelfasern ⓑ, die sich links und rechts des Rückenmarks jeweils zu einem Spinalnerven ⓒ vereinigen. Dieser ist jeweils quasi ein „Kabelbündel", zusammengesetzt aus zahlreichen Nervenfasern.
Wir wissen bereits, daß diese wie Einbahnstraßen funktionieren, also eine Meldung immer nur in einer Richtung durchlassen *(vgl. Kap. A.3)*.
Anatomische und funktionelle Untersuchungen haben ergeben, daß die efferenten und afferenten Nervenfasern jeweils in genau festgelegten Bereichen verlaufen. Diese Lagebeziehungen können wir wiederum mit einer Abbildung verdeutlichen *(vgl. Abb. 69)*.

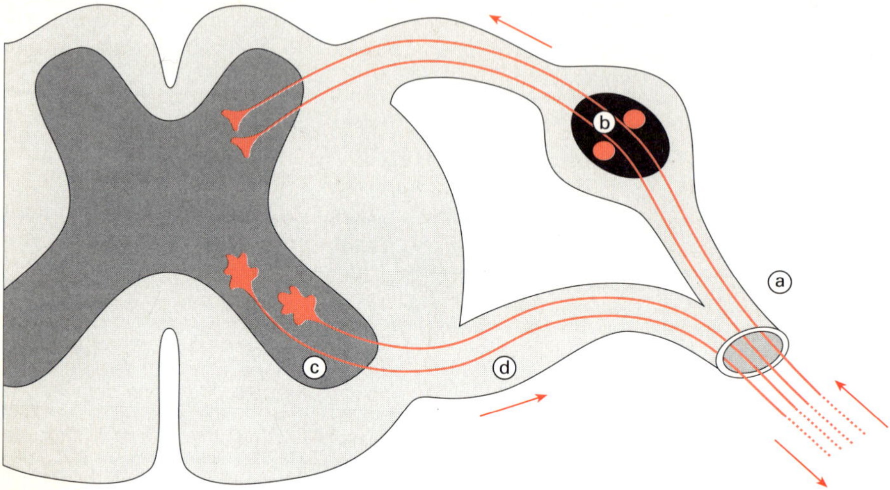

Abb. 69 *Querschnitt einer Rückenmarkshälfte mit schematisch eingezeichneten Nervenfasern*

Die über den Spinalnerv einlaufenden afferenten Nervenfasern führen sämtlich über die Hinterwurzel zum Rückenmark ⓐ. Die Perikarien dieser dem pseudounipolaren Typus *(vgl. Kap. A 2.2)* zugehörenden Nervenzellen liegen dabei im Spinalganglion ⓑ.

Im Vorderhorn befinden sich Nervenzellkörper ⓒ, aus denen die efferenten Nervenfasern entspringen. Sie verlassen das Rückenmark in Richtung Peripherie über die Vorderwurzel ⓓ.

8. Physiologie kleiner Neuronenverbände

Nervensysteme bestehen aus einer Vielzahl von Nervenzellen. Der Verschaltungsgrad der Zellen untereinander kann dabei enorm sein *(vgl. z.B. Abb. 24)*.
Bei der riesigen Anzahl von Nervenzellen, die man bei hochentwickelten Tieren und beim Menschen (bei ihm sind es z. B. mehr als zehn Milliarden) findet, ergeben sich vielfältige Möglichkeiten des Zusammenspiels, die von sehr einfachen bis zu äußerst komplexen Beziehungsstrukturen reichen und damit z. B. auch die Durchführung der unterschiedlichsten Verhaltensweisen erlauben.
Im Rahmen dieses Kapitels werden wir uns nur mit der Arbeitsweise ganz kleiner Neuronenverbände beschäftigen. Auf einfache und deshalb für uns überschaubare

Verhältnisse treffen wir z.B. bei den Reflexen. Darunter versteht man Verhaltensweisen, die durch eine besonders strenge Reiz-Reaktions-Beziehung gekennzeichnet sind.

8.1 Reflexbogen

Ein allseits beliebtes Beispiel ist der Kniesehnenreflex, von dem wir wohl alle schon gehört haben und den wir zunächst experimentell durchführen wollen.

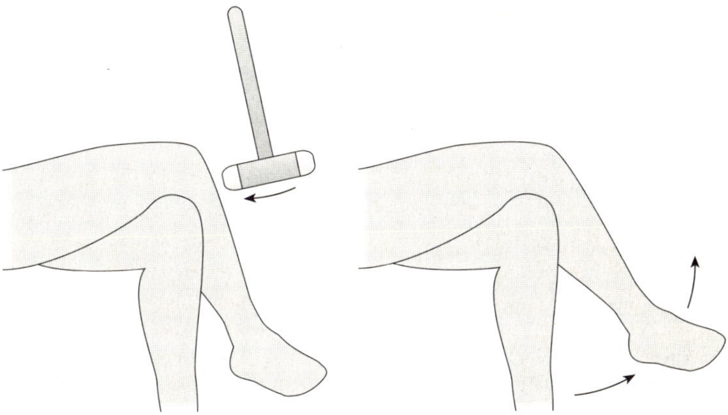

Abb. 70 Auslösung des Kniesehnenreflexes

Versuch 4:

Eine Versuchsperson soll sich entspannt auf eine Tischkante setzen und die Beine übereinanderschlagen. Schlage dann mit einem medizinischen Hammer oder auch mit der Handkante (bitte nicht zu wuchtig!) auf die Kniesehne des oben liegenden Beins. Dabei kommt es darauf an, die richtige Stelle unterhalb der Kniescheibe zu treffen *(vgl. Abb. 70)*.
Trifft der Schlag exakt, so schwingt der Unterschenkel unwillkürlich infolge einer Kontraktion des Beinstreckers nach vorne.

Die dabei im Körper ablaufenden Vorgänge wollen wir anhand einer Abbildung erläutern *(vgl. Abb. 71)*.

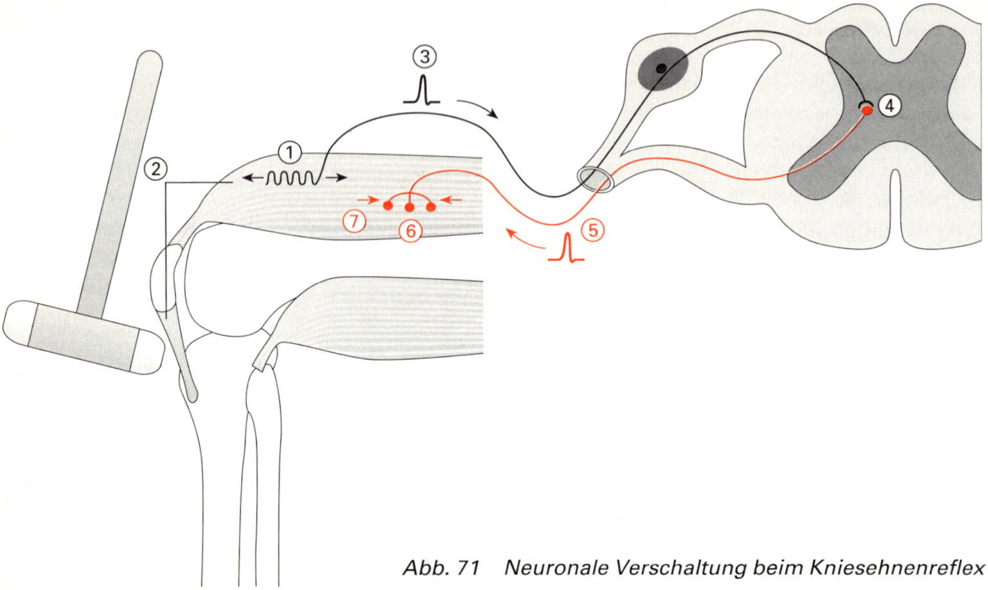

Abb. 71 Neuronale Verschaltung beim Kniesehnenreflex

① Im Oberschenkelmuskel (Beinstrecker) befinden sich zwischen den Muskelfasern schraubenartig aufgerollte Endigungen von Sinneszellen – sogenannte **Dehnungsrezeptoren**.

② Durch einen Schlag auf die Kniesehne wird der Muskel ruckartig bewegt, dabei wiederum werden die Rezeptoren in ihm rasch gedehnt.

③ Die Sinneszellen senden daraufhin eine schnelle Folge von Aktionspotentialen in Richtung Rückenmark *(Afferenz, vgl. Kap. A.7.2.2)*.

④ Im Rückenmark wird die einlaufende Erregung synaptisch auf motorische Nervenzellen umgeschaltet.

⑤ Diese senden daraufhin ebenfalls eine rasche Abfolge von Aktionspotentialen in Richtung Muskel *(Efferenz, vgl. Kap. A.7.2.2)*.

⑥ Dort angekommen, erfolgt die synaptische Übertragung der Erregung auf die Muskelfasern.

⑦ Diese ziehen sich daraufhin zusammen, der ganze Muskel wird kontrahiert.

Dieser Ablauf erweist sich für uns z. B. dann als vorteilhaft, wenn wir unvermittelt ein schweres Gewicht in die Hand gedrückt bekommen oder z. B. nach einem Sprung wieder auf dem Boden landen. Wir gehen dabei nur leicht in die Knie, sinken aber nicht vollends zu Boden, denn der Beinstrecker wird reflektorisch (also quasi vollautomatisch, ohne unser willentliches Zutun) verkürzt.

Dabei ist die Reaktionszeit überdies so kurz wie nur irgendwie möglich, denn die Umschaltung vom einlaufenden Signal (Afferenz) zum auslaufenden Signal (Efferenz) erfolgt **über eine einzige Synapse**. Man spricht deshalb auch von einem **monosynaptischen Reflex**.

Die für den Beinstrecker beschriebene Verschaltung gilt prinzipiell auch für andere Skelettmuskeln.

8.2 Hemmschaltung für den Gegenspieler

Die von einem Muskel verursachte Bewegung kann von seinem **Antagonisten** (Gegenspieler) wieder rückgängig gemacht werden. Dabei darf es aber nicht vorkommen, daß beide Muskelsysteme gleichzeitig aktiviert werden, da dies zu Verletzungen führen könnte. Wird also der Oberschenkelmuskel reflektorisch aktiviert, so muß dafür gesorgt werden, daß bei seinem Gegenspieler nicht gleichzeitig eine Kontraktion ausgelöst wird. Die oben beschriebene neuronale Verschaltung ist zu diesem Zweck noch um einige Komponenten ergänzt.

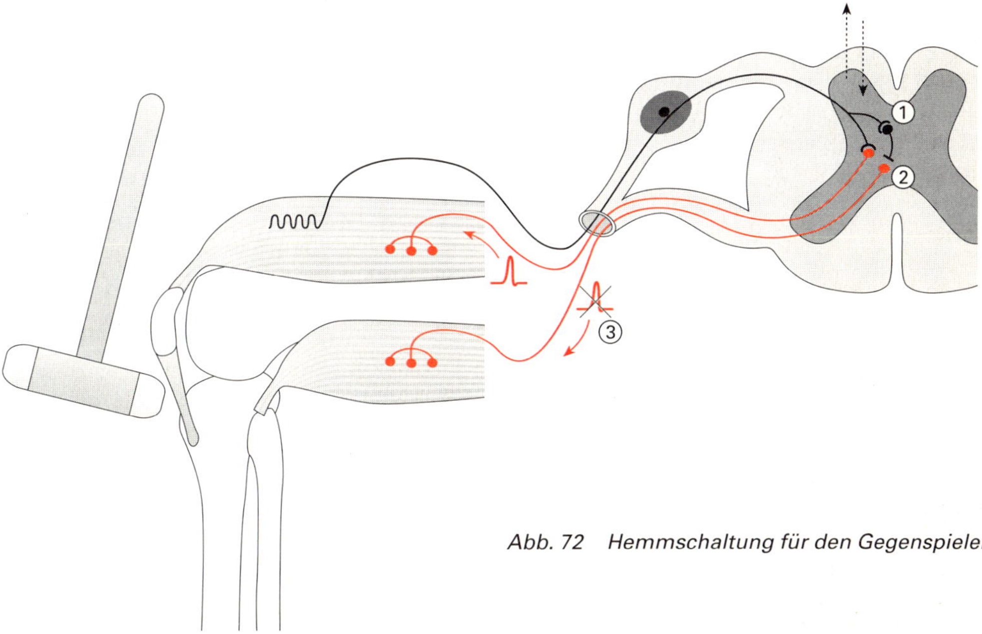

Abb. 72 Hemmschaltung für den Gegenspieler

Die Sinneszelle, die die Dehnung des Beinstreckers meldet, wirkt nämlich nicht nur auf das zugeordnete Motoneuron desselben Muskels ein, sondern es geschieht noch mehr *(vgl. Abb 72)*:

① Die Erregung wird über eine Endverzweigung auch auf ein **Interneuron** übertragen.
② Dieses wirkt über eine hemmende Synapse auf das Motoneuron des Gegenspielers ein.
③ Dadurch wird die Bildung einer Erregung in dieser Zelle unterdrückt, und beim Beinbeuger kann keine Kontraktion stattfinden.

In der Abbildung ist auch angedeutet, daß der Verschaltungsgrad noch weiter reicht. Die gestrichelten Pfeile sollen dies zum Ausdruck bringen. Sie zeigen einerseits, daß einlaufende sensorische Signale im Rückenmark auch Richtung Gehirn umgeschaltet werden, und daß andererseits von diesem auch Steuerimpulse einlaufen.

Wir können sehen, daß die einfachen Verhältnisse, wie wir sie beim monosynaptischen Reflex antreffen, bei weiterer Betrachtung schnell an Komplexität zunehmen. Wenn wir dann gar noch überlegen, daß die Stellung der Muskeln im Gehirn nicht nur registriert wird, sondern z.B. auch mit Sinneseindrücken (Sehsinn, Gleichgewichtssinn) verrechnet wird und danach Stellbefehle an die Muskeln gehen, bekommen wir eine Vorstellung davon, wie umfangreich schon allein die Neuronenverbände sein müssen, die der Muskelsteuerung dienen.

A/25

Aufgabe:

Ruckartige Dehnung des Oberschenkelbeugers führt zu einer afferenten Meldung an das Rückenmark, die jeweils efferente Signale an Beinstrecker und -beuger mit unterschiedlicher Wirkung zur Folge hat.
Fertige eine Skizze an, die die neuronale Verschaltung für dieses Beispiel wiedergibt.

9. Vegetatives Nervensystem

In den zurückliegenden Kapiteln haben wir uns mit den Bestandteilen des Nervensystems befaßt, die uns – von den Reflexen einmal abgesehen – den willentlichen Einsatz unserer Muskulatur erlauben oder uns die bewußte Verarbeitung aufgenommener Reize ermöglichen.
So können manche von uns etwa beim Anblick eines auf uns zu kommenden Tennisballes den Arm samt Schläger zielgerichtet zum Ball führen und diesen unerreichbar im gegnerischen Feld plazieren.
Wenn wir anschließend gemütlich mit unserem Spielpartner oder unserer Spielpartnerin zusammensitzen und uns durch einen Imbiß stärken, merken wir beim Gespräch über das zurückliegende hochklassige Tennismatch hingegen in der Regel nicht, daß gleichzeitig bestimmte Eingeweidemuskeln unseres Körpers sinnvolle Bewegungen durchführen, die zur Nahrungsverarbeitung im Verdauungstrakt erforderlich sind. Die notwendige Steuerung läuft ohne bewußte Wahrnehmung oder willentlichen Einfluß ab.
Im Falle der beschriebenen sportlichen Betätigung arbeiten die uns aus Kap. A.7 bereits bekannten Teile des ZNS und des peripheren Nervensystems zusammen. Sie werden in ihrer Gesamtheit auch als **animales Nervensystem** bezeichnet. Die Steuerung der angesprochenen Verdauungsvorgänge wird hingegen von anderen Bestandteilen des Nervensystems übernommen, die als **vegetatives** oder **autonomes Nervensystem** bezeichnet werden.

9.1 Aufbau des vegetativen Nervensystems

Das vegetative Nervensystem (VN) weist zentrale Bereiche in Gehirn und Rückenmark auf. Diese stehen in Verbindung mit den peripheren Bereichen des vegetativen Nervensystems, auf die wir unsere Darstellung beschränken.

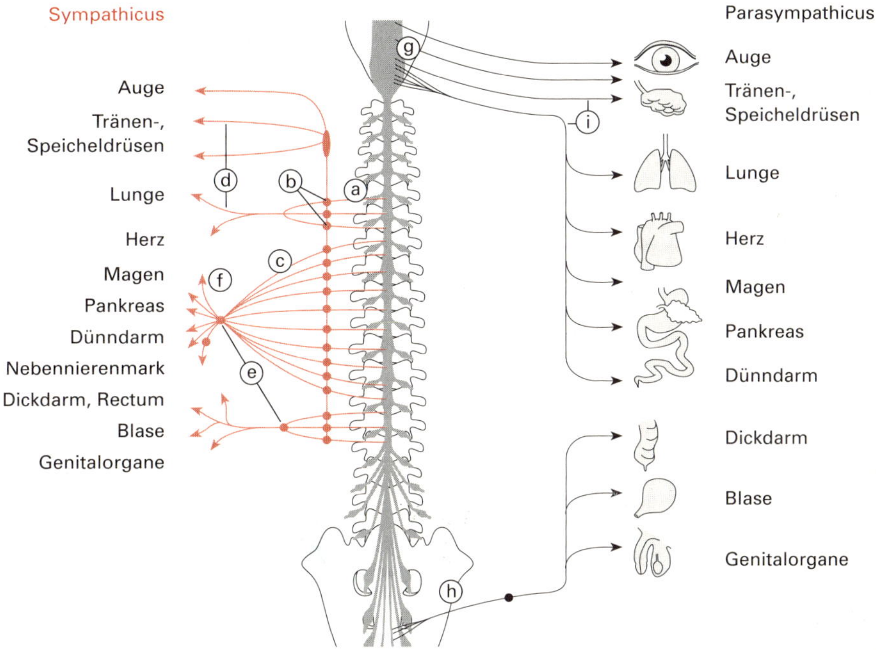

Abb. 73 Aufbau des peripheren vegetativen Nervensystems (links nur Sympathicus, rechts nur Parasympathicus dargestellt)

Die aus dem Rückenmark austretenden Nervenfasern des peripheren vegetativen Nervensystems ⓐ laufen zum **Grenzstrang** ⓑ. Dieser ist die auffälligste und deshalb auch zuerst entdeckte Struktur des VN. (Je ein Grenzstrang liegt beiderseits der Wirbelsäule.) Er stellt eine untereinander verbundene Ansammlung von Nervenknoten dar. Vom Grenzstrang ausgehend durchziehen zahlreiche Nerven den Körper ⓒ. Die oberen laufen direkt zu ihren Versorgungsgebieten ⓓ. Die unteren laufen zu weiter entfernt liegenden Ganglien ⓔ. Erst aus diesen entspringen dann die Nerven, die in die Versorgungsgebiete führen ⓕ.

Als man diese anatomischen Beziehungen entdeckte, glaubte man, die „Sympathien“ der Organe untereinander erklären zu können. Aus dieser Vorstellung leitet sich auch die Bezeichnung sympathisches Nervensystem **(Sympathicus)** für diesen Teil des VN ab.

Die weiteren Teile des peripheren VN werden hingegen dem parasympathischen Nervensystem **(Parasympathicus)** zugeordnet. Sie liegen in ihrem Ursprung weit auseinander. Einerseits entspringen Nerven aus dem Hirnstamm ⓖ und andererseits aus dem untersten Abschnitt des Rückenmarks ⓗ, um von dort aus zumeist direkt in die Versorgungsgebiete zu ziehen ⓘ.

9.2 Wirkungen des vegetativen Nervensystems

Die Nerven des VN, die in die Versorgungsgebiete ziehen, treffen dort auf die ihnen zugeordneten Organe, wie z. B. Lunge, Herz, Leber, Magen usw. Dabei werden fast alle Organe von beiden Anteilen des VN versorgt. Diese wirken auf gegensätzliche Weise auf ein Organ ein. Wirkt die eine Komponente dabei fördernd, so wirkt die andere hemmend und umgekehrt.

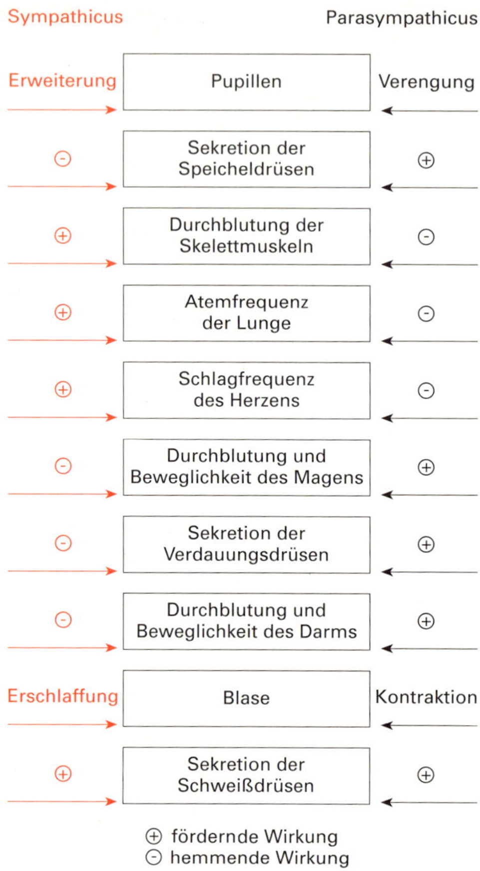

Abb. 74 Wirkung von Sympathicus und Parasympathicus auf einige Organe (Auswahl)

! Sympathicus und Parasympathicus wirken als Antagonisten.

Die Wirkung von Sympathicus und Parasympathicus auf die Organe kann der Abb. 74 entnommen werden.

A/26

Aufgabe:

Liste alle Organfunktionen auf, die
a) vom Sympathicus gefördert werden,
b) vom Parasympathicus gefördert werden.

A/27

Aufgabe:

Überlege, in welcher Situation es günstig ist, wenn der Sympathicus die Steuerung der inneren Organe übernimmt.

Die Auswertung von Abb. 74 ergibt eine unterschiedliche Wirkungsweise der beiden Anteile des VN *(vgl. Aufgaben A/26 und A/27)*.
Der Sympathicus fördert alle Organe, deren Tätigkeit bei großer körperlicher Aktivität – z. B. in Alarmsituationen – notwendig ist. Gleichzeitig hemmt er dabei alle Organe, deren Aktivität der erforderlichen Höchstleistung des Körpers im Wege stünden.
Der Parasympathicus hingegen fördert – in Ruhesituationen – alle Organfunktionen, die der Erhaltung und Erholung des Körpers dienen und drosselt die „Alarmfunktionen".

!

Das Vegetative Nervensystem reguliert die Funktionen der inneren Organe und stimmt ihre Leistungen aufeinander ab.

Der Transmitterstoff, mit dem die Erregung auf die Erfolgsorgane übertragen wird, ist bei den meisten parasympathischen Neuronen **Acetylcholin**, in den sympathischen Neuronen **Noradrenalin**.

A/28

Aufgabe:

Erkläre, wieso ein und derselbe Transmitterstoff entgegengesetzte Wirkungen an den unterschiedlichen Organen erzeugen kann.

10. Zusammenfassung

Die einzelnen Nervenzellen eines Tieres sind zu Netzwerken zusammengefaßt. Je nach Höhe der Entwicklungsstufe sind diese **Nervensysteme** in unterschiedlicher Komplexität ausgebildet. Das einfachste Nervensystem ist das **Nervennetz** der Hohltiere.

Im Verlaufe der Evolution kam es im Kopfbereich zu einer Konzentration von Nervenzellen. Eine deutlich ausgeprägte Tendenz zur Zentralisierung zeigt sich im **Strickleiternervensystem** der Insekten.
Das **Zentralnervensystem** der Wirbeltiere besteht aus **Gehirn** und **Rückenmark**, davon ausgehend durchziehen zahlreiche Nerven als **peripheres Nervensystem** den Körper.

Das Gehirn eines Wirbeltieres untergliedert sich in fünf Abschnitte: **Vorderhirn, Zwischenhirn, Mittelhirn, Hinterhirn (Kleinhirn)** und **Nachhirn**.

Das Rückenmark durchzieht – vom Nachhirn aus beginnend – den Wirbelkanal bis in den Bereich der Lendenwirbel. Im Querschnitt sind zwei verschiedenfarbige Rückenmarksbereiche zu unterscheiden. Die **weiße Substanz** besteht hauptsächlich aus Nervenfasern, die **graue Substanz** aus Ansammlungen von Nervenzellkörpern. Seitlich zweigen Nerven ab: man unterscheidet zwischen den **vorderen Wurzeln** und den **hinteren Wurzeln** des Rückenmarks.

Afferente Nervenzellen leiten über die Hinterwurzeln Informationen von den Sinneszellen zum ZNS.

Efferente Nervenzellen leiten über die Vorderwurzeln Informationen vom ZNS zu den Erfolgsorganen (Muskeln und Drüsen).

Aufschlüsse über die Arbeitsweise kleiner **Neuronenverbände** sind durch die Analyse von Reflexen möglich.
Bei der Auslösung des **Kniesehnenreflexes** laufen im Körper folgende Vorgänge ab:
Durch einen Schlag auf die Kniesehne wird eine ruckartige Bewegung des Beines durch den Oberschenkelmuskel ausgelöst. Dabei werden die Rezeptoren in ihm aktiviert und senden eine schnelle Folge von Aktionspotentialen in Richtung Rückenmark (Afferenz). Dort wird die einlaufende Erregung monosynaptisch auf motorische Nervenzellen umgeschaltet. Diese senden daraufhin eine rasche Abfolge von Aktionspotentialen in Richtung

Muskel (Efferenz). Dort angekommen erfolgt die synaptische Übertragung der Erregung auf die Muskelfasern. Diese ziehen sich zusammen, der ganze Muskel wird kontrahiert, das Bein schwingt vor.

Die von einem Muskel verursachte Bewegung kann von seinem Antagonisten (Gegenspieler) wieder rückgängig gemacht werden. Die gleichzeitige Aktivierung beider Systeme, die zu Verletzungen führen könnte, wird durch eine **Hemmschaltung** verhindert. Diese sorgt dafür, daß die Erregung nicht nur auf Motoneuronen des zu aktivierenden Muskels übertragen wird, sondern gleichzeitig auch auf Interneuronen, die über hemmende Synapsen auf die Motoneuronen des Gegenspielers einwirken. Dadurch wird in diesen Zellen die Bildung einer Erregung unterdrückt, und beim Antagonisten kann keine Kontraktion stattfinden.

Das **vegetative** oder **autonome Nervensystem** (VN) steuert die Arbeit der inneren Organe. Es weist zentrale Bereiche in Gehirn und Rückenmark auf. Diese stehen in Verbindung mit den peripheren Bereichen des vegetativen Nervensystems.

Anatomisch und funktionell unterscheidet man zwischen **Sympathicus** und **Parasympathicus**.

Die Nerven des VN, die in die Versorgungsgebiete ziehen, treffen dort auf die ihnen zugeordneten Organe, wie z.B. Lunge, Herz, Leber, Magen usw. Dabei werden fast alle Organe von beiden Anteilen des VN versorgt. Diese wirken auf gegensätzliche Weise auf ein Organ ein. Wirkt die eine Komponente dabei fördernd, so wirkt die andere hemmend und umgekehrt. **Sympathicus und Parasympathicus wirken als Antagonisten.**

Der **Sympathicus** fördert alle Organe, deren Tätigkeit bei großer **körperlicher Aktivität** – z.B. in Alarmsituationen – notwendig ist. Gleichzeitig hemmt er dabei alle Organe, deren Aktivität der erforderlichen Höchstleistung des Körpers „im Wege stünden".

Der **Parasympathicus** fördert alle Organfunktionen, die der **Erhaltung und Erholung** des Körpers dienen und hemmt die „Alarmfunktionen".

Der Transmitterstoff, mit dem die Erregung auf die Erfolgsorgane übertragen wird, ist bei den meisten parasympathischen Neuronen **Acetylcholin**, in den sympathischen Neuronen **Noradrenalin**.

B. Hormonsystem

1. Einführung

Ein Einzeller wie das Pantoffeltierchen ist ein vollständiger funktionsfähiger Organismus, dessen lebenserhaltende Prozesse alle in einer einzigen Zelle ablaufen (*vgl. Cytologie-Band, Kap. D*).
In vielzelligen Organismen ist die Situation sehr viel komplexer. Die lebenserhaltenden Prozesse werden **arbeitsteilig** von verschiedenen Zellverbänden oder Organen übernommen, die mitunter sehr weit voneinander entfernt liegen. Um deren Funktionen zu koordinieren, muß es Mechanismen geben, die eine **Verständigung** zwischen den Zellen ermöglichen.

In den meisten höheren Organismen gibt es **zwei Wege**, um Signale zwischen den Zellen auszutauschen: über ein **Nervensystem**, dessen Arbeitsweise im letzten Kapitel erläutert wurde, und über ein **Hormonsystem**, das in diesem Kapitel besprochen wird.
Nerven- und Hormonsystem haben eines **gemeinsam**: die Zellen verständigen sich mit Hilfe von chemischen **Botenstoffen**. Der Hauptunterschied besteht in den **Entfernungen**, über die die Botenstoffe wirken (*vgl. Abb. 75*).

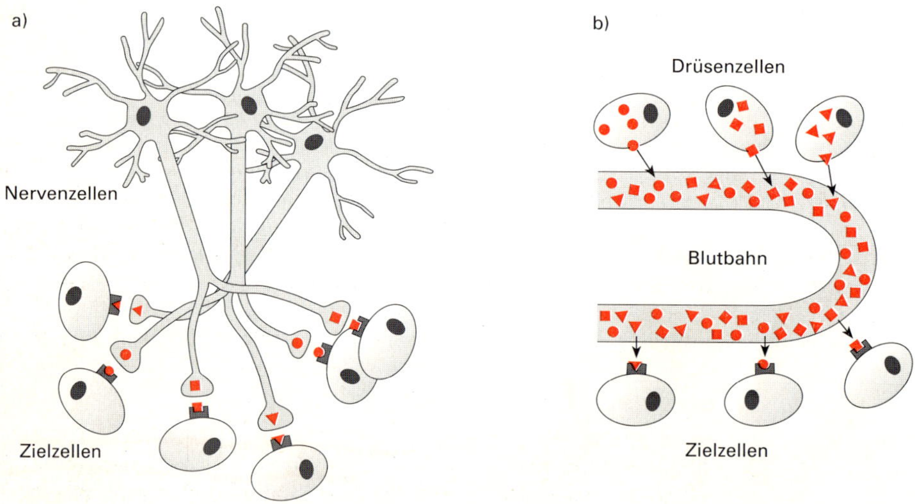

Abb. 75 Unterschied zwischen a) der synaptischen und b) der hormonellen Signalübertragung

Bei der **synaptischen** Signalübertragung werden Neurotransmitter in einen nur 50 nm schmalen Spalt freigesetzt, den sie in Bruchteilen von Sekunden überwinden, um **sofort** an der Membran der Empfängerzelle eine Wirkung zu entfalten *(vgl.*

Kap. A.5.1). Die Empfängerzelle leitet die Meldung durch sich **rasch ausbreitende** Aktionspotentiale weiter *(vgl. Kap. A.3.2.2).* Dadurch kommt es zu einer **schnellen** und **gezielten** Nachrichtenübermittlung – vergleichbar mit unserem Telefonnetz, das einen Teilnehmer schnell und gezielt mit einem anderen Teilnehmer verbindet.

Bei der **hormonellen** Signalübertragung setzen spezialisierte Zellen Botenstoffe frei, die über den Blutstrom zu weit im Körper verstreuten Zielzellen gelangen. Das **dauert** gewöhnlich einige Minuten. Welche Zellen beeinflußt werden, hängt ausschließlich davon ab, ob sie die hormonelle Botschaft empfangen können – vergleichbar mit Radiosendungen, die nur hören kann, wer über ein geeignetes Empfangsgerät verfügt.

Es gibt zwischen diesen beiden Hauptwegen auch Überschneidungen, z.B. die Neurohormone des Hypothalamus *(vgl. Kap. B.3.3).* Außerdem stellte sich heraus, daß einige Botenstoffe in beiden Systemen verwendet werden, so z.B. Noradrenalin.
Trotz dieser fließenden Übergänge gibt es bemerkenswerte Besonderheiten der hormonellen Kommunikation. Wir wollen sie in diesem Kapitel herausarbeiten.

2. Hormone als Botenstoffe

2.1 Funktion der Hormone

Hormone* sind chemische Botenstoffe, die in **endokrinen*** Zellen produziert und unter bestimmten Voraussetzungen in die Blutbahn freigesetzt (sezerniert) werden. Mit dem Blutstrom gelangen die Hormone zu den Zielzellen, an denen sie ganz bestimmte Wirkungen entfalten.

Die spezifische Wirkung kommt zustande, weil nur diese Zielzellen über besondere Proteine verfügen, an die sich die Hormone nach dem **Schlüssel-Schloß-Prinzip** anlagern: die **Hormon-Rezeptoren** *(vgl. Cytologie-Band, Kap. C.5.2).* Sie sind sozusagen in der Lage, die chemisch codierte Hormon-Nachricht zu „lesen".

!

Durch Anlagerung eines Hormons an „seinen" Rezeptor werden in den Zielzellen die unterschiedlichsten Stoffwechselvorgänge beeinflußt.

Da Hormone nur sehr langsam aus dem Blut entfernt werden – durch fortlaufenden Abbau in der Leber, durch Ausscheidung über die Nieren oder durch Endocytose *(vgl. Kap. B.2.5)* – kann ihre Wirkung mehrere Minuten bis Stunden anhalten.

2.2 Einteilung der Hormone

Da Hormone ihre Wirkung nach dem Schlüssel-Schloß-Prinzip entfalten, ist die Botschaft, die sie übermitteln, in ihrer **molekularen Struktur** enthalten (**codiert**). Nach ihrem molekularen Aufbau unterscheiden wir:

- Peptid- und Proteinhormone
- Steroidhormone
- aus Aminosäuren gebildete Hormone
- aus Fettsäuren gebildete Hormone

Die **Peptid-** und **Protein**hormone bilden die größte Gruppe. Sie bestehen aus kurzen oder längeren Ketten von Aminosäuren, die zu einer jeweils charakteristischen Raumstruktur gefaltet sind *(vgl. Cytologie-Band, Kap. B.4)*. Zu ihnen gehören die den Blutzuckerspiegel regulierenden Hormone Insulin und Glucagon, alle Verdauungshormone und die Hormone, die von Hypothalamus und Hypophyse gebildet werden.
Zu den **Steroid**hormonen gehören die Sexualhormone Testosteron und Östradiol sowie das allgemein bekannte Cortisol.
Aus der **Aminosäure** Tyrosin werden die Schilddrüsenhormone und das Streßhormon Adrenalin gebildet.
Aus langkettigen **Fettsäuren** werden vor allem Prostaglandine gebildet, die am Schmerzgeschehen beteiligt sind.

Die meisten Hormone werden von Zellen produziert, die in einem speziellen Organ zusammengefaßt sind. Solche Organe werden als **endokrine Drüsen** bezeichnet. Eine Übersicht der wichtigsten Hormondrüsen in unserem Organismus zeigt Abb. 88 *(S. 112/113)*.
Einige Hormone werden jedoch von Zellen gebildet, die verstreut in Organen liegen, die in der Hauptsache eine ganz andere Aufgabe erfüllen. Wir finden solche **Gewebshormone** vor allem im Verdauungssystem, wo sie lokal begrenzt Verdauungsvorgänge beeinflussen, z. B. die Salzsäureproduktion des Magens. Auch im Gehirn werden hormonartige Substanzen freigesetzt, die die Tätigkeit der Nervenzellen beeinflussen.
Einige Gewebshormone gelangen gar nicht in die Blutbahn, sondern werden von den Zellen, die sie herstellen, in die unmittelbare Umgebung freigesetzt. Solche Hormone beeinflussen dann nur ihre Nachbarzellen, wie z. B. die Prostaglandine.

2.3 Herstellung von Hormonen

2.3.1 Die Synthese von Peptid- und Proteinhormonen

Peptid- und Proteinhormone werden genauso hergestellt wie andere Eiweißmoleküle in unserem Organismus: durch die Proteinbiosyntese *(vgl. Genetik-Band, Kap. F.3.2)*.
Die Zellen, die solche Hormone synthetisieren, rufen die entsprechenden Informationen auf der DNA ab, in denen die Reihenfolge der Aminosäuren in diesen Hormonen festgelegt ist.
Eine solche DNA-Sequenz wird zuerst in eine Boten-RNA umgeschrieben (Transkription) und dann von Ribosomen, die am Endoplasmatischen Reticulum (ER) sitzen, in die Aminosäuren-Sequenz des Hormons übersetzt (Translation). Das Molekül passiert dabei die Membran des ER und wird schließlich in kleinen Vesikeln abgeschnürt. Zu diesem Zeitpunkt existiert das Hormon erst als **Vorläufermolekül**, das eine zusätzliche Aminosäuren-Kette enthält.

Abb. 76 zeigt als Beispiel das Vorläufermolekül von **Insulin**:

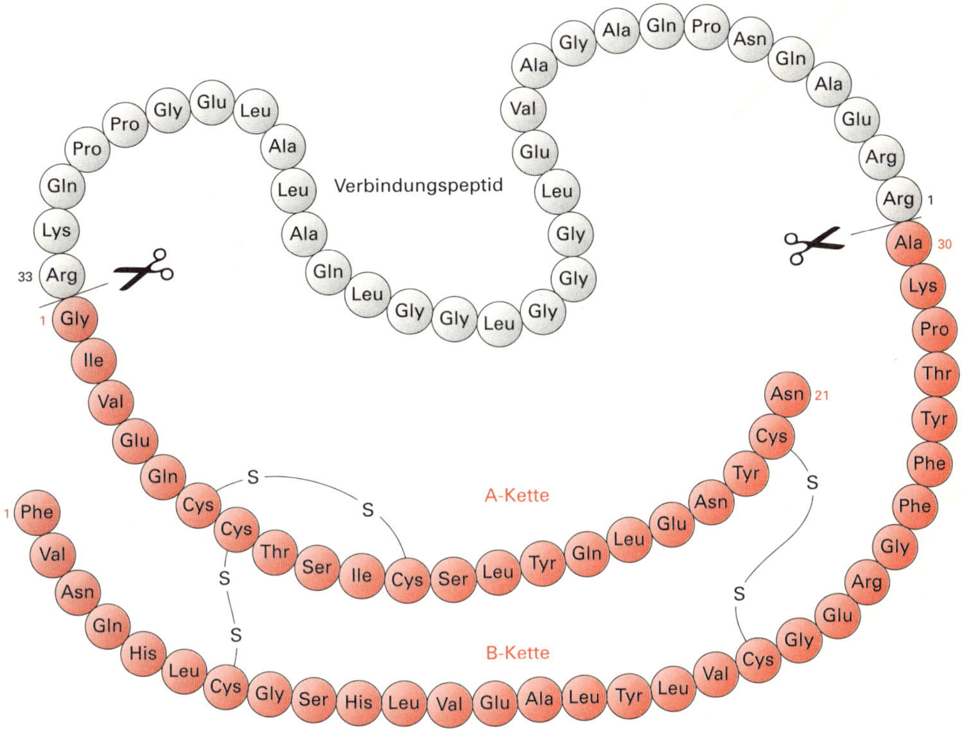

Abb. 76 Die Raumstruktur von Proinsulin und des daraus hervorgehenden Insulin

Dieses sogenannte Proinsulin besteht aus einer Kette von 84 Aminosäuren. Davon bilden 21 Aminosäuren die A-Kette und 30 Aminosäuren die B-Kette des endgültigen Hormons *(rot unterlegt)*. Das 33 Aminosäuren lange Verbindungspeptid sorgt für die richtige räumliche Orientierung bei der Ausbildung der drei Schwefelbrücken (-S-S-).

In dieser Form als Prohormon ist das Molekül biologisch noch nicht wirksam. Das aktive Molekül wird enzymatisch aus der Proform quasi „herausgeschnitten“ und im GOLGI-Apparat in Vesikel verpackt. Auf ein entsprechendes Signal verschmelzen einige dieser Vesikel mit der Zellmembran und entleeren per Exocytose ihren Inhalt ins Blut oder in die Gewebsflüssigkeit *(vgl. Cytologie-Band, Kap. A.3.3)*.

2.3.2 Die Synthese von Steroidhormonen

Alle Steroidhormone werden aus einer Substanz hergestellt, die in unserem Organismus normalerweise in ausreichen-

der Menge vorhanden ist: aus **Cholesterin**.
Cholesterin ist ein normaler Bestandteil aller Membranen unserer Zellen *(vgl. Cytologie-Band, Kap. C.5.1)*. Es kann im Cytoplasma in Fett-Tröpfchen gespeichert werden. Durch **geringfügige chemische Veränderungen**, die von spezifischen Enzymen katalysiert werden, entstehen aus Cholesterin schrittweise die verschiedenen Steroidhormone.
Wie Abb. 77 zeigt, kommt in dieser Reaktionsfolge dem Zwischenprodukt **Progesteron** eine Schlüsselstellung zu, da von ihm mehrere Synthesewege abzweigen.

Welches Steroidhormon in einer bestimmten Drüse aus Pregnenolon hergestellt wird, hängt dann ausschließlich davon ab, mit welchen **Enzymen** diese Drüse ausgestattet ist. So verfügen die Zellen der Nebennierenrinde über Enzyme zur Umwandlung von Pregnenolon in Cortisol, während die Zellen der Hoden und der Eierstöcke Pregnenolon in Testosteron umwandeln können. Ein einziges weiteres Enzym der Eierstockzellen verwandelt schließlich das männliche Sexualhormon Testosteron in das weibliche Sexualhormon Östradiol. So klein ist „der Unterschied".

B/1

Aufgabe:

Zeichne aus Abb. 77 die Grundstruktur heraus, die alle Steroidhormone gemeinsam haben.

2.3.3 Die Synthese von Adrenalin und Thyroxin

Adrenalin wird von Zellen des Nebennierenmarks aus der Aminosäure Tyrosin hergestellt. Die Syntheseschritte sind die gleichen wie bei der Herstellung des Neurotransmitters **Noradrenalin** in den synaptischen Endknöpfchen des zentralen und vegetativen Nervensystems. Durch spezielle Enzyme katalysiert, wird Tyrosin zuerst in Dopa, dann in Dopamin und zuletzt in Noradrenalin umgewandelt *(vgl. Abb. 78)*. In einem letzten zusätzlichen Syntheseschritt wird Noradrenalin zum allergrößten Teil in Adrenalin verwandelt.

Die Freisetzung der beiden Botenstoffe ins Blut erfolgt unter dem Einfluß des Sympathicus in Streß- und Belastungssituationen *(vgl. Kap. D.5.3)*.

Auch die **Schilddrüsenhormone** werden aus der Aminosäure Tyrosin gebildet, allerdings in völlig anderer Art und Weise.
In den Schilddrüsenzellen wird ein hochmolekulares Protein, das **Thyreoglobulin**, hergestellt, das zahlreiche Tyrosin-Moleküle enthält. An die Benzolringe der

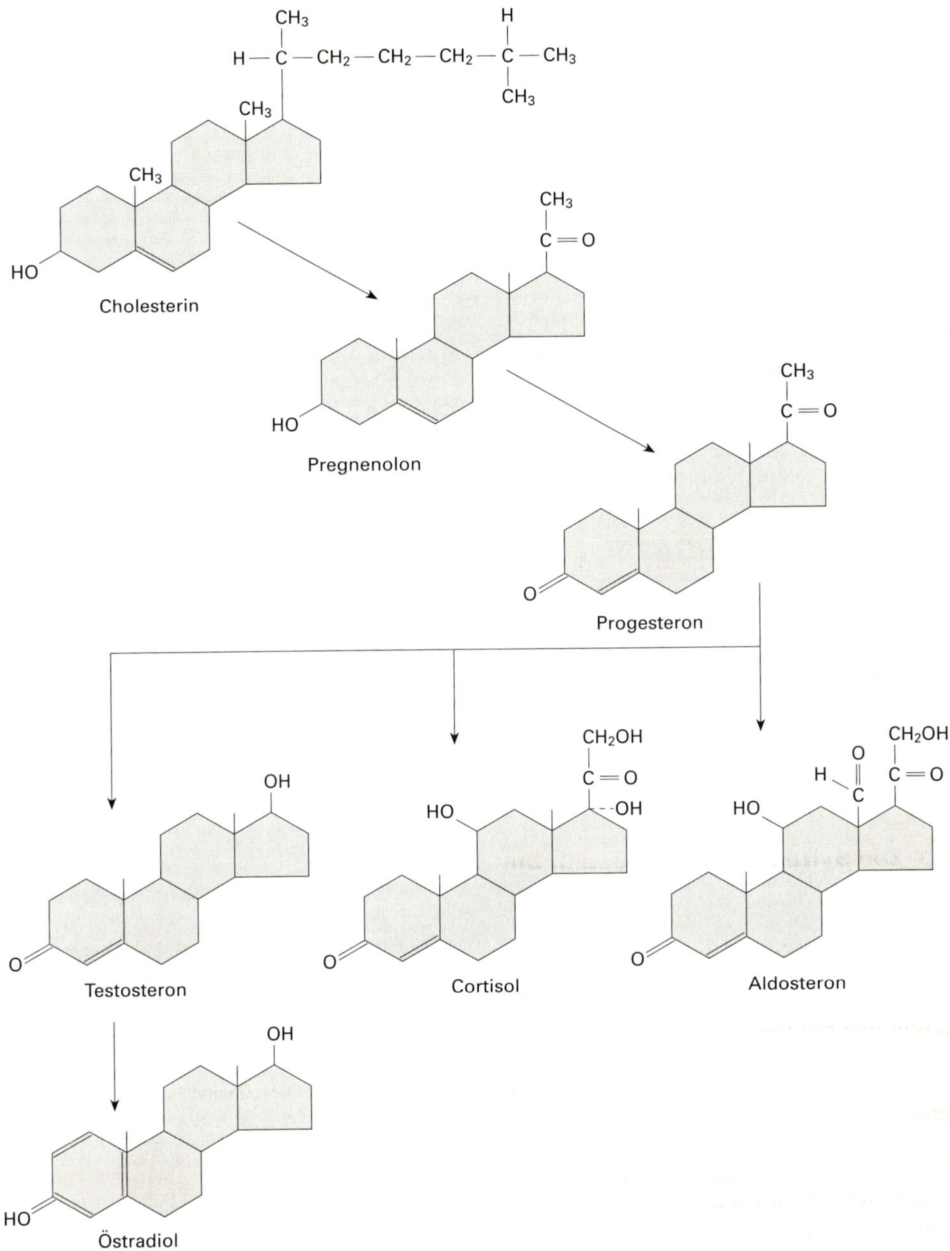

Abb. 77 Synthesewege der Steroidhormone aus Cholesterin, stark vereinfacht

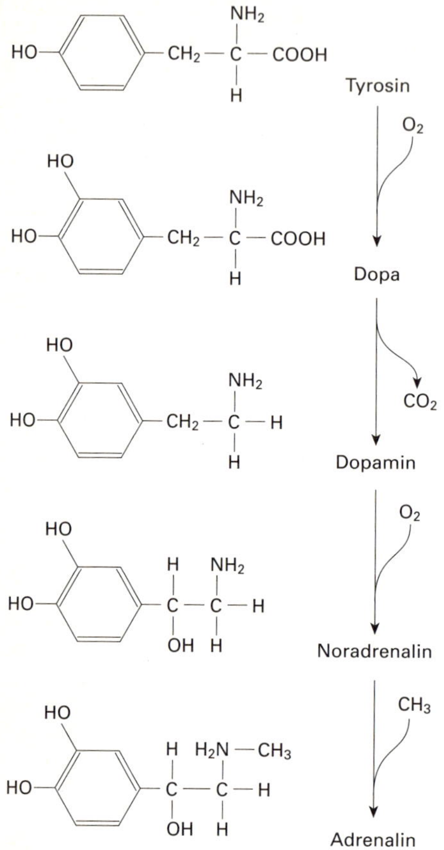

Abb. 78 Die Synthese von Noradrenalin und Adrenalin aus Tyrosin

Tyrosin-Moleküle *(vgl. Abb. 79)* werden nun enzymatisch 1 oder 2 Jod-Atome angelagert.

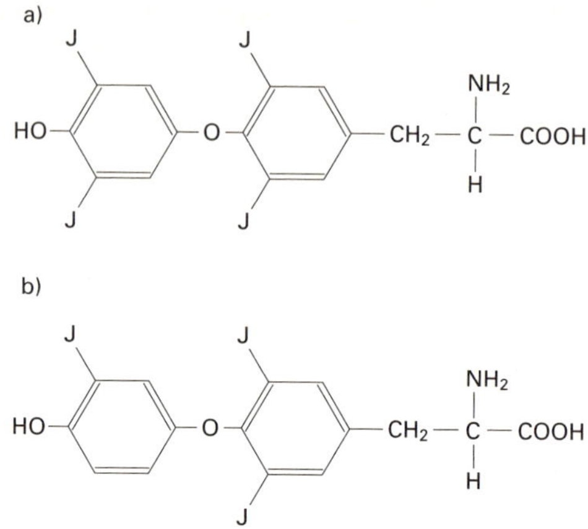

Abb. 79 Die Struktur von a) Thyroxin und b) Trijodthyroxin

Dieses Jod muß mit der Nahrung aufgenommen werden. Bei Jod-Mangel kommt es zu einer Unterfunktion der Schilddrüse. Sie führt beim Jugendlichen zu Wachstumsstörungen (Zwergwuchs), verzögerter geistiger Entwicklung (Schwachsinn) und zur Schilddrüsen-Vergrößerung (Kropfbildung).

Aus dem jodierten Thyreoglobulin werden wiederum enzymatisch die beiden Schilddrüsenhormone **Thyroxin** (mit 4 Jod-Atomen, kurz $\mathbf{T_4}$ genannt) und **Trijodthyroxin** (mit 3 Jod-Atomen, kurz $\mathbf{T_3}$) im Verhältnis 10:1 abgespalten. Der größte Teil des Thyroxin wird nach der Freisetzung aus der Schilddrüse in Trijodthyroxin umgewandelt. Das biologisch aktive Molekül ist also das T_3.

B/2

Aufgabe:

Weshalb ist es notwendig, für eine ausreichende Jod-Aufnahme mit der Nahrung zu sorgen?

2.3.4 Die Synthese der Prostaglandine

Die Prostaglandine wurden zwar zuerst im Sperma entdeckt, aber sie werden nicht nur – wie der Name andeutet – in der Prostata, sondern von praktisch allen Zellen des menschlichen Organismus gebildet.
Prostaglandine werden aus langkettigen, ungesättigten Fettsäuren hergestellt. Die wichtigste ist die Arachidonsäure. Sie kommt als **Bestandteil von Phospholipiden** in allen Zellmembranen vor *(vgl. Cytologie-Band, Kap. C.5.1).*
Wie Abb. 80 zeigt, wird Arachidonsäure enzymatisch unter Einwirkung einer Phospholipase aus einem Phospholipid der Membran freigesetzt. Wenn das Molekül aus der gestreckten in die gefaltete Konformation übergeht, kann die Arachidonsäure durch enzymatisch katalysierte Oxidationsschritte in verschiedene Prostaglandine umgewandelt werden.

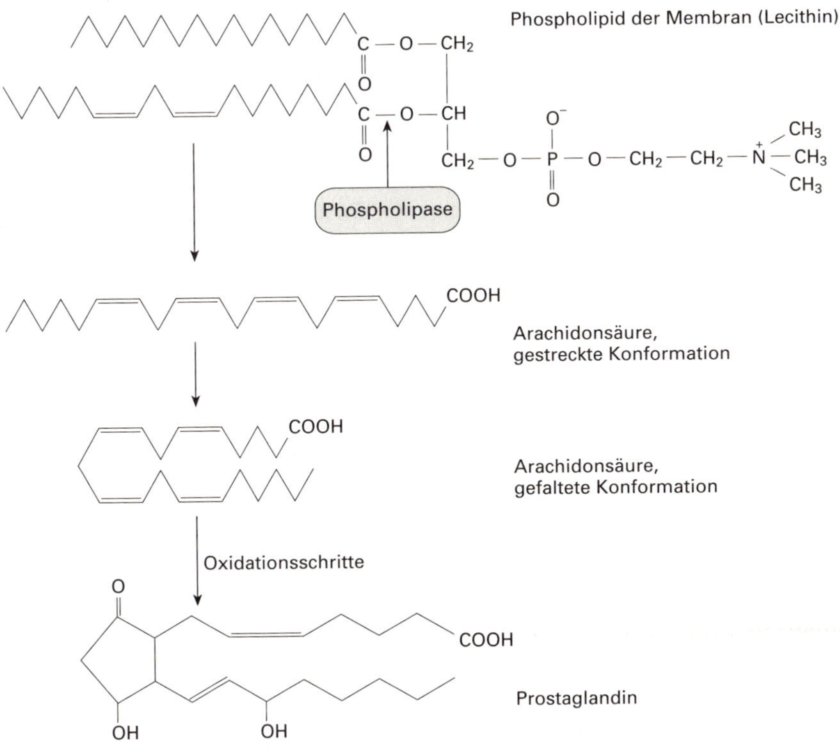

Abb. 80 Die Synthese von Prostaglandinen

Prostaglandine können nicht wie andere Botenstoffe gespeichert werden. Ihre Freisetzung erfolgt **kontinuierlich** durch die Aktivität der Phospholipase. Diese **Aktivität wird gesteigert**, wenn die Zellmembran gereizt oder beschädigt wird.

Der erhöhte Prostaglandinspiegel sensibilisiert Schmerzrezeptoren, die daraufhin **empfindlicher** auf Veränderungen in ihrer Umgebung reagieren.
Außerdem stimuliert sich eine Zelle, die Prostaglandine freisetzt, selbst zu verstärkter Prostaglandinsynthese. Das könnte ein Mechanismus sein, durch den die Antwort auf ein ursprüngliches Signal **verstärkt** wird.

B/3

Aufgabe:

Eines der bekanntesten Schmerzmittel greift in die Prostaglandinsynthese ein. **Aspirin®** (chemisch: Acetylsalicylsäure) **hemmt** die enzymatische Oxidation von Arachidonsäure. Worauf beruht die schmerzstillende Wirkung von Aspirin® ?

2.4 Wirkungsmechanismen der Hormone

!

Die hormonelle Nachrichtenübertragung setzt voraus, daß die Hormone an ihren Zielzellen an spezifische **Rezeptoren** binden, die die Nachricht des Hormons „lesen" können.

Solche Hormon-Rezeptoren sind in den Zielzellen ganz **unterschiedlich verteilt**: je nachdem, ob die Hormone aufgrund ihrer Fettlöslichkeit durch die Zellmembran diffundieren können oder nicht.
Für die **Steroidhormone**, die sich vom Cholesterin ableiten, stellen Zellmembranen keine Barriere dar. Sie sind wie das Cholesterin größtenteils **hydrophob** und können daher Zellmembranen leicht passieren. Sie binden an Rezeptoren, die sich **im Cytoplasma** der Zielzellen befinden.
Die **Peptid- und Proteinhormone** dagegen sind in der Regel viel größer als die Steroidhormone und außerdem **hydrophil**. Für sie stellt die Lipiddoppelschicht aller Zellmembranen ein unüberwindbares Hindernis dar. Ihre Rezeptoren sitzen daher **an der Oberfläche der Zellmembran**.
In beiden Fällen lagern sich die Hormone nach dem Schlüssel-Schloß-Prinzip an ihre Rezeptoren an und bilden mit ihnen **Hormon-Rezeptor-Komplexe**, über die die Hormone ihre spezifischen Wirkungen entfalten. Weil diese Komplexe entweder **innerhalb** der Zelle oder **außerhalb** an der Zellmembran entstehen, gibt es zwei völlig unterschiedliche Wirkungsmechanismen.

2.4.1 Die Wirkungsweise der Steroidhormone

Wir wollen den Wirkungsmechanismus der Steroidhormone an einer schematischen Darstellung schrittweise erläutern *(vgl. Abb. 81)*.

① Zuerst muß das Hormon die Zellmembran passieren.
② Im Cytoplasma wird es von einem Rezeptor gebunden. Bei diesem Rezeptor

handelt es sich um ein Protein aus etwa 800 Aminosäuren, das zu einer charakteristischen Raumstruktur gefaltet ist. In dieser Form besitzt das Molekül **zwei Bindungsstellen**:

③ eine Bindungsstelle für das Steroidhormon und

④ eine Bindungsstelle für einen bestimmten Abschnitt auf der DNA im Zellkern. Ohne angelagertes Hormon erfolgt die Bindung des Rezeptors an diesen DNA-Abschnitt sehr schlecht – die Chemiker sagen: mit geringer Affinität.

⑤ Durch die Anlagerung des Hormons wird die Raumstruktur des Rezeptors nun so verändert, daß sich die **Affinität** zu diesem DNA-Abschnitt **erhöht**.

⑥ Als Folge bindet der Hormon-Rezeptor-Komplex an diesen spezifischen DNA-Abschnitt im Zellkern und **reguliert** dadurch dessen **Transkription**. Im einfachsten Fall wird dadurch ein **Gen**, das für ein bestimmtes Protein codiert, **angeschaltet**.

⑦ Daraufhin synthetisiert die RNA-Polymerase an diesem DNA-Abschnitt eine Boten-RNA (mRNA), die durch die Kernporen den Zellkern verläßt.

⑧ An den Ribosomen wird die Nukleotidsequenz der Boten-RNA in die Aminosäuren-Sequenz des Proteins übersetzt (Translation).

⑨ Erst dieses **Protein** entfaltet die Stoffwechselwirkungen der hormonellen Botschaft – zum Beispiel als Enzym, das eine bestimmte Stoffwechselreaktion katalysiert.

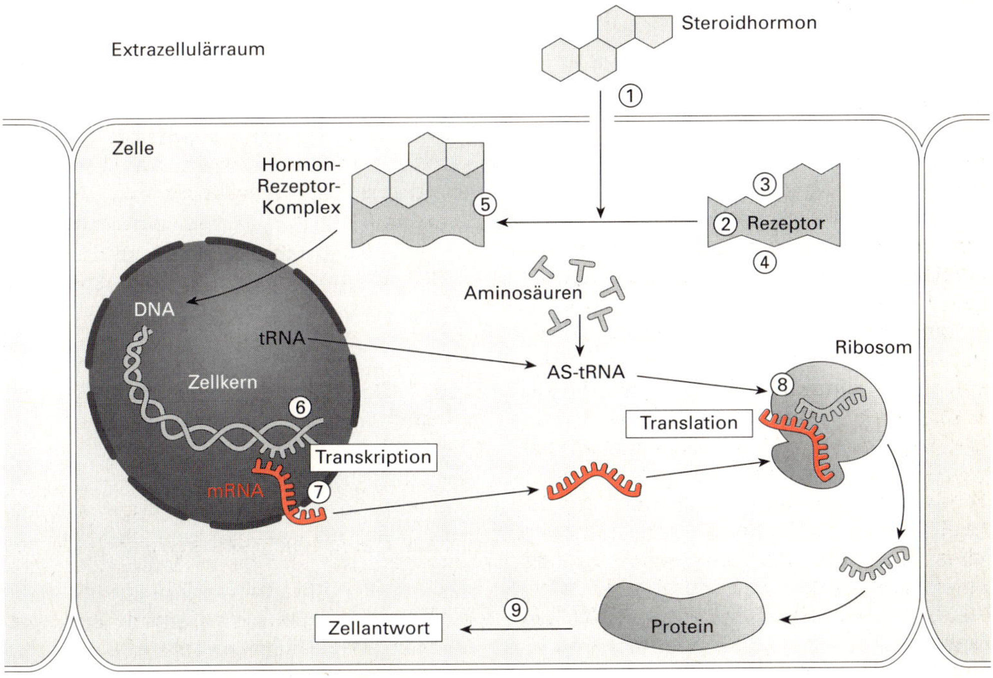

Abb. 81 Der Wirkungsmechanismus der Steroidhormone

Es ist ebensogut vorstellbar, daß ein aktives Gen durch den Hormon-Rezeptor-Komplex **abgeschaltet** wird.
Außerdem legen Experimente mit Zellkulturen nahe, daß **mehrere Gene gleichzeitig** reguliert werden. Die Gen-Produkte (die Proteine) können dann ganz unterschiedliche Stoffwechselwirkungen entfalten. Dabei können sie sich auch gegenseitig beeinflussen.

2.4.2 Die Wirkungsweise der Schilddrüsenhormone

Die Schilddrüsenhormone Thyroxin und Trijodthyroxin (T_4und T_3) verhalten sich ganz ähnlich wie die Steroidhormone. Deshalb wollen wir sie an dieser Stelle behandeln.
T_4 und T_3 sind fettlöslich, so daß sie durch die Zellmembran direkt ins Cytoplasma diffundieren. Dort wird T_4 enzymatisch in T_3 umgewandelt.
T_3 wird nun nicht im Cytoplasma an einen Rezeptor gebunden, sondern wandert weiter in den Zellkern. Erst dort bindet das Hormon an einen Rezeptor, der bereits an die DNA angelagert ist.
Durch Bindung an diesen Rezeptor beeinflußt T_3 die **Transkription** bestimmter Gene. Die daraufhin hergestellten Proteine führen insgesamt zu einem **erhöhten Energieumsatz** in den Zielzellen.

2.4.3 Die Wirkungsweise der Peptid- und Proteinhormone sowie von Adrenalin

Da Peptid- und Proteinhormone niemals ins Innere einer Zelle gelangen können, sitzen ihre Hormon-Rezeptoren **in der Zellmembran**. Wie aber gelangt die hormonelle Botschaft von der Zellmembran ins Cytoplasma?
Wir haben bei den langsamen Synapsen bereits einen Weg beschrieben, wie durch einen Botenstoff (in diesem Fall durch einen Transmitter) eine Signalkette an der Zellmembran in Gang gesetzt wird *(vgl. Kap. A.5.4).*

!

Das Prinzip besteht darin, das **externe** Signal durch einen speziellen Mechanismus in ein **internes** Signal umzuwandeln.

Das interne Signal ist ein weiterer Botenstoff, der die Nachricht ins Zellinnere weiterleitet. In der Fachsprache wird dieser **zweite Botenstoff** (der erste ist das Hormon) mit dem englischen Originalbegriff als **second messenger** bezeichnet.

Einen second messenger haben wir bereits vorgestellt: **cyclisches Adenosinmonophosphat**, kurz **cAMP** *(vgl. Kap. A.5.4).* Hergestellt wird cAMP aus dem universellen zellulären Energieträger ATP. Die Reaktion katalysiert ein spezielles Enzym: die **Adenylatcyclase**.
Wie Abb. 82 zeigt, werden durch das Enzym 2 der 3 Phosphatgruppen von ATP abgetrennt, während die verbleibende Phosphatgruppe mit dem 3′-Kohlenstoffatom des Zuckers (Ribose) zu einem Ring verbunden wird. Diese Ringstruktur hat dem AMP seinen Beinamen „cyclisch“ eingetragen.

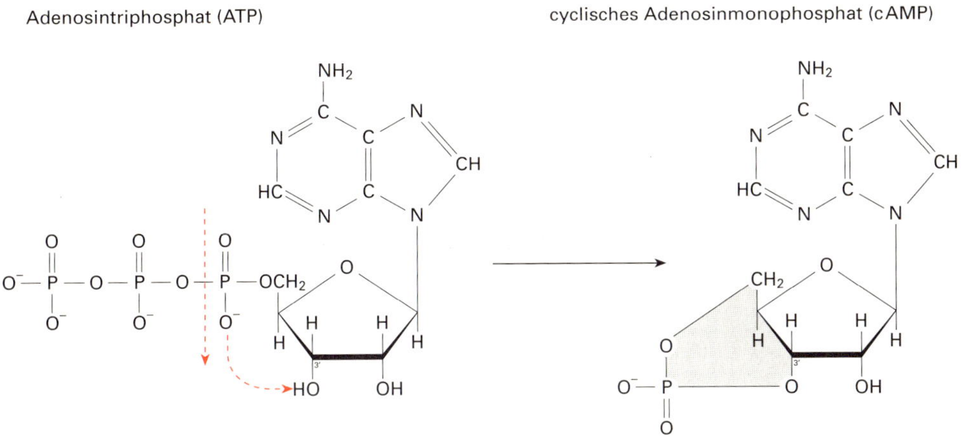

Abb. 82 Die Umwandlung von ATP in cAMP

Entscheidend ist nun, daß das Enzym nur dann aktiv wird und ATP in cAMP umwandelt,

1. wenn das Enzym an einen Hormon-Rezeptor gekoppelt ist und
2. wenn sich an den Hormon-Rezeptor ein Botenstoff angelagert hat.

Beide Proteine (das Enzym und der Hormon-Rezeptor) sind wie alle Membranproteine in die Lipiddoppelschicht der Zellmembran integriert und können sich in der Membranebene frei bewegen *(vgl. Cytologie-Band, Kap. C.5.2)*. Die Signalübertragung vom Hormon-Rezeptor zum Enzym erfordert also, daß beide miteinander verkoppelt werden.

Wir wollen den etwas komplizierten Signalweg mit Hilfe von Abb. 83 Schritt für Schritt erläutern.

① Bindet ein Peptid- oder Proteinhormon an seinen Rezeptor in der Zellmembran, verändert der Rezeptor seine Raumstruktur.

② In dieser veränderten Form koppelt der Rezeptor an das Enzym Adenylatcyclase.

③ Das Enzym wird dadurch **aktiviert,** ATP in cAMP umzuwandeln. Es kommt zu einem Anstieg der intrazellulären Konzentration an cAMP.

④ cAMP wirkt nun seinerseits als **allosterischer Aktivator** auf Proteine im **Cytoplasma.** Meist handelt es sich dabei um Enzyme vom Typ der **Proteinkinasen.**

⑤ Proteinkinasen sind spezielle Enzyme, die Phosphatgruppen von ATP auf weitere Proteine im Cytoplasma oder im Zellkern übertragen. Diese Proteine werden dadurch **phosphoryliert**. Die Phosphorylierung steigert oder hemmt die Aktivität dieser Proteine.
Beeinflußt werden

⑥ Enzyme, die bestimmte Stoffwechselreaktionen katalysieren, oder

⑦ Kernproteine, die an der Regulation der Proteinbiosynthese beteiligt sind.

⑧ Damit die aktivierten Proteine dieses

Signalweges – einmal angeschaltet – nicht endlos weiterarbeiten, sondern wieder neue Signale von außen empfangen können, müssen die entsprechenden Reaktionen rückgängig gemacht werden. Auch dies erfolgt durch spezielle Enzyme, die cAMP in unwirksames AMP (ohne Ring) verwandeln und die übertragenen Phosphatgruppen entfernen.

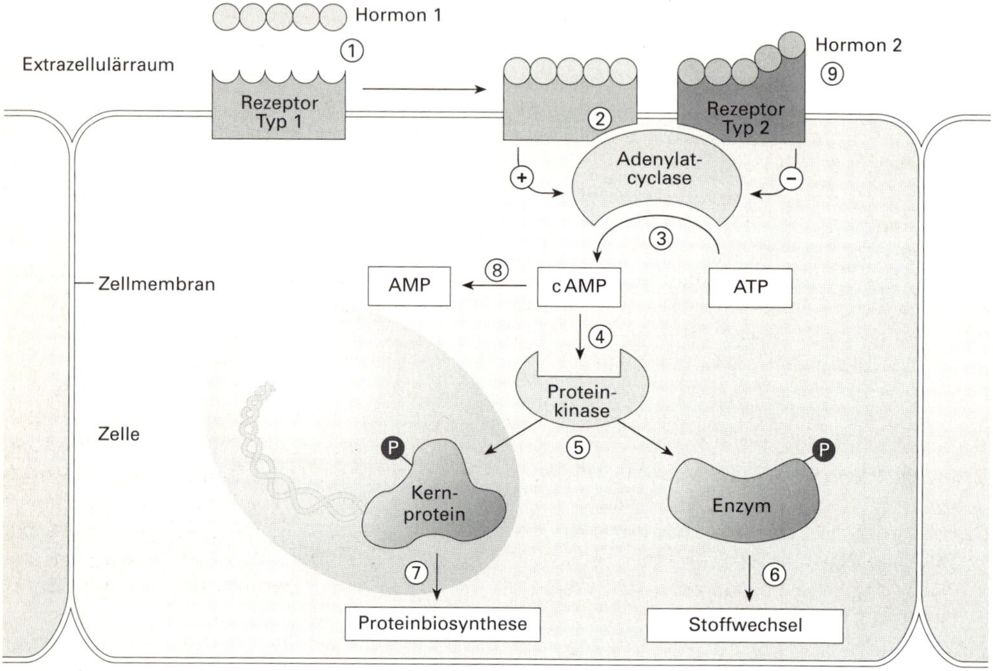

Abb. 83 Hormoneller Signalweg mit cAMP als second messenger, Erläuterungen im Text

Aufgabe:

Ergänze das folgende Pfeildiagramm zum hormonellen Signalweg mit cAMP als zweitem Boten.

Hormon bindet an Rezeptor in der Zellmembran → Rezeptor verändert seine Raumstruktur → ...

Wie entdeckt wurde, ist die Sache noch etwas komplizierter. Einige Hormone **senken** die Konzentration an intrazellulärem cAMP, statt sie zu steigern. Das bedeutet, daß in diesen Fällen die Adenylatcyclase nicht aktiviert, sondern **gehemmt** wird.

Es muß also neben dem zuerst beschriebenen Hormon-Rezeptor ① noch einen zweiten Rezeptor-Typ ⑨ geben, der nach Anlagerung eines Hormons die cAMP-Bildung hemmt.
Auf diese Weise können in einer Zelle Enzyme oder Regulatorproteine zwischen aktiver und inaktiver Form hin- und hergeschaltet werden – je nachdem, welches Signal die Zelle von außen empfängt.
Es gibt eine ganze Reihe von Hormonen, die über diesen Signalweg mit cAMP ihre Wirkungen entfalten. Dazu gehören fast alle Hypophysenhormone sowie die beiden Insulin-Gegenspieler Glucagon und Adrenalin *(vgl. dazu Kap. B.4.2)*.
Adrenalin gehört zwar nicht zur Gruppe der Peptid- und Proteinhormone, wirkt aber ebenfalls über den hier beschriebenen Signalweg.

2.5 Die Inaktivierung der Hormone

Damit Hormone, nachdem sie einmal freigesetzt wurden, nicht endlos wirksam bleiben, müssen sie **inaktiviert** werden. Das erfolgt im Prinzip über drei verschiedene Mechanismen:

- Ein Teil der Hormon-Moleküle im Blut bindet nie an einen Rezeptor. Diese freien Hormone werden durch abbauende Enzyme in verschiedenen Organen (Leber, Nieren, Gehirn) in **unwirksame Substanzen** verwandelt. Auch gebundene Hormone werden von den Rezeptoren wieder freigesetzt und dann enzymatisch abgebaut.
- Ein Teil der Hormone oder ihre Abbauprodukte werden kontinuierlich über die Nieren aus dem Körper **ausgeschieden**.
- Einige Hormone werden **intrazellulär abgebaut**. Das gilt vor allem für die Steroidhormone mit cytoplasmatischen Rezeptoren. Aber auch Peptid- und Proteinhormone, deren Rezeptoren in der Zellmembran sitzen, können auf diese Weise eliminiert werden. Vom Insulin ist beispielsweise bekannt, daß es nach Anlagerung an seinen Rezeptor durch **Endocytose** in die Zelle eingeschleust wird. Der intrazelluläre Abbau erfolgt durch Lysosomen *(vgl. Cytologie-Band, Kap. C.5.4)*.

2.6 Zusammenfassung

Hormone sind chemische Botenstoffe, die von Drüsenzellen ins Blut oder ins umliegende Gewebe freigesetzt werden.

An ihren Zielzellen binden Hormone hochspezifisch nach dem Schlüssel-Schloß-Prinzip an **Rezeptoren**, die die chemische verschlüsselte Botschaft sozusagen lesen.

Nach ihrer molekularen Struktur unterscheiden wir Peptid- und Proteinhormone, Steroidhormone, aus Aminosäuren gebildete Hormone und aus Fettsäuren gebildete Hormone:

- **Peptid- und Proteinhormone** bilden die größte Gruppe. Sie bestehen aus kurzen oder längeren Ketten von Aminosäuren, die zu einer jeweils charakteristischen Raumstruktur gefaltet sind. Sie werden per Proteinbiosynthese hergestellt.

Peptid- und Proteinhormone binden an Rezeptoren **in der Zellmembran**. Dadurch wird intrazellulär die Bildung eines **zweiten Botenstoffs** (second messenger, meistens **cAMP**) gefördert oder blockiert. Der zweite Botenstoff aktiviert **Proteinkinasen**, die zelluläre Proteine **phosphorylieren**. Deren Aktivität wird dadurch beeinflußt.

- **Steroidhormone** sind kleine, hydrophobe Moleküle, die durch enzymatische Umwandlung aus Cholesterin hergestellt werden.
  Steroidhormone binden an Rezeptoren **im Cytoplasma**, die dadurch aktiviert werden, sich an bestimmte DNA-Abschnitte anzulagern, um die **Transkription von Genen** zu regulieren.
- Aus **Aminosäuren** werden die Schilddrüsenhormone und Adrenalin hergestellt.
  Die Schilddrüsenhormone wirken ähnlich wie die Steroidhormone über einen Rezeptor **im Zellkern**.
  Adrenalin wirkt dagegen wie ein Peptidhormon.
- Von langkettigen **Fettsäuren**, die enzymatisch aus Phospolipiden der Zellmembran freigesetzt werden, entstehen die **Prostaglandine**, die am Schmerzgeschehen beteiligt sind.

Hormone werden durch enzymatischen Abbau in speziellen Organen, durch intrazellulären Abbau in den Zielzellen oder durch Ausscheidung über die Nieren **inaktiviert**.

3. Hormonelle Regulationsmechanismen

Regulationsmechanismen, ob nun durch Hormone oder durch Nervensignale vermittelt, dienen vor allem der Aufrechterhaltung eines konstanten inneren Milieus im Organismus: der **Homöostase***.
Dieses **flüssige innere Milieu**, das die Verbindungen zwischen den verschiedenen Zellen herstellt, ist die Voraussetzung für das Funktionieren eines Organismus als Ganzem. Die Zellen, durch selektiv permeable Membranen voneinander isoliert, entnehmen aus diesem Milieu alle lebensnotwendigen Substanzen, und in dieses Milieu geben sie ihre Abfallstoffe und die Produkte ihrer Tätigkeit ab.
Durch die relative **Konstanz** dieses inneren Milieus werden die Körperfunktionen in einem Gleichgewichtszustand gehalten. Bekannte Beispiele dafür sind: der Blutdruck, der Blutzuckerspiegel, die Körpertemperatur. Die Regulationsmechanismen greifen jedesmal ein, wenn eine Eigenschaft des inneren Milieus durch Veränderungen der Umgebung (des äußeren Mi-

lieus) von ihrem Normalwert abweicht. So löst z. B. ein Ansteigen der Umgebungstemperatur im Organismus Kühlungsmechanismen aus, während Kälte eine Steigerung der Wärmeproduktion anregt. Jeder Organismus verfügt so über eine gewisse **Autonomie** gegenüber den unkontrollierbaren Veränderungen seiner Umgebung.

Analoge Beispiele kennen wir auch aus **technischen** Systemen. Die Regelung einer konstanten Raumtemperatur erfolgt **nach den gleichen Prinzipien** wie die Regulation einer konstanten Körpertemperatur. Es ist daher möglich, biologische Regulationsvorgänge in Begriffen der technischen Regelungslehre zu beschreiben.
Die Übertragung regeltechnischer Prinzipien auf lebende Systeme fördert zwar keine neuen Erkenntnisse zutage, führt jedoch zu einer sehr übersichtlichen **Darstellung** der komplexen biologischen Zusammenhänge. Wir wollen deshalb zunächst die Grundbegriffe der Regelungslehre einführen und sie anschließend auf einige physiologische Regulationsvorgänge beispielhaft anwenden.

3.1 Grundbegriffe der Regeltechnik

Die regeltechnischen Grundbegriffe lassen sich am leichtesten an einem konkreten Beispiel veranschaulichen, z. B. an der Regelung der Raumtemperatur.
Das wesentliche Merkmal der Regelung ist der geschlossene **Regelkreis**. Er ist so konstruiert, daß jede Störung automatisch korrigiert wird.

Ein solcher geschlossener Regelkreis ist in Abb. 84 in zwei Varianten dargestellt. Abb. 84a zeigt das allgemeine Schema eines Regelkreises mit den einzelnen Funktionselementen, die im folgenden erläutert werden. In Abb. 84b ist dieses Schema für die Regelung der Raumtemperatur konkretisiert.

Bei der Konstruktion eines Regelkreises muß zuerst entschieden werden, welcher **Zustand** des betrachteten Systems **konstant** gehalten werden soll. Das ist in unserem Beispiel die Raumtemperatur. Sie ist die **Regelgröße** ①.
Der abgegrenzte Raum, in dem dies geschieht, also das Zimmer, ist das **geregelte System** ②.
Um die Raumtemperatur konstant halten zu können, muß sie fortlaufend durch einen **Fühler** ③ gemessen werden. Das erfolgt in unserem Beispiel mit einem Thermometer.
Die jeweils momentane Raumtemperatur, der sogenannte **Ist-Wert** ④, wird dem Regler übermittelt.
Der **Regler** ⑤ ist das wichtigste Funktionselement in einem Regelkreis, weil hier der Ist-Wert der Regelgröße (die momentane Raumtemperatur) mit dem **Soll-Wert** ⑥ der Regelgröße (die gewünschte Raumtemperatur) verglichen wird.
Bei einer Raumheizung erledigt diese Arbeit ein Thermostat. An einem solchen Gerät läßt sich die gewünschte Raumtemperatur vorwählen. Diese Temperaturvorgabe ist die **Führungsgröße** ⑦ für den Soll-Wert der Raumtemperatur.
Weicht der Ist-Wert der Raumtemperatur von diesem Soll-Wert ab, berechnet der Regler einen entsprechenden Steuerbefehl an die Heizung. Dieser Steuerbefehl wird als **Stellgröße** ⑧ bezeichnet, weil er angibt, um wieviel die Brennstoffzufuhr zur Heizung verstellt werden muß, um die Abweichung möglichst vollständig zu korrigieren.
Der Steuerbefehl führt also zu einer veränderten Leistung der Heizung, dem **Stell-**

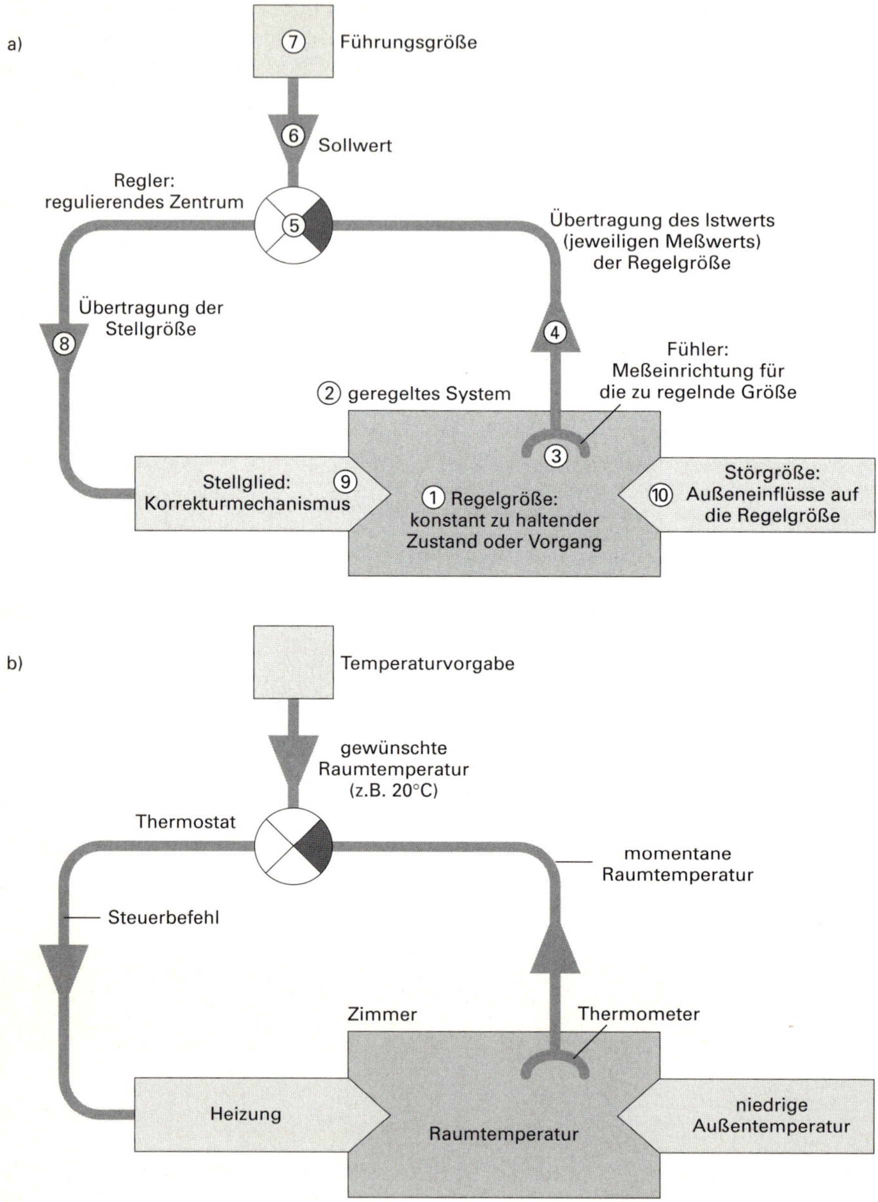

Abb. 84 Darstellung eines Regelkreises a) als allgemeines Schema und b) konkretisiert am Beispiel der Regelung der Raumtemperatur

glied ⑨ in diesem Regelkreis. Die veränderte Leistung hält solange an, bis sich die Raumtemperatur wieder dem Soll-Wert angeglichen hat.
Bei sehr niedrigen Außentemperaturen wird dieser Zustand, daß Ist- und Soll-Wert übereinstimmen, nicht allzu lange anhalten, da Wärmeverluste durch die Temperaturdifferenz nicht zu vermeiden sind. Ein derartiger Einfluß auf die Regelgröße, der eine Abweichung vom Soll-Wert verursacht, wird als **Störgröße** ⑩ bezeichnet.

Der Regelkreis sorgt durch eine der Störung **entgegenwirkende** Änderung des Stellgliedes für eine Korrektur des Ist-Wertes. Der **Erfolg** dieser Korrekturmaßnahme wird dem Regler über den Fühler unmittelbar **zurückgemeldet**, so daß die Veränderung des Stellgliedes nur solange anhält, bis Ist- und Soll-Wert wieder übereinstimmen. Eine solche Form der Rückwirkung wird als **negative Rückkoppelung** bezeichnet.

Der Begriff ist zugegebenermaßen etwas verwirrend. „Negativ" ist diese Rückkoppelung nur im Sinne von „mit umgekehrtem Vorzeichen".

Jeder Regelkreis ist so konstruiert, daß eine vom Fühler gemeldete Abweichung eine geeignete **Gegenaktion** gegen diese Abweichung auslöst. Ist die Raumtemperatur z. B. auf 18 °C abgefallen, soll aber 20 °C betragen, müssen Funktionen in Gang gesetzt werden, die der weiteren Abkühlung **entgegenwirken**.

Eine solche Rückkoppelung läßt sich sehr gut als Pfeildiagramm darstellen. Dabei bedeutet

—(+)→ je mehr, um so mehr **oder** je weniger, um so weniger;

—(−)→ je mehr, um so weniger **oder** je weniger, um so mehr.

Die Regelung der Raumtemperatur läßt sich damit so darstellen:

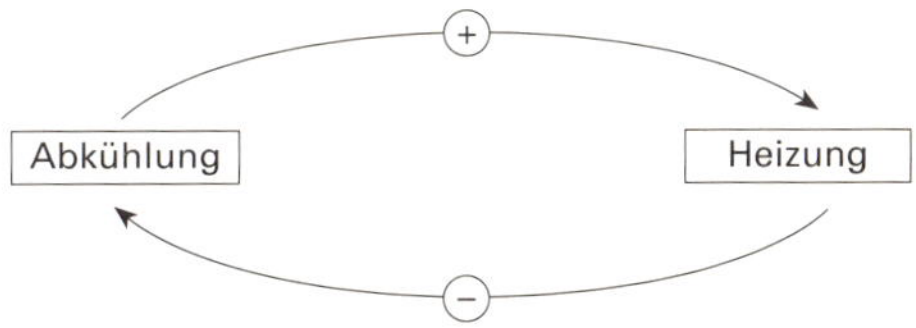

Abb. 84c) Einfaches Pfeildiagramm zur Erläuterung der negativen Rückkoppelung

!

Negative Rückkoppelung bedeutet, daß jede Abweichung Vorgänge zur Folge hat, die in die Gegenrichtung wirken.

Eine positive Rückkoppelung würde die eingetretene Abweichung **verstärken**, was praktisch zur Folge hätte, daß die Heizung bei einem plötzlichen Kälteeinbruch völlig abgeschaltet wird.

Ein solch paradoxer Effekt erklärt, weshalb in biologischen wie in technischen Systemen die meisten Regelungsvorgänge nach dem Prinzip der negativen Rückkoppelung konstruiert sind.

B/5

Aufgabe:

In der folgenden Tabelle sind einige regeltechnische Grundbegriffe aufgelistet.
Ergänze die Tabelle durch Einfügen der entsprechenden Funktionselemente für die Regelung einer konstanten Raumtemperatur.

Grundbegriff	Funktionselement
Regelgröße	
Geregeltes System	
Fühler	
Regler	
Stellglied	
Störgröße	

Tab. 2 Regeltechnische Grundbegriffe

3.2 Physiologische Regelkreise

!

Biologische Regulationsvorgänge lassen sich durch das gleiche Regelkreis-Schema beschreiben, das für technische Regelungsvorgänge benutzt wird..

Regelgrößen, die durch negative Rückkoppelung im Körper konstant gehalten werden, können sowohl physikalischer als auch chemischer Natur sein.

Beispiele für **physikalische** Regelgrößen sind:
- die Körpertemperatur,
- der Blutdruck,
- der Wassergehalt des Körpers.

Zu den **chemischen** Regelgrößen gehören:
- die Blutzuckerkonzentration,
- der pH-Wert des Blutes,
- der Sauerstoff- und CO_2-Gehalt des Blutes.

Jede dieser Regelgrößen wird von speziellen **Rezeptoren** überwacht. Dabei handelt es sich um Sinneszellen, die auf einen bestimmten Reiz spezialisiert sind *(vgl. Kap. A.6.1)*. Der Rezeptorbegriff ist also leider nicht eindeutig. Während in der Hormonphysiologie damit ein Protein gemeint ist, das ein Hormon spezifisch bindet, werden damit in der Neurophysiologie die Sinneszellen bezeichnet.

Diese Sinneszellen sind im Körper jeweils an den Stellen lokalisiert, an denen sich die Veränderungen der betreffenden Regelgrößen besonders deutlich auswirken. So finden sich z. B. Thermorezeptoren sowohl in der Haut zur Messung von Veränderungen der Außentemperatur als auch im Körperinneren (im Gehirn), um Veränderungen durch die körpereigene Wärmeproduktion zu registrieren.

Für jede Regelgröße existiert ein eigenständiges **Regelzentrum**, das die einlaufenden Informationen auf Abweichungen überprüft und entsprechende Korrekturmaßnahmen in Gang setzt. Diese Regelzentren befinden sich hauptsächlich im **Hypothalamus** und im **Hirnstamm** *(vgl. Kap. A.7.2.1)*. Es gibt aber auch Regler in anderen Organen.
Die **Steuerbefehle**, die die Korrekturmaßnahmen veranlassen, werden entweder über **Nervensignale** oder durch **Hormone** an die entsprechenden Stellglieder übermittelt.
Als **Stellglieder**, die aufgrund solcher neuronalen oder hormonellen Befehle ihre Aktivität verändern, kommen praktisch alle Körperfunktionen in Frage, die dazu beitragen können, eine bestimmte Regelgröße wieder auf ihren Soll-Wert zurückzuführen. Die im einzelnen sehr unterschiedlichen Vorgänge lassen sich aber in vier **Grundfunktionen** zusammenfassen:

- **Muskelaktivität** (z. B. Steigerung der Herztätigkeit bei Blutdruckabfall),
- **Stoffwechselaktivität** (z. B. Glycogen-Abbau bei Blutzuckermangel),
- **Sekretionsaktivität** (z. B. Schweißabgabe bei Anstieg der Körpertemperatur),
- **Membranpermeabilität** (z. B. Glucose-Transport in die ruhende Muskulatur bei Blutzuckeranstieg).

In Abb. 85 sind die Funktionselemente von physiologischen Regelkreisen in einem Schema zusammengefaßt.
Wir wollen zur Veranschaulichung dieses allgemeinen Schemas als Beispiel die Regulation der Körpertemperatur heranziehen.

In unserem Körper wird normalerweise eine Temperatur von etwa 37 °C eingehalten. An der Aufrechterhaltung dieser Temperatur sind außer körperlichen Merkmalen (z. B. Fetteinlagerungen in der Haut) und einigen Verhaltensweisen (Bekleidungsauswahl, Bewegung) vor allem einzelne Organfunktionen beteiligt.

Eine **Abkühlung** unter 37 °C wird verhindert durch:
- Verengung der Blutgefäße in der Haut (es wird weniger Wärmeenergie an die Körperoberfläche transportiert),
- Muskelzittern (rhythmische Kontraktionen ohne Bewegung zur Wärmeerzeugung),
- Stoffwechselsteigerung, vor allem in der Leber.

Eine **Erwärmung** über 37 °C wird verhindert durch:

- Erweiterung der Blutgefäße in der Haut (es wird mehr Wärmeenergie an die Körperoberfläche transportiert)
- Schweißabsonderung (durch die Verdunstung wird dem Körper Wärmeenergie entzogen und so die Haut abgekühlt),
- Verminderung der Stoffwechselintensität, vor allem der Leber.

B/6

Aufgabe:

Konstruiere ein Regelkreis-Schema für die Regulation der Körpertemperatur. Orientiere Dich dazu an den Abbildungen 84a, 84b und 85.

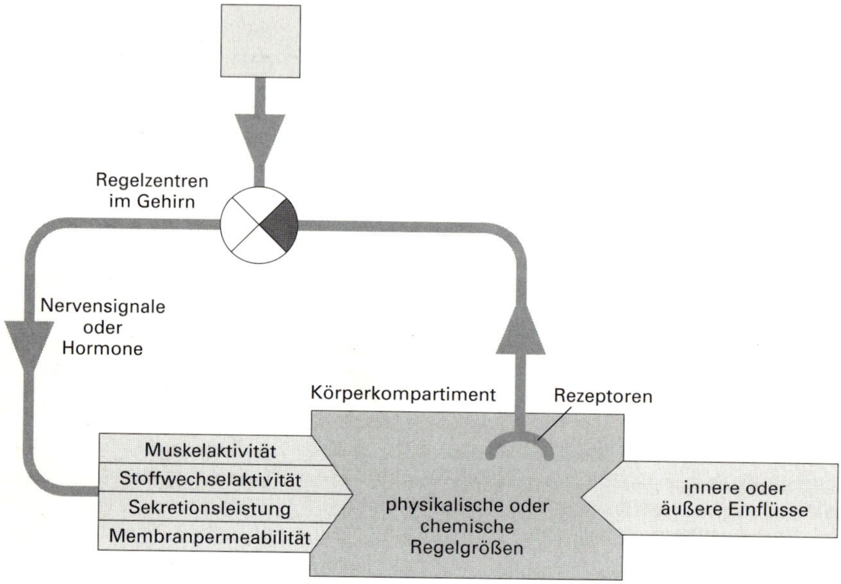

Abb. 85 Allgemeines Schema für physiologische Regelkreise, Erläuterungen im Text

3.3 Prinzipien der hormonellen Regulation

Wie Abb. 85 deutlich macht, sind Hormone vor allem als **Stellgrößen** an physiologischen Regelkreisen beteiligt.
Im Prinzip führt die Veränderung eines konstant zu haltenden physiologischen Zustandes zur Freisetzung eines Hormons. Dessen Wirkung auf die Zellen der Zielorgane wird an die hormonproduzierenden Zellen zurückgemeldet und dadurch die Hormonfreisetzung gebremst.

Untersucht man die verschiedenen physiologischen Regelkreise des menschlichen Organismus, an denen Hormone beteiligt sind, so stellt sich allerdings heraus, daß die Abläufe weitaus komplexer sind.
Tatsächlich sind viele Regulationsvorgänge, an denen Hormone beteiligt sind, als **dreistufiger, hierarchischer Prozeß** organisiert *(vgl. Abb. 86)*.

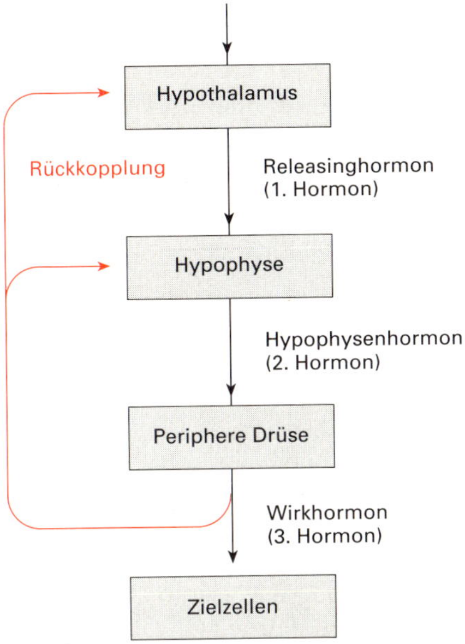

Abb. 86 Hormoneller Regelkreis mit dreistufigem, hierarchischem Aufbau, Erläuterungen im Text

An der Spitze der Hierarchie steht ein Regulationszentrum, das sich im **Hypothalamus** befindet. Es besteht aus Nervenzellen, die einerseits mit anderen Nervenzellen im Gehirn verschaltet sind, die andererseits eine zusätzliche besondere Eigenschaft besitzen: sie produzieren ein Hormon, das sie in kleine Blutgefäße freisetzen, die den Hypothalamus mit der **Hypophyse** (der Hirnanhangdrüse) verbinden.
Ein solches **Neurohormon** (es heißt so, weil es von Nervenzellen produziert wird) beeinflußt in der Hypophyse die Herstellung und Freisetzung eines zweiten Hormons. Deshalb wird das Neurohormon des Hypothalamus auch als **Releasing-Hormon*** bezeichnet.
Das von der Hypophyse in den großen Körperkreislauf freigesetzte Hormon beeinflußt die Herstellung und Freisetzung eines dritten Hormons aus einer Hormondrüse in der Körperperipherie, z. B. der Nebenniere.
Das aus der Hormondrüse der Körperperipherie freigesetzte dritte Hormon verteilt sich mit dem Blutstrom im gesamten Körper und löst schließlich an seinen Zielzellen spezifische Reaktionen aus.
Meist entfaltet erst dieses dritte Hormon eine physiologische Wirkung.
Wird ein physiologischer Zustand über eine solche dreistufige Befehlskette reguliert, erfolgt die negative Rückkoppelung in vielen Fällen nicht erst über den wiederhergestellten Soll-Zustand, sondern stattdessen über die Konzentrationsänderungen des physiologisch wirksamen dritten Hormons.
Ein Anstieg der Hormonkonzentration im Blut führt dann entweder im Regulationszentrum des Hypothalamus zu einer verminderten Abgabe des entsprechenden Releasing-Hormons oder die Abgabe des entsprechenden Hypophysen-Hormons wird direkt gehemmt. In beiden Fällen kommt es zu einem verminderten Einfluß auf die periphere Drüse, so daß der angestiegene Hormonspiegel wieder absinkt.
Unter diesen Voraussetzungen ist also die Konzentration des physiologisch wirksamen Hormons im Blut (und nicht der physiologische Zustand selbst) die **Regelgröße**.

!

Hormone können in physiologischen Regelkreisen entweder als Stellgrößen oder als Regelgrößen beteiligt sein.

Wir wollen nun die **dreistufige hormonelle Befehlskette** an einem konkreten Beispiel erläutern: der Regulation der Cortisol-Freisetzung *(vgl. Abb. 87)*.
Cortisol hat ein ausgesprochen breites Wirkungsspektrum. Es ist in Tab. 3 zusammengestellt.

Die von Cortisol ausgelösten **Stoffwechselveränderungen** ermöglichen dem Organismus, selbst bei lange anhaltenden Belastungen die Zellen mit Brennstoffen für die Energiegewinnung zu versorgen und dabei noch Glycogen-Vorräte in der Leber anzulegen.

Herz-Kreislauf-System
- Steigerung der Herztätigkeit
- Verengung der Blutgefäße in der Haut und im Verdauungssystem

Stoffwechsel
- Hemmung der Glucoseaufnahme in die Zellen
- Hemmung des Glucoseabbaus in den Zellen
- Steigerung des Fettabbaus im Fettgewebe
- Steigerung des Eiweißabbaus in den Muskeln
- Hemmung der Eiweißherstellung in den Zellen
- Glucoseneubildung aus Aminosäuren in der Leber
- Steigerung der Glycogenbildung in der Leber

Immunsystem
- Hemmung der Abwehrreaktionen
- Hemmung der Antikörper-Produktion (Eiweißherstellung)

Nieren
- Hemmung der Wasserausscheidung

Verdauungssystem
- Steigerung der Magensaftsekretion

Tab. 3 Wirkungsprofil von Cortisol

Cortisol wird in der Nebennierenrinde aus Cholesterin hergestellt. Produktion und Freisetzung wird durch ein Hormon aus der Hypophyse gesteuert: durch ACTH.
ACTH ist die Abkürzung für **a**dreno**c**orti**t**ropes **H**ormon*. Vereinfachend wird es auch als **Corticotropin** bezeichnet. Seine Freisetzung aus der Hypophyse wird von einem Releasing-Hormon des Hypothalamus kontrolliert: dem Corticotropin-Releasing-Hormon (**CRH**).
Wir haben es hier also mit einem klassischen Beispiel einer dreistufigen Befehlskette zu tun:

CRH	→	**ACTH**	→	**Cortisol**
(1. Hormon)		(2. Hormon)		(3. Hormon)

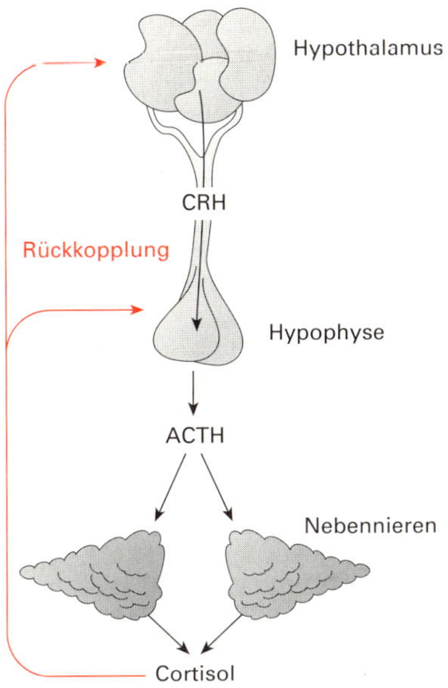

Abb. 87 Regulation der Cortisol-Freisetzung, Erläuterungen im Text

Eine solche Hormonkette hat eine beachtliche **Verstärkerwirkung**: 0,1 µg des Releasing-Hormons setzen in der Hypophyse 1 µg ACTH frei; dieses 1 µg führt in der Nebennierenrinde zur Freisetzung von 40 µg Cortisol, das wiederum einen Umsatz von 5,6 mg (= 5600 µg) Glucose bewirkt!

Für das Verständnis der Cortisol-Wirkungen im Organismus ist bedeutsam, daß die CRH-Freisetzung aus dem Hypothalamus verschiedenen Einflüssen unterliegt.

- Erstens wirkt Cortisol selbst **hemmend** auf die Freisetzung von CRH (und vermutlich auch ACTH), so daß der hormonelle Regelkreis an diesen Stellen geschlossen ist.

- Zweitens unterliegt der Cortisolspiegel im Blut charakteristischen **tagesperiodischen Schwankungen**. Morgens ist die Konzentration am höchsten und um Mitternacht am niedrigsten. Als Erklärung wird angenommen, daß sich darin der unterschiedliche Einfluß von Gehirnzentren bemerkbar macht, die dem Hypothalamus übergeordnet sind und die je nach Aktivitätszustand des Organismus eher erregend oder eher hemmend auf die CRH-produzierenden Zellen einwirken.

- Drittens können **Belastungssituationen** aller Art den Regelkreis durch vermehrte Freisetzung von CRH deutlich verstellen. Bei lange andauernden **körperlichen** Belastungen sind die dadurch ausgelösten Stoffwechselveränderungen physiologisch sinnvoll, um die Energieversorgung sicherzustellen. Daß das gleiche Anpassungsprogramm auch durch chronischen **Streß** ausgelöst werden kann *(vgl. Kap. D.5.3)*, hat für die Betroffenen eher unangenehme Folgen. Es konnte experimentell gezeigt werden, daß die CRH-Freisetzung um so heftiger ist, je uneindeutiger, unvorhersehbarer und unkontrollierbarer die belastenden Lebenssituationen sind. Von den vielfältigen Cortisol-Wirkungen zeigt sich dann am deutlichsten der hemmende Einfluß auf das Immunsystem: die Betroffenen sind anfälliger für Infektionskrankheiten aller Art, und die Wahrscheinlichkeit, an Krebs zu erkranken, ist statistisch erhöht *(vgl. Kap. C.9)*. Das gilt allerdings auch für alle, die regelmäßig intensiv trainieren.

Abschließend sei darauf hingewiesen, daß die dreistufige Befehlskette nicht für alle hormonellen Regulationsvorgänge gilt *(vgl. Kap. B.4.2)*. Außerdem ist das Hormonsystem oft eng mit dem vegetativen Nervensystem vermascht *(vgl. Kap. D.5.3)*.

3.4 Zusammenfassung

Regulationsmechanismen dienen der Aufrechterhaltung eines konstanten inneren Milieus im Organismus (**Homöostase**). Sie greifen jedesmal ein, wenn eine Eigenschaft des inneren Milieus (z. B. die Körpertemperatur) durch Veränderungen von ihrem Normalwert abweicht.

Biologische Regulationsvorgänge lassen sich nach den Prinzipien technischer **Regelkreise** beschreiben.

Durch einen geschlossenen Regelkreis wird ein bestimmter physiologischer Zustand (die **Regelgröße**) konstant gehalten. Über Rezeptoren (die **Fühler**) wird der momentane Zustandswert (der **Ist-Wert**) an das Regulationszentrum im Hypothalamus (den **Regler**) übermittelt und mit dem gewünschten Zustandswert (dem **Soll-Wert**) verglichen. Bei Abweichungen werden durch Nervensignale oder Hormone (die **Stellgrößen**) physiologische Gegenmaßnahmen (die **Stellglieder**) aktiviert. Solche Abweichungen werden in der Regel durch Außeneinflüsse (die **Störgrößen**) verursacht.

Der Erfolg der Korrekturmaßnahme wird dem Regler zurückgemeldet (**negative Rückkopplung**).
Physiologische Regelkreise, in denen Hormone als **Stellgrößen** wirken, sind **dreistufig** aufgebaut.

Das Regulationszentrum, der **Hypothalamus**, setzt ein **Releasing-Hormon** frei, das in der Regel bewirkt, daß von der **Hypophyse** ein zweites Hormon in den Blutkreislauf gelangt. Dieses **Hypophysen-Hormon** beeinflußt die Freisetzung eines dritten Hormons aus einer Hormondrüse im Körper. Dieses **Wirk-Hormon** löst in seinen Zielzellen spezifische Reaktionen aus.

Erfolgt die negative Rückkopplung über die Konzentrationsänderungen des physiologisch wirksamen dritten Hormons, wird das Hormon zur **Regelgröße**.

4. Aufgaben und Leistungen der Hormone

4.1 Übersicht über die Hormone des menschlichen Organismus

Die wichtigsten hormonproduzierenden Drüsen im menschlichen Organismus zeigt Abb. 88. Es ist jeweils angegeben, welche Hormone eine Drüse produziert und freisetzt, zu welcher Stoffgruppe die Hormone gehören und welche Hauptwirkungen sie im Körper entfalten.
Der Hypothalamus nimmt – wie schon erläutert – in der Hierarchie der Hormondrüsen die oberste Position ein. Als Teil des Gehirns fungiert er als eine Art **Schaltzentrale**, die Informationen von Nervenzellen anderer Gehirnzentren und Informationen aus dem inneren Milieu des Körpers quasi verrechnet und über die Freisetzung von Releasing-Hormonen die direkt unter ihm liegende Hypophyse steuert. Man kennt heute 7 verschiedene Hypothalamus-Hormone, die die Freisetzung von 6 verschiedenen Hypophysen-Hormonen kontrollieren. Ein Teil der Hypophysen-Hormone wiederum kontrolliert die Freisetzung weiterer Hormone aus peripheren Drüsen im Körper. Einige entfalten jedoch unmittelbare Wirkungen.
Zu den von der Hypophyse kontrollierten Hormondrüsen im Körper gehören die Schilddrüse, die Nebennierenrinde und die Keimdrüsen (Eierstöcke und Hoden). Die Bauchspeicheldrüse und das Verdauungssystem arbeiten ohne hierarchische Kontrolle. Sie können allerdings durch das **vegetative Nervensystem** beeinflußt werden. Das Nebennierenmark wird sogar ausschließlich durch den Sympathicus stimuliert *(vgl. Kap. A.9)*.

4.2 Die Regulation des Blutzuckerspiegels

Wir wollen nun an einem konkreten Beispiel die regulatorischen Leistungen von Hormonen etwas genauer darstellen.
Wir haben uns für die Regulation des Blutzuckerspiegels entschieden, weil wir an diesem Beispiel sehr anschaulich die Folgen einer Fehlregulation erläutern können.
Der Blutzuckerspiegel (exakter: die Blutzuckerkonzentration) wird in unserem Organismus in einem Normbereich von 0,8-1,0 g/l **konstant gehalten**. Dadurch wird – ganz gleich, ob wir einen geruhsamen oder sportlich aktiven Tag hinter uns bringen – sichergestellt, daß **alle Zellen**, vor allem aber die empfindlichen Gehirnzellen, kontinuierlich mit ihrem wichtigsten Brennstoff **versorgt** werden: mit **Glucose**.
Durch die Glucose-Aufnahme mit der Nahrung kann diese kontinuierlich Versorgung nicht gewährleistet werden; dafür essen wir zu selten.

Natürlich wäre vorstellbar, daß nach jeder Mahlzeit der Blutzuckerspiegel entsprechend der Kohlenhydratmenge ansteigt und dann mit dem Glucose-Verbrauch der Zellen wieder abfällt bis zu einem kritischen Wert, der dann ein entsprechendes Hungergefühl erzeugt. So ähnlich funktioniert das auch *(vgl. Kap. D.5.2)*. Leider ist auch ein zu **hoher** Blutzuckerspiegel – wie wir noch erläutern – langfristig gesund-

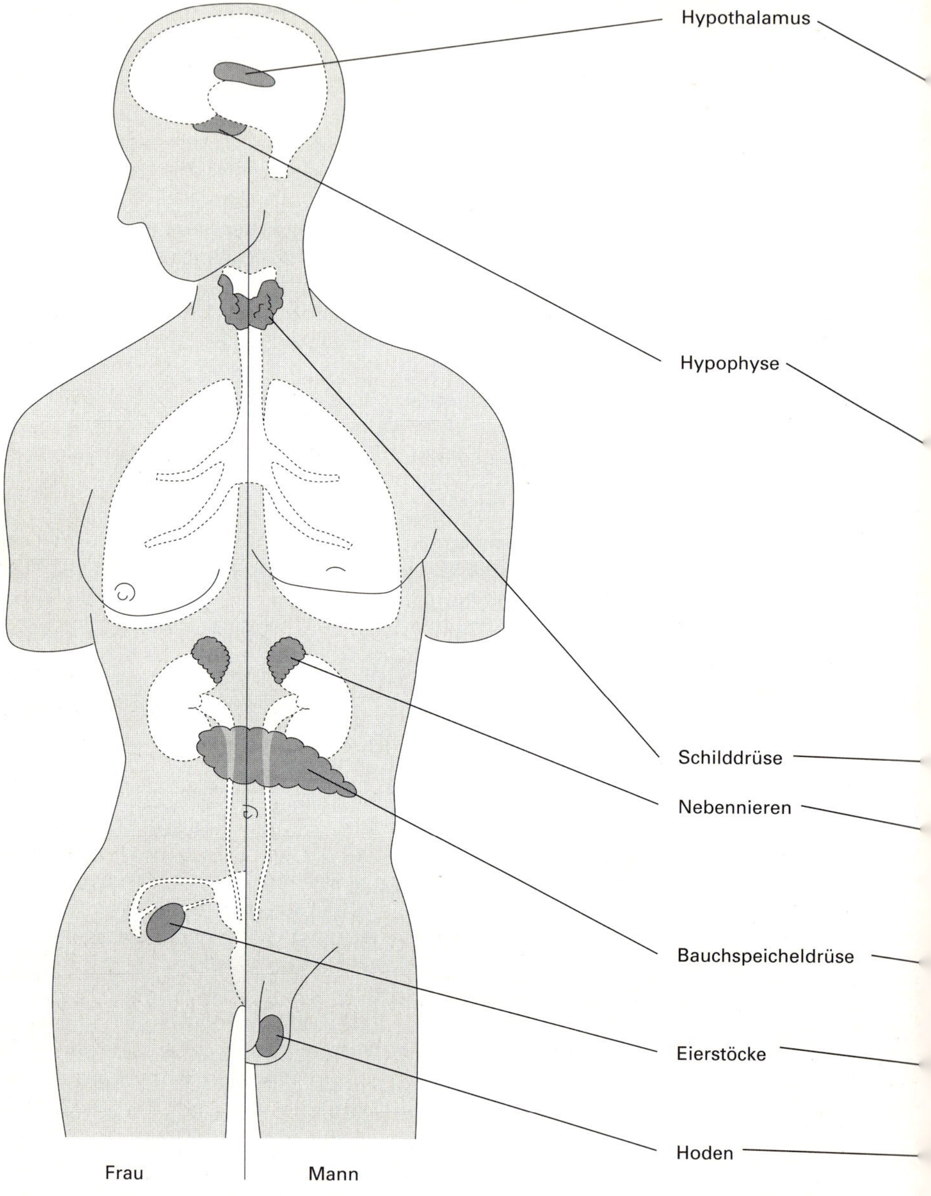

Abb. 88 Übersicht über die wichtigsten hormonproduzierenden Drüsen und ihre Funktion beim Menschen

Thyreotropin-Releasinghormon, TRH (Peptid)	Stimulation der Freisetzung von TSH
Corticotropin-Releasinghormon, CRH (Peptid)	Stimulation der Freisetzung von ACTH
Gonadotropin-Releasinghormon, LHRH (Peptid)	Stimulation der Freisetzung von FSH und LH
Wachstumshormon-Releasinghormon, (Peptid)	Stimulation der Freisetzung von Wachstumshormon
Wachstumshormon-Inhibitinghormon, (Peptid)	Hemmung der Freisetzung von Wachstumshormon
Prolactin-Releasinghormon, (Peptid)	Stimulation der Prolactinfreisetzung
Prolactin-Inhibitinghormon, (Peptid)	Hemmung der Prolactinfreisetzung
Schilddrüsenstimulierendes Hormon, (Protein)	Kontrolle der Freisetzung von Schilddrüsenhormonen
Adrenocorticotropes Hormon, ACTH (Peptid)	Kontrolle der Freisetzung von Cortisol
Follikelstimulierendes Hormon, FSH (Protein)	Stimulation der Follikelreifung
Luteinisierendes Hormon, LH (Protein)	Auslösen des Eisprungs, Gelbkörper-Bildung
Wachstumshormon, (Protein)	Stimulation des Wachstums
Prolactin, (Protein)	Anregung der Milchproduktion
Vasopressin, (Peptid)	Kontrolle des Wasserhaushaltes
Oxytocin, (Peptid)	Uteruskontraktion und Milchfluß
Thyroxin, Trijodthyroxin, (Aminosäureabkömmling)	Kontrolle des Grundumsatzes
Cortisol, (Steroid)	Sicherung der Energieversorgung, Hemmung des Immunsystems
Aldosteron, (Steroid)	Regulation des Mineralhaushaltes
Adrenalin, Noradrenalin, (Aminosäureabkömmlinge)	Körperliche Belastungen, Streßreaktion
Insulin, (Peptid)	Senkung des Blutzuckerspiegels
Glucagon, (Peptid)	Erhöhung des Blutzuckerspiegels
Östradiol, (Steroid)	Ausbildung weiblicher Geschlechtsmerkmale
Progesteron, (Steroid)	Regulation des Menstruationscyklus
Testosteron, (Steroid)	Ausbildung männlicher Geschlechtsmerkmale

heitsgefährdend. Die aufgenommene Glucose muß also möglichst schnell **gespeichert** werden.

Dafür gibt es 3 Möglichkeiten: in der Leber, in der Skelettmuskulatur und im Fettgewebe *(vgl. Abb. 89).*
In der Leber und in den Muskeln wird die Glucose in Form von **Glycogen** gespeichert. Die Speicherkapazität ist allerdings begrenzt. Sie beträgt in der Leber 50-100 g, in der Muskulatur 200-400 g. Nach Überschreiten der Speichergrenze verwandelt die Leber alle weiteren Glucose-Moleküle in Fettsäuren, die dann über den Blutweg zu den Fettzellen transportiert und dort in Form von **Fett** (Triglyceride) deponiert werden.
Die Speicherung der Glucose in Form von Glycogen und der Fettsäuren in Form von Triglyceriden ist das Ergebnis enzymatisch katalysierter Reaktionen. Die jeweiligen **Enzyme** in den Leber-, Muskel- und Fettzellen müssen dazu **aktiviert** werden. Das einzige Hormon, das diese Aktivierung bewirkt, ist das schon angesprochene **Insulin**.

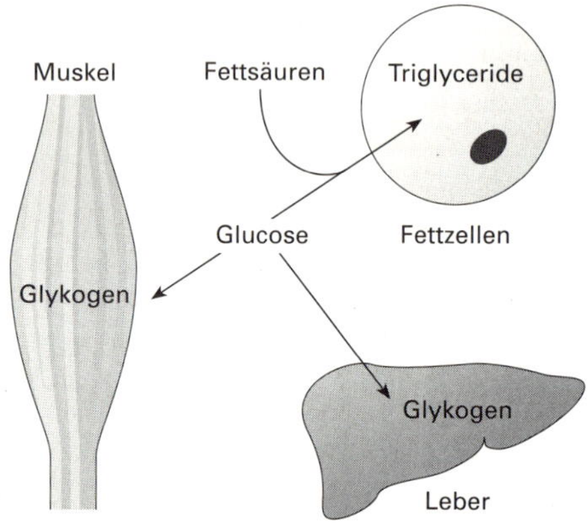

Abb. 89 Möglichkeiten der Glucose-Speicherung, die durch Insulin aktiviert werden

– Wie bewirkt Insulin die Senkung des Blutzuckerspiegels?

Wir wollen die recht komplizierten Zusammenhänge wieder Schritt für Schritt anhand einer schematischen Darstellung erläutern *(vgl. Abb. 90).*

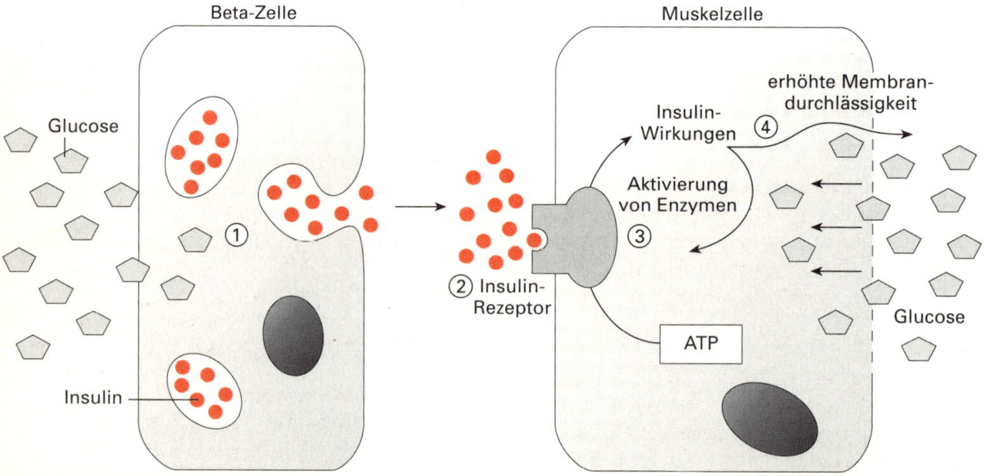

Abb. 90 Schema zur Insulin-Wirkung, Erläuterungen im Text

① Insulin wird von speziellen Zellen der Bauchspeicheldrüse (den sogenannten β-Zellen) produziert und immer dann ins Blut **freigesetzt**, wenn der Blutzuckerspiegel den Normbereich von 1 g/l **übersteigt**. Die erhöhte Glucosekonzentration wird in den β-Zellen selbst gemessen und führt sehr rasch zur Freisetzung von Insulin *(vgl. Abb. 95a)*.

② Da Insulin zu den Peptidhormonen gehört, entfaltet es seine Wirkung über die Bindung an einen **Rezeptor** in der Zellmembran. Abb. 91 zeigt ein **Modell** dieses Rezeptors. Es handelt sich um ein typisches integrales Membranprotein, zusammengesetzt aus 4 Polypeptidketten (2 α- und 2 β-Ketten), die durch Schwefelbrücken miteinander verbunden sind. Der größte Teil des Moleküls ragt aus der Zellmembran heraus. In diesem extrazellulären Teil befindet sich auch die Bindungsstelle für Insulin.

③ Der intrazelluläre Teil des Rezeptors arbeitet als **Enzym**. Rezeptor und Enzym bilden hier also eine strukturelle und funktionelle Einheit; beides sind Eigenschaften eines Proteins. Das Enzym arbeitet als **Proteinkinase**. Wenn sich Insulin außen an den Rezeptor anlagert, wird innen die Proteinkinase **aktiviert**.

④ Insulin hat ein recht **umfangreiches Wirkungsspektrum**, das in der nebenstehenden Tabelle zusammengestellt ist. Alle Insulinwirkungen führen zu einem Absinken des Blutzuckerspiegels.

Auf welche Weise Insulin über die aktivierte Proteinkinase an der Zellmembran diese vielfältigen Stoffwechselveränderungen in Gang setzt, weiß zur Zeit niemand. Die Lösung ist Nobelpreis-verdächtig.

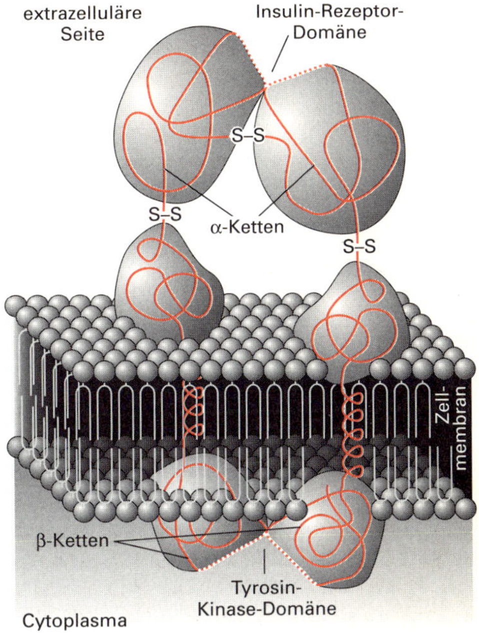

Abb. 91 Struktur des Insulin-Rezeptors

Membranpermeabilität
- Steigerung der Glucose-Aufnahme in Muskel- und Fettzellen

Kohlenhydratstoffwechsel
- Aktivierung der Glycogensynthese
- Aktivierung des Glucoseabbaus
- Hemmung des Glycogenabbaus

Fettstoffwechsel
- Aktivierung der Fettsäuren-Synthese
- Aktivierung der Fett-Bildung

Proteinstoffwechsel
- Aktivierung der Proteinbiosynthese

Tab. 4 Wirkungsprofil von Insulin

!

Insulin ist ein **Speicherhormon**. Es sorgt dafür, daß der Körper energiereiche Brennstoffe für magere Zeiten ansammelt.

Damit verfügt der Körper also über Reserven. Diese werden wichtig, wenn wir für längere Zeit keine Nahrung zu uns nehmen (z.B. nachts) oder wenn wir sehr viel Energie verbrauchen (z.B. beim Sport). Dann wird die gespeicherte **Glucose** aus den Glycogenvorräten wieder **freigesetzt**.

Allerdings wird nur die Glucose aus Leberglycogen ins Blut abgegeben. Glucose aus Muskelglycogen kann die Muskelzellen nicht verlassen und steht nur für die Energieversorgung der Muskeln zur Verfügung. Vermutlich werden aus diesem Grund die beiden enzymatischen Reaktionen von 2 verschiedenen Hormonen kontrolliert.

- Der Glycogen-Abbau in der **Leber** wird vor allem durch das Hormon **Glucagon** stimuliert. Glucagon wird ebenfalls von speziellen Zellen der Bauchspeicheldrüse (den sogenannten α-Zellen) produziert und dann freigesetzt, wenn der Blutzuckerspiegel den Normbereich **unterschreitet**.

  Bei chronischer Unterzuckerung können die Glycogen-Vorräte aufgrund der Glucagon-Wirkung völlig aufgebraucht sein. Dennoch wird von der Leber ins Blut Glucose abgegeben, die aus Aminosäuren gewonnen wurde. Diese **Glucoseneubildung** wird ebenfalls durch Glucagon gefördert.

  Die durch Glucagon ausgelösten Stoffwechselveränderungen sorgen für eine Normalisierung des Blutzuckerspiegels.
- Der Glycogen-Abbau in der Muskulatur erfolgt sowohl in Belastungssituationen mit rasch sinkendem Blutzuckerspiegel als auch in Streßsituationen. Dabei wird über eine Aktivierung des Sympathicus aus dem Nebennierenmark **Adrenalin** freigesetzt.

  Adrenalin fördert aber nicht nur den Glycogen-Abbau in der Muskulatur, sondern auch in der Leber. Außerdem wird der **Fettabbau** im Fettgewebe stimuliert. Das ist insofern sinnvoll, als die Muskelzellen nicht nur Glucose, sondern auch Fettsäuren als Brennstoffe verwerten können.

Das **vegetative Nervensystem** ist noch in anderer Weise an der Regulation des Blutzuckerspiegels beteiligt. Die Insulin-Freisetzung wird durch den Sympathicus gehemmt und durch den Parasympathicus gefördert.

Wir wollen nun abschließend die komplizierten Abläufe bei der Regulation des Blutzuckerspiegels in 2 Regelkreis-Schemata zusammenfassen. Wir geben einen Regelkreis vor; der zweite soll als Aufgabe gelöst werden.

Wir orientieren uns wieder an dem allgemeinen Regelkreis-Schema von S. 102 *(Abb. 84)*.

① Die Blutzuckerkonzentration ist die **Regelgröße**.

② Das **geregelte System** ist die Blutflüssigkeit.

③ Chemorezeptoren als **Fühler** zur Bestimmung der Glucosekonzentration befinden sich in den β-Zellen der Bauchspeicheldrüse und im Hypothalamus.

④ Die zu einem bestimmten Zeitpunkt gemessene Blutzuckerkonzentration stellt den **Ist-Wert** dar.

⑤ Es gibt **2 Regler**; einen in den β-Zellen der Bauchspeicheldrüse und einen im Hypothalamus.
⑥ **Soll-Wert** ist eine Blutzuckerkonzentration von 0,8-1,0 g/l.
⑦ Eine verstellbare **Führungsgröße** gibt es bei diesem Regelkreis nicht.
⑧ Bei den **Stellgrößen** handelt es sich zum einen um die freigesetzten Insulin-Moleküle, zum anderen um Nervensignale des Parasympathicus.
⑨ Als **Stellglieder** kommen alle Wirkungen in Frage, die in Tab. 4 aufgelistet sind.
⑩ Die **Störgröße** ist die Kohlenhydratzufuhr durch die Nahrungsaufnahme.

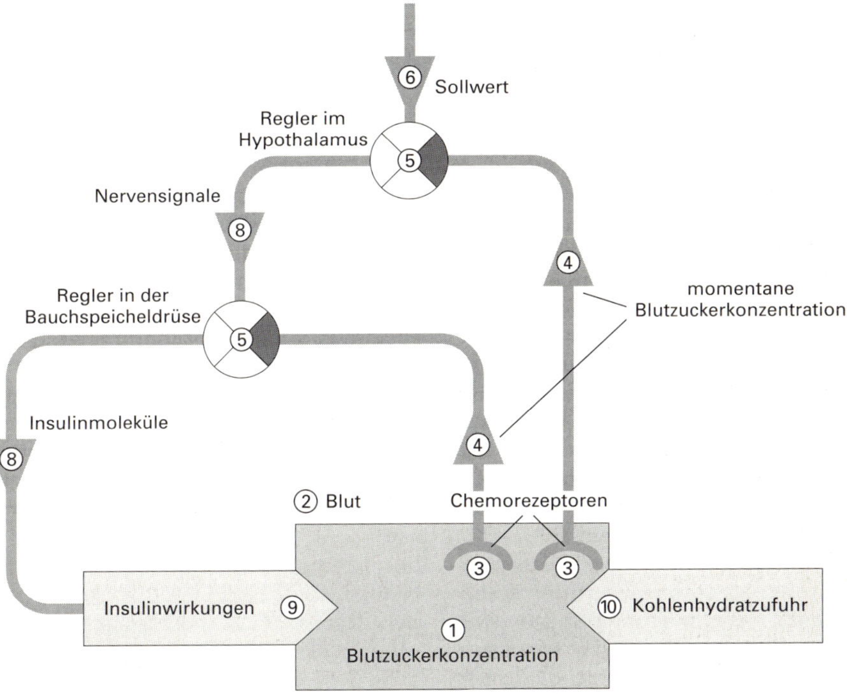

Abb. 92 Regelkreis zur Senkung des Blutzuckerspiegels nach Nahrungsaufnahme, Erläuterungen im Text

Aufgabe:

Konstruiere einen Regelkreis zur Regulation des Blutzuckerspiegels bei Unterzuckerung.

4.3 Fehlregulation am Beispiel der Zuckerkrankheit

Eigentlich ist die Bezeichnung „Zuckerkrankheit" irreführend, da sie nahelegt, den Zucker für die Ursache der Erkrankung zu halten.
Die Mediziner nennen die Krankheit präziser **Diabetes mellitus***, was soviel bedeutet wie „honigsüßes Hindurchfließen". Die Zuckerausscheidung im Urin ist aber nur das **Symptom** der Krankheit.
Ursache des Diabetes ist ein absoluter oder relativer **Insulinmangel**. Dementsprechend werden auch 2 Haupttypen der Krankheit unterschieden, die – etwas einfallslos – als Typ I und Typ II bezeichnet werden. Sie haben die alten Bezeichnungen „Jugenddiabetes" und „Altersdiabetes" abgelöst. Der **Typ I** ist durch den **absoluten**, der **Typ II** durch den **relativen Insulinmangel** charakterisiert.

4.3.1 Der Typ-I-Diabetes

Wichtigstes Kennzeichen des Typ-I-Diabetes ist die **vollständige Zerstörung der β-Zellen** in der Bauchspeicheldrüse durch einen entzündlichen Prozeß. Dadurch kommt die körpereigene Insulin-Produktion völlig zum Stillstand.
Der Typ-I-Diabetes tritt meist im Jugendalter auf (daher die alte Bezeichnung), kann aber auch bei älteren Menschen vorkommen. Die Beschwerden setzen **plötzlich** ein.
Durch den Ausfall der Insulin-Produktion reichert sich Glucose im Blut an. Wird dabei eine Blutzuckerkonzentration von 1,6 bis 1,8 g/l überschritten, scheiden die Nieren Glucose mit dem Urin aus; die „Nierenschwelle" wurde überschritten. Da die starke Zuckerlösung mit Wasser verdünnt wird, müssen Diabetiker häufiger zur Toilette. Der nicht unerhebliche Wasserverlust erzeugt einen entsprechenden **Durst**.
Da die ausgeschiedene Glucose nicht mehr als Energielieferant zur Verfügung steht, werden die Fett- und Eiweißreserven des Organismus angegriffen. Typ-I-Diabetiker sind daher eher **untergewichtig** und **abgemagert**.
Die **Entzündung der β-Zellen** wird durch einen fehlgeleiteten Angriff des körpereigenen Immunsystems verursacht. Der Typ-I-Diabetes gehört also zu den **Autoimmunkrankheiten**. Wie es dazu kommen kann, erläutern wir im nächsten Kapitel *(vgl. Kap. C.8.1)*.

4.3.2 Der Typ-II-Diabetes

Die meisten Typ-II-Diabetiker sind **übergewichtig**. Abb. 93 zeigt deutlich, wie sehr die Häufigkeit der Krankheit mit dem Körpergewicht zunimmt.

Auch mangelt es den Betroffenen, insbesondere im Vorstadium der Erkrankung, nicht an Insulin. Im Gegenteil. Häufig ist sogar ein **erhöhter Insulinspiegel** im Blut zu beobachten *(vgl. Abb. 95b)*.

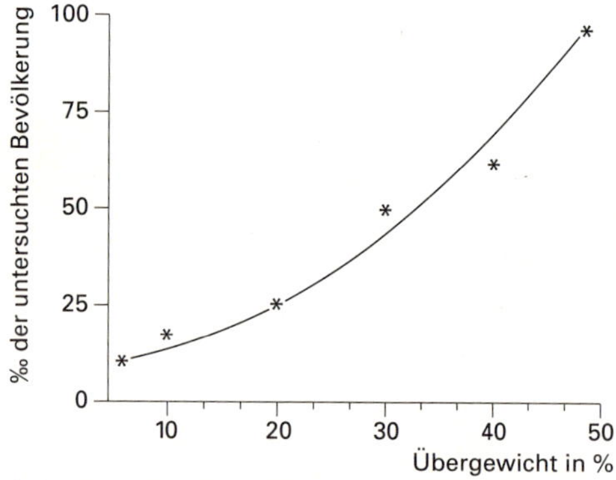

Abb. 93 Häufigkeit des Typ-II-Diabetes in Abhängigkeit vom Übergewicht (in %)

Die **Insulinwirkung bleibt** aber **aus**. Die wohlgenährten Zellen, die zur Aufnahme und Speicherung von Zucker veranlaßt werden sollen, reagieren nicht oder kaum auf das Insulin. Sie sind **Insulin-resistent**.

– Ursachen der Insulinresistenz

Die **Anzahl der Insulin-Rezeptoren** auf den Zielzellen ist nicht konstant und unterliegt großen Schwankungen. Sie wird von verschiedenen **Faktoren** beeinflußt: vom Ausmaß körperlicher Aktivitäten, vom Ernährungszustand, von Streß und von verschiedenen hormonellen Einflüssen, unter anderem von der Insulinkonzentration selbst.

Ein hoher Insulinspiegel verringert die Zahl der Insulin-Rezeptoren. Dieses Phänomen, das als **down-Regulation** bezeichnet wird, resultiert aus der Art und Weise, wie Insulin inaktiviert wird: Der Komplex aus Insulin und Rezeptor wird durch Endocytose ins Zellinnere geschleust und dort unter der Einwirkung lysosomaler Enzyme abgebaut.
Von der Anzahl der Insulin-Rezeptoren hängt aber ab, wieviel Glucose eine Zelle aufnehmen kann. Eine einfache Logik: weniger Insulin-Rezeptoren bedeutet weniger Glucose-Aufnahme in die Zellen.
Die weitaus **häufigste Ursache** für die Verminderung der Insulin-Rezeptoren ist die **Überernährung**. Welcher Teufelskreis dadurch in Gang kommt, zeigt schematisch Abb. 94.

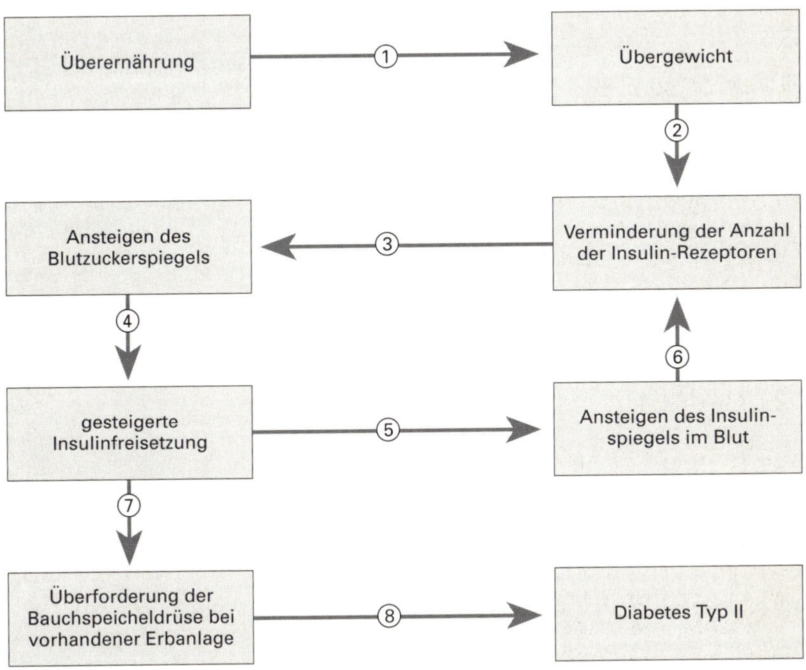

Abb. 94 Wirksame Faktoren bei der Entstehung des Typ-II-Diabetes

Wir wollen die Zusammenhänge wieder schrittweise erläutern.

① Die Überernährung führt unweigerlich zum Übergewicht.
② Das Übergewicht verursacht eine Verminderung der Anzahl der Insulin-Rezeptoren auf den Zielzellen.
③ Da die Zellen nur noch wenig oder gar keine Glucose mehr aufnehmen, steigt notwendigerweise der Blutzuckerspiegel.
④ Die β-Zellen reagieren auf die erhöhte Blutzuckerkonzentration mit einer gesteigerten Insulin-Freisetzung.
⑤ Der Insulinspiegel im Blut steigt deshalb an.
⑥ Dadurch verstärkt sich die Insulinresistenz der Zielzellen, weil durch die down-Regulation weitere Insulin-Rezeptoren aus der Zellmembran entfernt werden.
⑦ Die daraus resultierende **gesteigerte Insulinfreisetzung** bedeutet bei chronischem Übergewicht für die β-Zellen in der Bauchspeicheldrüse eine andauernde Überforderung.
⑧ Bei entsprechender **genetischer Disposition** (Erbanlage) – nicht alle Übergewichtigen werden Diabetiker – führt das langsam zu einer **zunehmenden Verschlechterung der Insulin-Produktion**, die schließlich nicht mehr ausreicht, um die Insulin-resistenten Zielzellen zur Glucose-Aufnahme und -Speicherung zu veranlassen.

Die folgenden Kurven *(vgl. Abb. 95)* demonstrieren diese Zusammenhänge noch einmal sehr eindrucksvoll. Sie wurden durch einen **Belastungstest** ermittelt.
Die Versuchspersonen trinken im nüchternen Zustand eine Zuckerlösung mit 100 g Glucose. Danach wird im Abstand von einer halben Stunde Blut entnommen und sowohl die Glucose- wie auch die Insulinkonzentration bestimmt.
Getestet wurden ⓐ 10 gesunde, normalgewichtige Personen, ⓑ 9 Übergewichtige ohne manifesten Diabetes und ⓒ 9 Typ-II-Diabetiker.

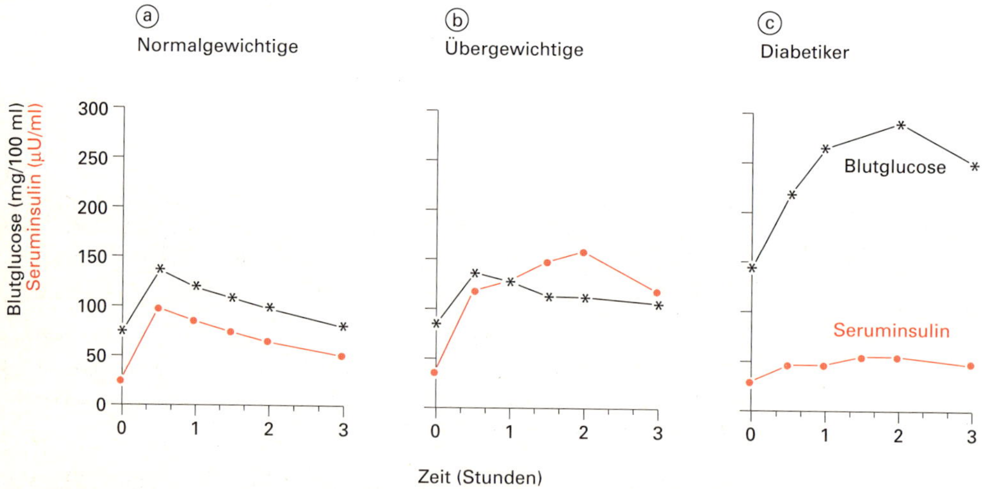

Abb. 95 Konzentrationsänderungen von Blutzucker und Insulin im Glucose-Belastungstest, Erläuterungen im Text

B/8

Aufgabe:

Vergleiche die Kurven der 3 Testgruppen und begründe, wie sie zustande kommen.

Nach allem bleibt zu klären, warum ein **hoher** Blutzuckerspiegel so **gefährlich** ist.
Ein Teil der Folgen wurde bereits geschildert: die Zuckerausscheidung mit dem Harn, wodurch dem Körper täglich mehrere hundert Gramm Glucose verloren gehen, verbunden mit der unfreiwilligen Entwässerung.
Da Glucose nicht gespeichert wird, müssen die Zellen auf einen anderen Brennstoff ausweichen: die Fettdepots des Körpers werden mobilisiert. Durch den gesteigerten Fettsäuren-Abbau in den Zellen kommt es zu vermehrtem Auftreten von sauren Stoffwechselprodukten (z. B. Aceton), die ins Blut abgegeben werden. Das kann zu einer **Übersäuerung** des Blutes führen, die unbehandelt einen lebensbedrohlichen Schockzustand auslöst: das **diabetische Koma**.
Die erhöhten Blutzucker- und Blutfettspiegel verursachen langfristig **Gefäßverengungen** (Arteriosklerose), die zu Durchblutungsstörungen aller Art führen. Betroffen sind praktisch alle Abschnitte des arteriellen Gefäßsystems, besonders jedoch kleine Gefäße in der Netzhaut des Auges und in den Nieren sowie größere Gefäße im Gehirn, am Herz und in den Beinen.

B/9

Aufgabe:

Auf welche Weise sollte a) der Typ-I-Diabetes, b) der Typ-II-Diabetes behandelt werden?

4.4 Zusammenfassung

Der Blutzuckerspiegel wird in einem Normbereich von 0,8 bis 1,0 g/l **konstant** gehalten. Dadurch wird sichergestellt, daß alle Zellen (vor allem im Gehirn) kontinuierlich mit **Glucose** versorgt werden.

Glucose kann in der Leber und in der Skelettmuskulatur in Form von Glycogen und im Fettgewebe in Form von Fett **gespeichert** werden. Dazu müssen die entsprechenden **Enzyme durch Insulin aktiviert** werden.

Insulin ist ein Peptidhormon, das seine Wirkung über die Bindung an einen Rezeptor in der Membran der Zielzellen entfaltet.

Der **Insulin-Rezeptor** arbeitet intrazellulär als **Proteinkinase**. Dieses Enzym phosphoryliert andere Zellproteine, die dadurch in ihrer **Aktivität** beeinflußt werden. Sie sind für das umfangreiche Wirkungsspektrum von Insulin verantwortlich. Alle Insulin-Wirkungen führen zu einer **Senkung** des Blutzuckerspiegels.

Bei Bedarf wird Glucose aus den Glycogen-Speichern wieder freigesetzt. Der Glycogen-Abbau in der Leber wird durch **Glucagon** stimuliert.

Adrenalin fördert den Glycogen-Abbau in der Muskulatur und den Fett-Abbau im Fettgewebe.

Der Blutzuckerspiegel wird nicht nur hormonell, sondern auch durch das **vegetative Nervensystem** reguliert. Die Insulin-Freisetzung wird durch den Sympathicus gehemmt und durch den Parasympathicus gefördert.

Beim **Diabetes mellitus** (Zuckerkrankheit) kommt es zu einem unphysiologischen Anstieg des Blutzuckerspiegels, so daß schließlich Glucose mit dem Urin ausgeschieden wird.

Ursache des Diabetes ist ein absoluter oder relativer **Insulinmangel**.

Beim **Typ-I-Diabetes** kommt es zu einer vollständigen Zerstörung der ß-Zellen in der Bauchspeicheldrüse durch einen entzündlichen Prozeß. Dadurch fällt die körpereigene Insulin-Herstellung **völlig aus**.

Beim **Typ-II-Diabetes** führt vor allem Übergewicht zu einer **Verminderung der Anzahl der Insulin-Rezeptoren** auf den Zielzellen, die dadurch schlechter auf Insulin ansprechen (Insulinresistenz). Durch den **Rezeptor-Mangel** wird der Blutzuckerspiegel nicht wirkungsvoll gesenkt, wodurch die Insulin-Freisetzung gesteigert wird. Bei entsprechender genetischer Disposition führt das über Jahre zu einer Verschlechterung der Insulin-Produktion.

C. Immunsystem

1. Einführung

Viele Leser werden sich vermutlich fragen, was ein Kapitel über das Immunsystem* in einem Buch zu suchen hat, das sich mit den Kommunikationssystemen des menschlichen Körpers beschäftigt. Traditionell wird die Immunbiologie dem Themenkreis „Blut“ zugerechnet. Einige Aspekte (z. B. Struktur und Funktion der Antikörper) werden zuweilen in der „Molekulargenetik“ behandelt.
Wir haben uns zu dieser ungewöhnlichen Darstellung entschlossen, weil es zwischen Nervensystem, Hormonsystem und Immunsystem ganz wesentliche Zusammenhänge gibt:

1. Alle drei Systeme tragen – wenn auch in unterschiedlicher Weise – dazu bei, den Organismus vor Umgebungseinflüssen zu schützen und die Homöostase aufrecht zu erhalten.
2. Alle drei Systeme arbeiten auf der molekularen Ebene nach den gleichen Prinzipien: durch den Austausch von Botenstoffen.
3. Alle drei Systeme kommunizieren über diese Botenstoffe auch untereinander und beeinflussen sich in ihren Aktivitäten gegenseitig.

Zum Immunsystem, auch **Abwehrsystem** genannt, werden alle Mechanismen gerechnet, die den Organismus vor Angriffen durch Krankheitserreger schützen. Diese Angriffe können erfolgen durch:

- Mikroorganismen (Viren, Bakterien)
- Pilze
- Parasiten (Einzeller, Würmer)
- Chemikalien (Gifte)

Wir werden in unserer Darstellung nur die Mikroorganismen und die gegen sie gerichteten Abwehrmaßnahmen berücksichtigen.

!

Die Fähigkeit eines Organismus, sich vor Angriffen durch Krankheitserreger zu schützen, macht ihn **immun**.

Diese Immunität ist zum Teil angeboren, zum Teil erworben.

Die **angeborene Immunität** umfaßt all die Abwehrmaßnahmen, die ein Individuum von Geburt an besitzt und die in der Regel stets verfügbar sind. Es handelt sich im wesentlichen um **physikalische und chemische Barrieren** auf den Oberflächen der Haut und den Schleimhäuten der Lunge, der Verdauungsorgane und der Geschlechtsorgane; ihre Aufgabe ist es, das Eindringen von infektiösen* Mikroorganismen zu verhindern. Diese Barrieren verleihen jedem Organismus eine **natürliche Resistenz*** gegenüber Infektionen *(vgl. Kap. C.3)*.
Die Mikroorganismen haben sich aber so entwickelt, daß es vielen ohne weiteres möglich ist, der Zerstörung zu entgehen und diese Körperbarrieren zu überwinden. In diesen Fällen kommen die **Zellen des**

Immunsystems zum Zug: sie **erkennen** die eingedrungenen Erreger und lösen eine sehr **spezifische Immunreaktion** aus, die im Idealfall die Zerstörung der Eindringlinge bewirkt. Als Folge dieses Ereignisses wird das Immunsystem selbst verändert. Wenn es erneut mit demselben Mikroorganismus konfrontiert wird, setzt die Immunreaktion **schneller** und **wirkungsvoller** als beim Erstkontakt ein. Diese **erworbene Immunität** bleibt dann in der Regel lebenslang erhalten *(vgl. Kap. C.6).*

Bevor wir die Mechanismen der angeborenen und der erworbenen Immunität im einzelnen darstellen, wollen wir kurz die Mikroorganismen behandeln, gegen die die Abwehrmaßnahmen gerichtet sind.

2. Bakterien und Viren als Krankheitserreger

Bakterien sind 0,5-5 µm kleine, meist einzellige Organismen, die zu den Prokaryonten gehören *(vgl. Cytologie-Band, Kap. A.3.5).* Sie ernähren sich meist durch den Abbau von Nährstoffen in ihrem Lebensraum und vermehren sich durch eine einfache Zellteilung.

Bakterien sind **allgegenwärtig**. Sie sind wichtige Glieder in allen ökologischen Systemen. Es gibt fast keinen Lebensraum, den sie im Laufe der Evolution nicht besiedelten, und es gibt fast keine Nahrungsquelle, die nicht von Bakterien erschlossen wurde. So ist es nicht weiter verwunderlich, daß auch der menschliche Körper als Lebensraum und Nahrungsquelle „entdeckt" wurde.

Auch wenn wir es nicht wahrhaben wollen: der gesunde menschliche Körper ist an seinen äußeren und inneren Oberflächen mit Milliarden von Bakterien besiedelt.

So sollen sich auf der normalen, gesunden Haut allein 1 Million Bakterien pro cm^2 (!) befinden.

Sie leben dort von unseren Ausscheidungen und abgestorbenen Hautzellen, **ohne** uns **zu schaden**. Den Bakterien im Dickdarm, allen voran das berühmte „E. coli", wird sogar eine **symbiontische*** Funktion zugeschrieben. Sie sollen wesentlich zur Versorgung mit Vitamin K, das an der Blutgerinnung beteiligt ist, beitragen.

Pathogen* werden Bakterien erst, wenn sie in das Körpergewebe **eindringen**. Dabei setzen sie zell- und gewebeschädigende **Enzyme** frei. Außerdem produzieren viele pathogene Bakterien Substanzen, die im menschlichen Organismus als **Toxine*** wirken und schwere Schädigungen hervorrufen können. So blockiert z. B. das Tetanustoxin, das vom Erreger des Wundstarrkrampfes an einer Wunde erzeugt wird, die Freisetzung von Transmittern an hemmenden Synapsen des Rückenmarks, was zu Muskelkrämpfen, Lähmungen und schließlich zum Atemstillstand führen kann. Es gibt auch Bakterien, die – ähnlich wie Viren – in Körperzellen eindringen und sich **intrazellulär** vermehren. Die befallenen Zellen werden dadurch zerstört.

In Tab. 5 sind einige **Infektionskrankheiten** zusammengestellt, die durch Bakterien hervorgerufen werden.

Atemwege: Diphtherie, Bronchitis, Tuberkulose, Mandelentzündung, Lungenentzündung
Verdauungssystem: Cholera, Salmonellosen, Magenschleimhautentzündung
Geschlechtsorgane: Syphilis, Gonorrhö (Tripper), Harnwegsentzündung
Nervensystem: Tetanus, Botulismus, Meningitis
Blut/Lymphsystem: Pest
Haut/Unterhautgewebe: „Pickel"

Tab. 5 Übersicht über die wichtigsten Infektionskrankheiten, die von Bakterien hervorgerufen werden.

Viren sind die kleinsten Krankheitserreger. Ihr Durchmesser beträgt nicht mehr als 0,2 µm. Hätte eine menschliche Körperzelle den Umfang dieses Buches, wäre ein Virus etwa so groß wie ein Stecknadelkopf.
Viren sind merkwürdige Geschöpfe. Sie bestehen nur aus einer kleinen Menge Erbinformation (DNA oder RNA), die in eine Protein-Hülle verpackt ist. Bei einigen Viren ist dieses **Nucleokapsid** noch von einer Membran umhüllt. Das ist alles.
Viren betreiben keinen Stoffwechsel und wachsen auch nicht. Um sich zu **vermehren**, müssen sie Zellen befallen, die über diese Fähigkeiten verfügen. Die Viren schieben dann diesen Zellen ihren genetischen Befehl unter, und der lautet immer gleich: Anfertigung vieler neuer Viren *(vgl. Genetik-Band, Kap. F.4.3)*.
Pathogen werden Viren auf verschiedene Weise. Die meisten Zellen werden unmittelbar durch die Virus-Vermehrung zerstört. In einigen Fällen erfolgt die Zerstörung durch die Immunreaktion auf die Virus-Vermehrung. Schließlich gibt es Viren, die Krebs hervorrufen können. Bei einigen Infektionskrankheiten (z. B. Herpes-Bläschen) verweilen die Viren nach der Infektion lebenslang im Körper und schädigen ihn nur, wenn das Immunsystem geschwächt ist *(vgl. Kap. C.8.3)*.

In Tab. 6 sind einige **Infektionskrankheiten** zusammengestellt, die durch Viren hervorgerufen werden.

Atemwege: Schnupfen, Lungenentzündung
Verdauungssystem: Hepatitis, Gelbfieber, Mumps
Geschlechtsorgane: Herpes-Bläschen, Warzen
Nervensystem: Meningitis
Blut/Lymphsystem: AIDS
Haut/Unterhautgewebe: Herpes-Bläschen, Pocken, Windpocken, Masern, Röteln, Warzen

Tab. 6 Übersicht über die wichtigsten Infektionskrankheiten, die durch Viren hervorgerufen werden

C/1

Aufgabe:

Wie unterscheiden sich die Vermehrungsweisen von Bakterien und Viren?

C/2

Aufgabe:

Wodurch schädigen a) Bakterien, b) Viren den befallenen Organismus?

3. Natürliche Resistenz

Die natürliche Resistenz existiert als Teil der angeborenen Immunität von Geburt an und besteht **aus vielen Faktoren**, denen aber eines gemeinsam ist: sie wirken **unspezifisch** gegen fast alles, was den Körper von außen bedroht.
Erste Barrieren für Krankheitserreger sind die Haut und die Schleimhäute der verschiedenen Körperhöhlen *(vgl. Abb. 96)*.

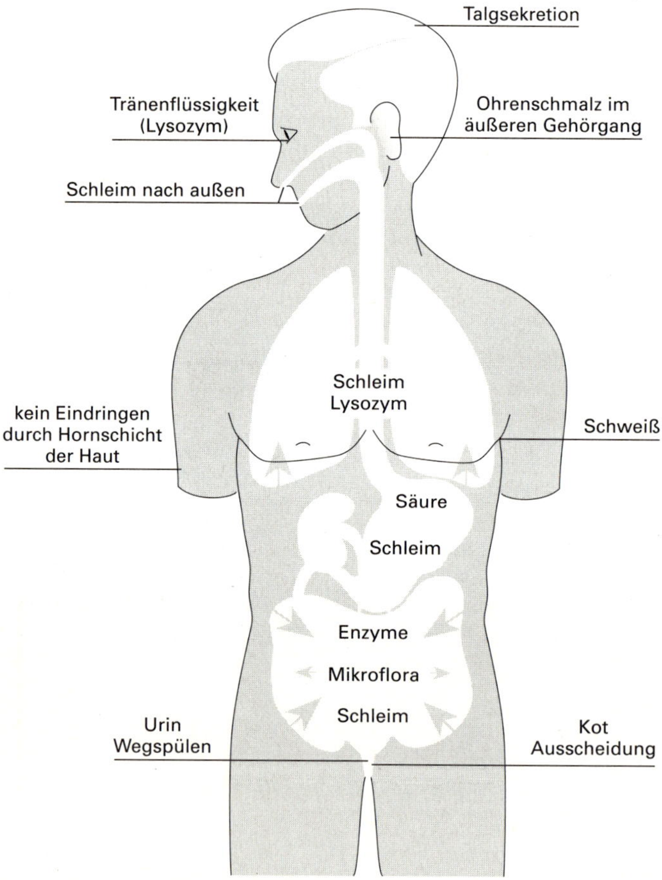

Abb. 96 Die physikalischen und chemischen Faktoren der natürlichen Resistenz, Erläuterungen im Text

Von diesen äußeren und inneren Epithelien* werden unter anderem **Säuren** gebildet, die die Mikroorganismen zerstören. Das bekannteste Beispiel ist die Salzsäure-Sekretion im Magen *(vgl. Stoffwechsel-Band, Kap. A.3.2.2)*.

In der Tränenflüssigkeit und in Sekreten der Lunge und des Verdauungssystems sind abbauende **Enzyme** enthalten, wie z. B. Lysozym, das den Abbau bakterieller Zellwände katalysiert.

In der Lunge können sich die Mikroorganismen im **Schleim** verfangen. Außerdem werden sie durch die Tätigkeit der Flimmerhärchen nach außen transportiert. Durch Husten und Niesen werden Fremdstoffe im Schleim ebenfalls sehr wirkungsvoll aus dem Körper entfernt (leider aber auch ebenso wirkungsvoll verbreitet).

Gesunde Menschen beherbergen in ihrem Darm viele symbiontische Bakterien. Diese individuelle **Mikroflora** behindert in der Regel das Wachstum von Krankheitserregern.

Mikrobielle Verdrängung spielt auch auf anderen Epithelien eine wichtige Rolle.

Wenn jedoch den Mikroorganismen das Eindringen in das Körpergewebe gelingt, werden sie erneut von einer ganzen Palette **antimikrobieller Substanzen** attakiert, die als Reaktion auf die Infektion sehr schnell aktiviert oder gebildet werden. Zu diesen Substanzen gehören wiederum **abbauende Enzyme** und **Säuren**, die Bakterien und Viren unspezifisch abtöten.

Eine dieser Substanzen, das **Interferon**, spielt bei viralen Infektionen eine besondere Rolle. Während sich die Viren innerhalb der Körperzellen vermehren, können sie nicht gezielt bekämpft werden. In dieser Phase wirkt Interferon: es hemmt die Virus-Vermehrung unspezifisch.

Unspezifisch wirkt auch das **Komplement-System**. Es besteht aus mehr als zehn verschiedenen Proteinen, die sich in einem kaskadenartigen Vorgang gegenseitig aktivieren – ähnlich wie bei der Blutgerinnung *(vgl. Genetik-Band, Kap. B.4.1)*. Schließlich lagern sich einige dieser Proteine wie die Dauben eines Fasses so zusammen, daß dadurch Zellembranen regelrecht durchlöchert werden (**Perforation**). Einige Proteine locken Makrophagen an und fördern die **Phagocytose** *(vgl. Kap. C.5)*.

Alle hier aufgeführten Substanzen bieten einen in der Regel recht wirkungsvollen, aber dennoch sehr primitiven Schutz vor Krankheitserregern. An den effektiveren Abwehrmechanismen sind die Zellen des Immunsystems beteiligt. Wir wollen sie im nächsten Abschnitt vorstellen.

4. Die Zellen des Immunsystems

Alle Zellen des Immunsystems gehören zu den weißen Blutzellen oder **Leukocyten**. Im Gegensatz zu der relativ konstanten Zahl der roten Blutzellen (Erythrocyten) beim Gesunden ändert sich die Zahl der Leukocyten im Blut in Abhängigkeit von der Tageszeit und dem Aktivitätszustand des Immunsystems. Normal ist eine Variationsbreite von 4000–10000 Zellen pro μl Blut.

50–70% davon sind Granulocyten und 5 bis 10% sind Monocyten (Makrophagen). Diese Zellen wirken **unspezifisch** und gehören somit zu den angeborenen Abwehrmechanismen *(vgl. Kap. C.5)*.

Die restlichen 25–40% stellen die **Lymphocyten**. Das sind diejenigen Zellen, die in den Körper eingedrungene Mikroorganismen **erkennen** und **hochspezifische** Reaktionen gegen sie in Gang setzen *(vgl. Kap. C.6)*.

Alle Zellen des Immunsystems werden aus **pluripotenten*** **Stammzellen** im Knochenmark gebildet *(vgl. Abb. 97)*. Durch deren Teilungstätigkeit werden ständig Vorläuferzellen gebildet, aus denen dann wieder durch Teilung die verschiedenen Immunzellen hervorgehen. Die Zellen werden ins Blut abgegeben und gelangen auf diesem Weg in den gesamten Körper.

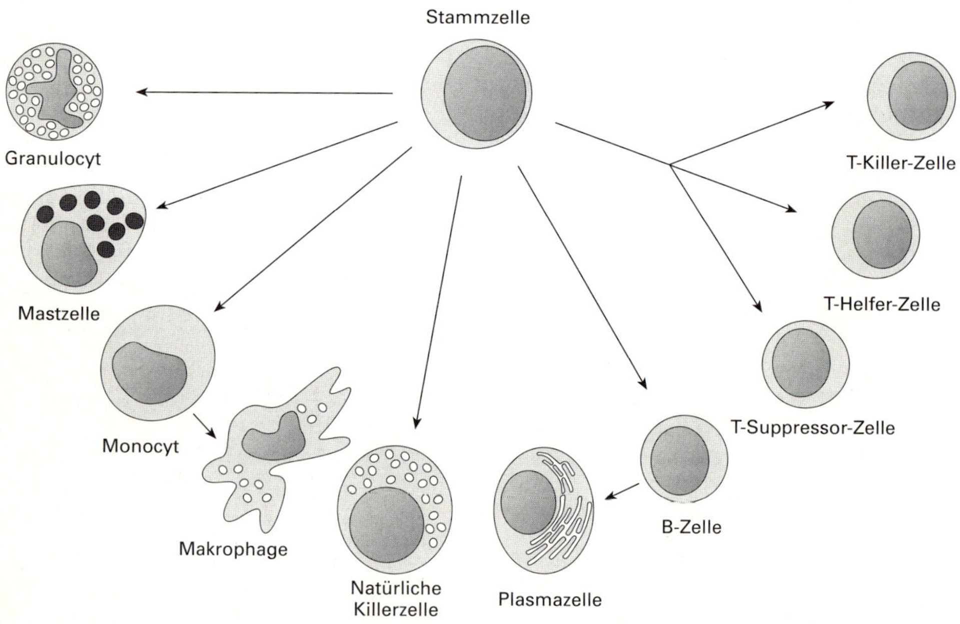

Abb. 97 Die Zellen des Immunsystems

5. Ablauf einer Immunreaktion

Wir wollen nun beschreiben, wie diese Armee aus weißen Blutzellen reagiert, wenn es einem Angreifer gelungen ist, ins Körpergewebe vorzudringen und sich dort zu vermehren. Wir wählen als Beispiel eine Virus-Infektion.

– Phagocytose

Der archaischste* Mechanismus, sich seiner Feinde zu entledigen, besteht darin, sie zu fressen. Es ist auch das Schicksal aller Krankheitserreger, die in den Körper eingedrungen sind, von phagocytierenden Zellen aufgenommen und abgebaut zu werden *(zu Phagocytose vgl. Stoffwechsel-Band, Kap. A.3.2)*.
Es gibt zwei Gruppen phagocytierender Zellen in unserem Körper:

a) **Granulocyten*** sind kurzlebige Zellen, die viele mit hydrolytischen Enzymen gefüllte Lysosomen enthalten *(vgl. Abb. 98a)*. Sie zirkulieren im Blut und sind in der Lage, als Reaktion auf eine lokale Invasion von Mikroorganismen in das befallene Gewebe einzuwandern. Granulocyten stellen die größte Gruppe unter den weißen Blutzellen.

b) **Makrophagen** (Riesenfreßzellen) stammen von im Blut zirkulierenden Vorläufer-Zellen (den Monocyten) ab, halten sich aber vor allem im Gewebe auf. Im Gegensatz zu den Granulocyten sind sie langlebiger, müssen aber erst aktiviert werden. Auch sie enthalten Lysosomen zur intrazellulären Zerstörung der aufgenommenen Bakterien und Viren *(vgl. Abb. 98b)*. Außerdem spielen sie eine wichtige Rolle bei der „Verarbeitung“ von Antigenen und deren „Präsentation“ für die Aktivierung der T-Zellen *(vgl. Kap. C.6.4)*.

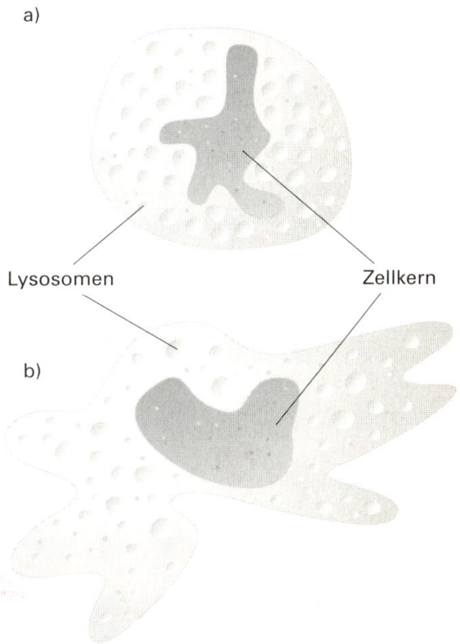

Abb. 98 Die Zellen der natürlichen Resistenz: a) Granulocyten, b) Makrophagen

– Entzündung

Die Phagocytose ist die wichtigste Komponente bei einer **Entzündung**. Sie erfolgt als Reaktion auf eine Gewebeschädigung durch die eingedrungenen Viren. So wie ein aktiver Muskel eine größere Blutzufuhr braucht, um mit Glucose und Sauerstoff versorgt zu werden, müssen Bestandteile des Immunsystems verstärkt an den Infektionsort gelangen. Das erfolgt im wesentlichen durch drei Vorgänge:

1. die Blutzufuhr zum Infektionsort wird erhöht;
2. die Durchlässigkeit der Endothelzellen, die die Blutgefäße auskleiden, wird gesteigert, so daß Substanzen leichter ins Gewebe gelangen können;
3. Granulocyten und (in geringerem Umfang) Makrophagen wandern aus dem Blut ins Gewebe ein, indem sie sich zwischen den Endothelzellen hindurchquetschen und mit Amöben-ähnlichen Bewegungen auf die Viren zuwandern und diese schließlich phagocytieren *(vgl. Abb. 99)*.

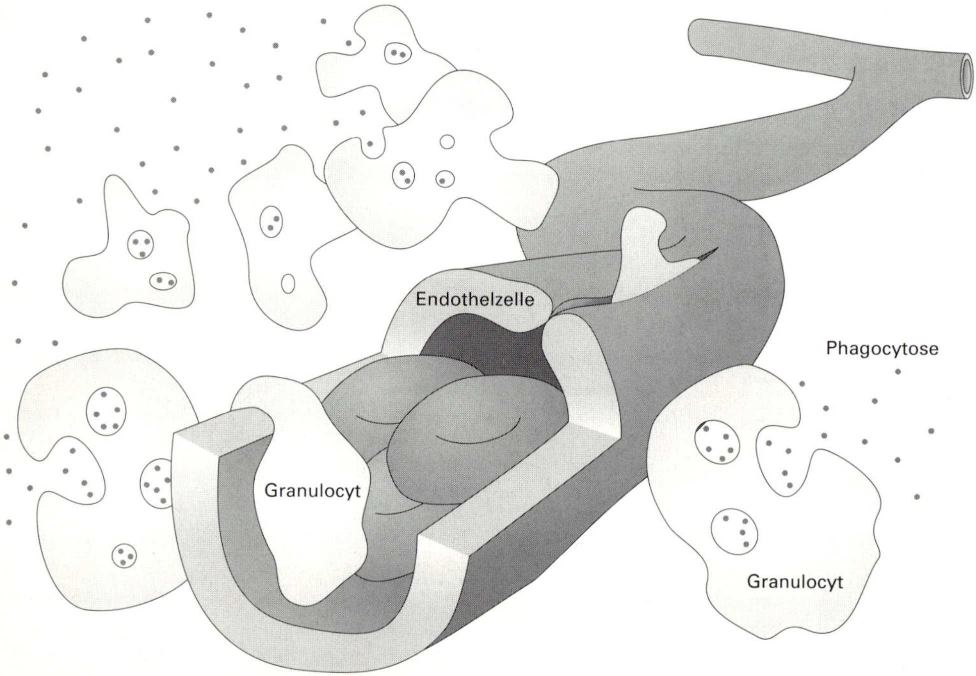

Abb. 99 Ablauf einer Entzündungsreaktion

Eine Entzündung ist also normalerweise nichts Schädliches, sondern Teil der Selbstheilungsmechanismen des Körpers als Reaktion auf eine Infektion mit Krankheitserregern.

– Fieber

Eine der häufigsten Begleiterscheinungen von Infektionen und Entzündungen ist **Fieber**. Es wird durch Bakterientoxine, aber auch durch körpereigene Botenstoffe (z. B. Interleukin 1) hervorgerufen. Diese **Pyrogene*** verstellen im Hypothalamus den

Soll-Wert der Temperatur-Regulation auf **über** 37°C. Der biologische Sinn dieser Temperaturerhöhung ist allerdings umstritten.

– Natürliche Killer-Zellen

Bei Virusinfektionen wirkt eine weitere Gruppe von Abwehrzellen: die **natürlichen Killer-Zellen**. Sie werden so genannt, weil sie einerseits auf die gleiche Weise virusinfizierte Zellen abtöten, wie die T-Killer-Zellen *(vgl. Kap. C.6.3)*. Andererseits können sie aber von diesen deutlich unterschieden werden, weil die natürlichen Killer-Zellen nur unspezifisch arbeiten. Woran sie die virusinfizierten Zellen erkennen, ist dabei unklar.

Wie natürliche Killer-Zellen virusinfizierte Zellen abtöten, ist durch elektronenmikroskopische Aufnahmen gut belegt *(vgl. Abb. 100)*.

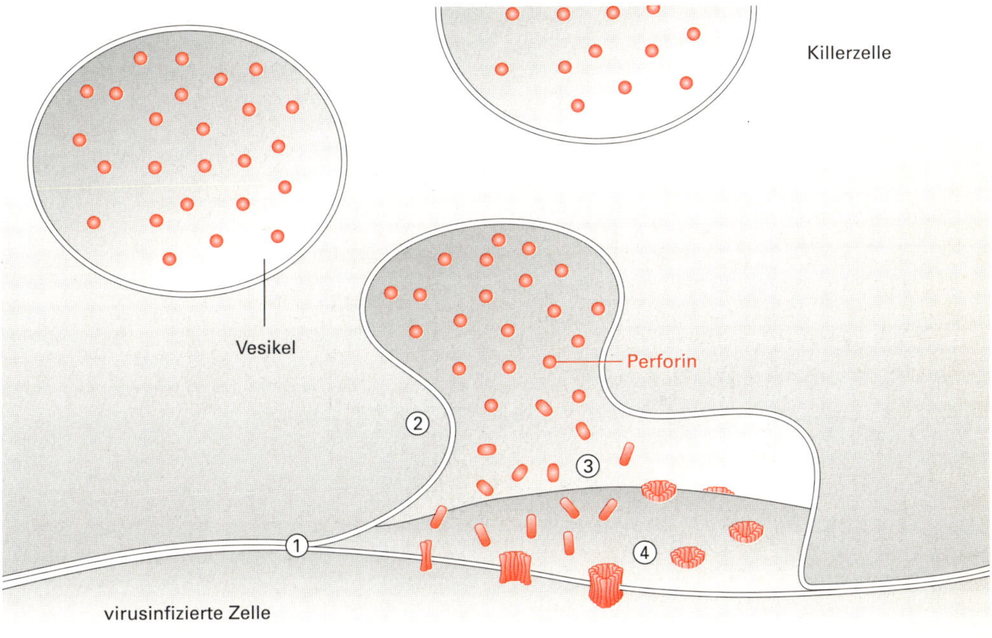

Abb. 100 Der Tötungsmechanismus von Killer-Zellen

① Wenn eine Killer-Zelle eine virusinfizierte Zelle entdeckt, nimmt sie mit dieser Kontakt auf und bindet sich über Rezeptoren an deren Zellmembran.

② Diese Bindung löst in der Killer-Zelle – über einen Anstieg der Ca^{++}-Ionenkonzentration – die Exocytose eines Proteins aus, das dort in Vesikeln gespeichert ist.

③ Dieses Protein – wegen seiner Wirkung **Perforin** getauft – verändert unter dem Einfluß der Ca^{++}-Ionen seine Raumstruktur und lagert sich in die Zellmembran der virusinfizierten Zelle ein.

④ Wenn sich mehrere Perforin-Moleküle wie die Dauben eines Fasses zusammenlagern, entsteht eine Pore, durch die Wasser und Salz in die Zelle eindringen. Unter dem zunehmenden Druck platzt schließlich die Zelle.

Die bisher beschriebenen Abwehrmechanismen sind, da angeboren, bei einer Infektion sofort verfügbar und gewährleisten in den ersten Tagen einen effektiven Schutz vor den Krankheitserregern. In dieser Zeit werden die **spezifischen** Abwehrmaßnahmen aktiviert.
- Maßgeschneiderte Antikörper fangen die Viren ein und verklumpen sie zu großen Aggregaten, die von Makrophagen verschlungen werden.
- Spezifische T-Killer-Zellen, die die virusinfizierten Körperzellen an ihrer Oberfläche erkennen, perforieren deren Zellmembran, um die Virus-Vermehrung zu stoppen.
- Makrophagen räumen die Zelltrümmer auf.

Entscheidend für diesen Teil der Immunreaktionen ist die Tatsache, daß sich die Abwehrmaßnahmen **hochselektiv gegen den Erreger** richten. Die Vorgänge, die zu dieser **spezifischen** Immunreaktion führen, benötigen einige Tage. Während dieser Zeit wird der Erreger identifiziert und die auf ihn spezialisierten Zellen werden aktiviert. Diese Form der Immunität wird also durch die Konfrontation mit dem Erreger **erworben**, bleibt aber dann in der Regel ein Leben lang erhalten.
Wir wollen in den nächsten Abschnitten ausführlich erläutern, worauf diese **erworbene Immunität** beruht.

6. Erworbene Immunität

6.1 Lymphocyten

Das Phänomen der erworbenen Immunität ist einzig und allein an die **Lymphocyten*** gebunden. Auch sie werden – wie alle anderen Immunzellen – aus den pluripotenten Stammzellen im Knochenmark gebildet *(vgl. Abb. 98)*.
Ein Teil der Lymphocyten besiedelt nach Verlassen des Knochenmarks sofort die Milz und die Lymphknoten. In diesen Organen findet die Zellreifung und -differenzierung statt. Diese Lymphocyten werden **B-Zellen** genannt (B von „bone marrow“, der englischen Bezeichnung für Knochenmark). Sie spezialisieren sich auf die Herstellung von Antikörpern *(vgl. Kap. C.6.3)*.
Ein anderer Teil der Lymphocyten durchwandert die **Thymusdrüse**, bevor sie ebenfalls Milz und Lymphknoten besiedeln. Diese Lymphocyten werden als **T-Zellen** (T von Thymusdrüse) bezeichnet. Sie erfahren in der Thymusdrüse eine Art **Prägung** auf ein bestimmtes Antigen *(vgl. Kap. C.6.4)*.

6.2 Die Theorie der klonalen Selektion

Die wichtigste Voraussetzung für eine gezielte Immunreaktion gegen einen eingedrungenen Erreger besteht darin, daß er als solcher **erkannt** wird. Auch bei Im-

munzellen erfolgt das nach dem **Schlüssel-Schloß-Prinzip** durch spezifische **Rezeptoren**, die die Immunzellen, vor allem die B- und T-Zellen, auf ihrer Zelloberfläche tragen. Bei den Rezeptoren handelt es sich um Protein-Moleküle mit einer charakteristischen Raumstruktur, die in die Zellmembran integriert sind.
Das Gegenstück zum Rezeptor wird **Antigen** genannt. Es handelt sich um ein Molekül des Erregers, das in der Lage ist, eine Immunreaktion auszulösen.
Um eine antigene Wirkung zu entfalten, muß ein solches Molekül drei **Eigenschaften** haben:

1. **Fremdheit;** gegenüber eigenen Molekülen zeigt der Organismus normalerweise **Toleranz***.

!

Eine Immunreaktion gegen Bakterien und Viren erfolgt nicht, weil diese Krankheiten hervorrufen, sondern weil sie für den Körper **fremd** sind.

Gelegentlich verliert der Organismus die Fähigkeit, zwischen „selbst" und „nicht selbst" zu unterscheiden. Dann werden auch gegen körpereigene Moleküle Immunreaktionen ausgelöst. Sie können zu **Autoimmunkrankheiten** führen *(vgl. Kap. C.8.1)*.
2. **Hohes Molekulargewicht;** fast alle Antigene sind hochmolekulare Substanzen mit einem Molekulargewicht von mehr als 5000 (das entspricht etwa 50 Aminosäuren).
3. **Chemische Komplexität;** die meisten Antigene sind Glycoproteine, wie sie in den Zellwänden von Bakterien und den Zellmembranen eukaryontischer Zellen vorkommen.

Man schätzt, daß das Immunsystem eines Menschen im Laufe seines Lebens mit mehreren tausend verschiedenen Antigenen konfrontiert wird. Die entscheidende Frage ist, wie die dazu passenden Antigen-Rezeptoren zustande kommen. Zwei Antworten sind möglich.
Nach der **Instruktionstheorie** von Pauling ist der Antigen-Rezeptor nach der Herstellung in seiner Form noch veränderbar. Das Antigen ist die Matrize, die die passende Faltung der Aminosäuren-Kette des Antigen-Rezeptors **während** des Kontaktes mit diesem Antigen steuert.
Nach der **Theorie der klonalen Selektion** von Burnet und Jerne ist die Struktur des Antigen-Rezeptors bereits festgelegt, **bevor** er überhaupt mit einem Antigen in Kontakt kommt. Durch den Kontakt werden diejenigen Zellen **selektiert** (ausgewählt) und **kloniert** (vermehrt), die den zum Antigen passenden Rezeptor tragen.

C/3

Aufgabe:

Aus welchem Grund ist die Instruktionstheorie unhaltbar?

Da die Raumstruktur jedes Proteins durch seine Aminosäuren-Sequenz determiniert ist, gilt die Theorie der klonalen Selektion heute als allgemein akzeptiert. Es muß demnach bereits vor dem Erstkontakt mit einem Antigen **eine unvorstellbare Vielfalt aller möglichen Rezeptor-Typen** geben *(vgl. Kap. C.6.3.2)*.

6.3. B-Zellen und die humorale Immunreaktion

B-Zellen sind auf die Herstellung von **Antikörpern** spezialisiert. Alle B-Zellen tragen solche Antikörper-Moleküle als **Antigen-Rezeptoren** an ihrer Zelloberfläche *(vgl. Abb. 101)*. Diese Rezeptor-Antikörper sind **hochspezifisch** für ein einziges, bestimmtes Antigen. Wahrscheinlich vermag das Immunsystem **Millionen verschiedener Antikörper** zu bilden, die sich alle in ihrer Spezifität unterscheiden. Da jede B-Zelle nur Antikörper einer bestimmten Spezifität herstellen kann, muß das Immunsystem über eine entsprechend **große Zahl verschiedener B-Zellen** verfügen, um mit der riesigen Vielfalt der Antigene fertig zu werden.
Wenn eine B-Zelle auf ein Antigen trifft, das zu seinen Antigen-spezifischen Rezeptoren wie ein **Schlüssel** zu seinem **Schloß** paßt, bindet sie das Antigen und wird dadurch **aktiviert**, sich mehrmals zu teilen. Daraus resultiert ein **Klon*** von identischen Tochterzellen *(vgl. Abb. 101)*.

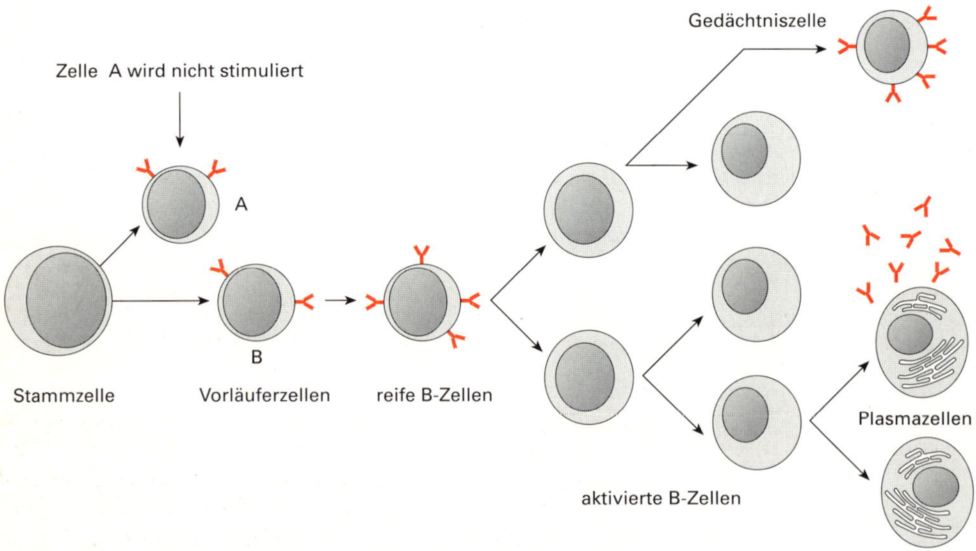

Abb. 101 Die Reifung der B-Zellen, Erläuterungen im Text

Die meisten Tochterzellen differenzieren sich zu sogenannten **Plasmazellen**. Diese sind in der Lage, den Rezeptor-Antikörper der ursprünglichen Mutterzelle **in großen Mengen** herzustellen und ins Blut abzugeben.
Der Reifungsprozeß, der etwa fünf Tage dauert, geht mit gravierenden Veränderungen der Zellstruktur einher *(vgl. Abb. 102)*.

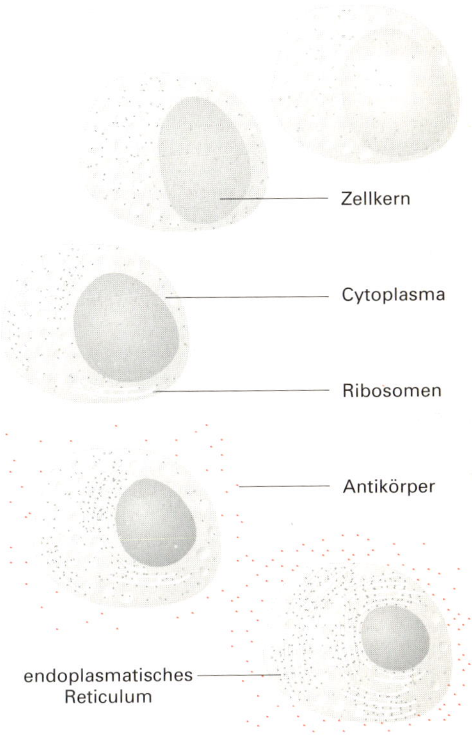

Abb. 102 Die Differenzierung einer aktivierten B-Zelle zu einer Antikörper-sezernierenden Plasmazelle

C/4

Aufgabe:

Begründe die in Abb. 102 dargestellten Veränderungen in der reifenden Plasmazelle.

Die von den Plasmazellen freigesetzten Antikörper binden sich an das Antigen, wodurch eine Kettenreaktion ausgelöst wird, die mit der Zerstörung des Antigens endet.

!

Antikörper können Antigene nur **markieren**. Die Zerstörung der Antigene erfolgt durch andere Komponenten des Immunsystems (z. B. Makrophagen). Antikörper erleichtern diese Vorgänge. Die Immunbiologen nennen das **Opsonisierung***.

Die B-Zellen und ihre Abkömmlinge, die Plasmazellen, wirken also nicht unmittelbar auf Krankheitserreger ein, sondern die von ihnen ins Blut freigesetzten Antikörper-Moleküle. Die dadurch vermittelte Immunität wird deshalb als **humoral*** bezeichnet.

Die Antikörper-bildenden Plasmazellen gehen nach kurzer Zeit zugrunde, aber ein Teil der Tochterzellen der ursprünglichen B-Zelle beteiligt sich überhaupt nicht an der Antikörper-Produktion.

Diese **ruhenden, reifen B-Zellen** zirkulieren weiter im Körper und können zu einem späteren Zeitpunkt, wenn das Antigen erneut im Körper auftaucht, sehr viel **schneller** aktiviert werden. Eine solche **sekundäre Immunantwort** verläuft deshalb ganz anders als die **primäre Immunantwort** nach dem Erstkontakt mit dem Antigen *(vgl. Abb. 103)*: Die Antikörper sind mit denjenigen nach dem Erstkontakt identisch, die Bildungsrate ist aber viel größer.

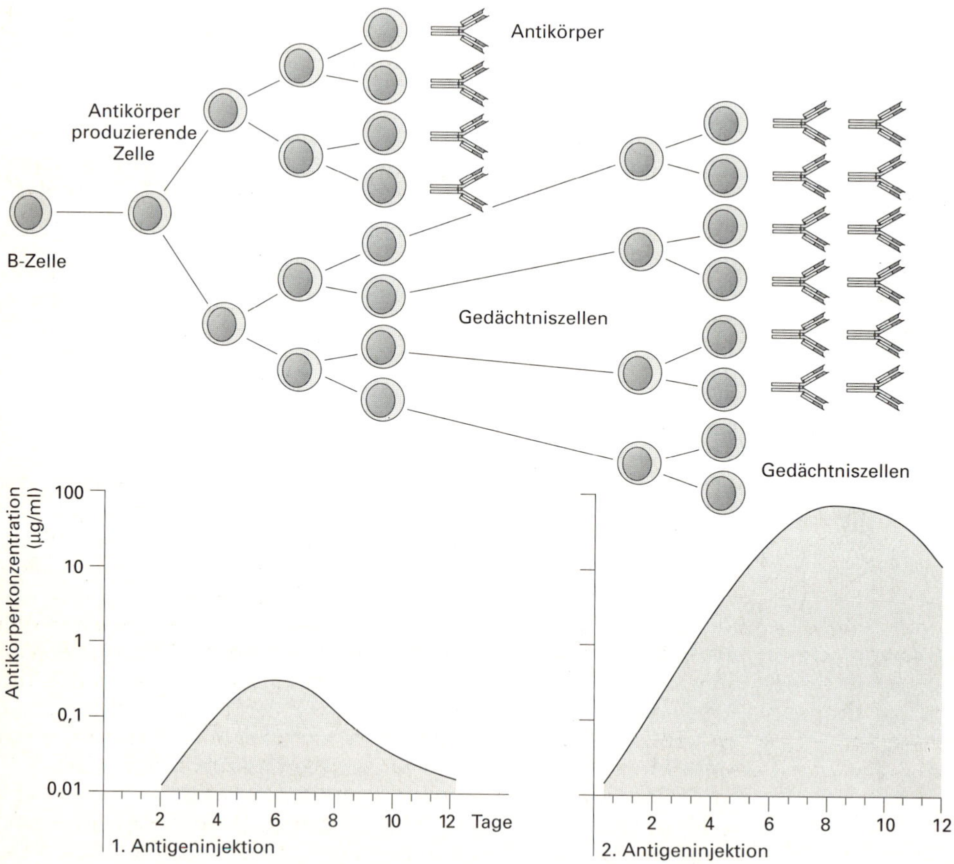

Abb. 103 Die primäre und sekundäre Immunantwort, Erläuterungen im Text

Dies hat zwei Gründe:

- Als Ergebnis der **klonalen Expansion*** existiert eine größere Zahl Antigen-spezifischer Zellen.
- Die ruhenden, aber reifen B-Zellen benötigen nur **wenige Teilungsschritte**, bis es zur Antikörper-Sekretion kommt.

Da das aussieht, als ob sich das Immunsystem an das Antigen „erinnert", werden die für diesen Effekt verantwortlichen Zellen als **Gedächtniszellen** bezeichnet. Dieses **immunologische Gedächtnis** ist tatsächlich das Ergebnis eines „Lernprozesses". Die Antigene selbst steuern die Selektion und klonale Expansion der Antigen-spezifischen B-Zellen.

!

Die **erworbene Immunität** gilt nur für den sie auslösenden Mikroorganismus.

C/5

Aufgabe:

In welcher Weise kann das immunologische Gedächtnis bei Schutzimpfungen genutzt werden?

6.3.1 Aufbau und Eigenschaften der Antikörper

Wir wollen uns nun der Frage zuwenden, wie ein Antikörper-Molekül „sein" Antigen erkennt. Die Antwort liefert die Aminosäure-Sequenz und die Raumstruktur dieser Immunglobuline*.

Ein einfaches Antikörper-Molekül *(vgl. Abb. 104)* besteht aus 4 Polypeptidketten: 2 **leichten Ketten** von etwa 220 Aminosäuren Länge und 2 **schweren Ketten** von etwa 440 Aminosäuren Länge. Alle 4 Ketten sind über Schwefelbrücken (-S-S-) und über nichtkovalente Bindungen zwischen den Aminosäure-Resten zu einem **Y-förmigen** Molekül verbunden.

Bei den schweren wie den leichten Ketten unterscheiden sich die Bereiche am Amino-Ende (-NH_2) ganz wesentlich von den übrigen Molekülabschnitten. Dessen Aminosäure-Sequenzen sind bei allen Antikörpern weitgehend identisch. Diese Abschnitte werden deshalb als **konstant** bezeichnet und mit einem C abgekürzt (vom englischen constant). In den **variablen** Abschnitten, mit V abgekürzt, **unterscheiden** sich die Aminosäure-Sequenzen verschiedener Antikörper.

Diese variablen Bereiche nehmen jeweils die äußere Hälfte jedes Y-Armes ein. Sie stammen auf beiden Seiten von einer schweren und einer leichten Kette.

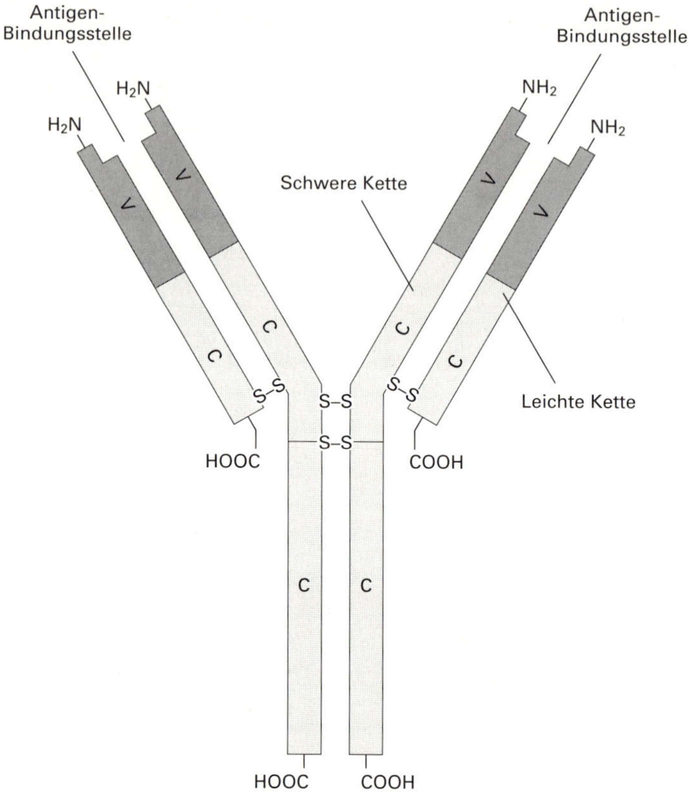

Abb. 104 Schematische Darstellung eines Antikörper-Moleküls

Innerhalb des variablen Bereichs gibt es einige kleinere Abschnitte, in denen die Aminosäure-Sequenzen besonders stark variieren. Diese **hypervariablen** Bereiche aus etwa 25-30 Aminosäuren legen sich an den Enden beider Arme zu einer taschenartigen Vertiefung zusammen. Das sind die **Antigen-Bindungsstellen**.

!

Die **Spezifität** eines Antikörpers hängt von der **räumlichen Struktur** und der **chemischen Zusammensetzung** der Antigen-Bindungsstelle ab.

C/6

Aufgabe:

An welche Moleküle im Stoffwechsel jeder Zelle erinnern diese Eigenschaften?

Klasse	**Grundstruktur**	**Hauptfunktionen**
IgG	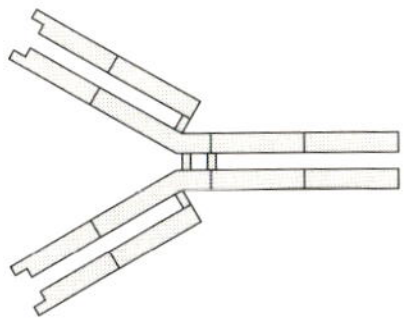	Agglutiniert Mikroorganismen, opsonisiert* Antigene, lockt Killerzellen an, aktiviert das Komplement-System, neutralisiert Bakterientoxine, hemmt die Virusanheftung, (kann die Plazenta durchdringen)
IgM	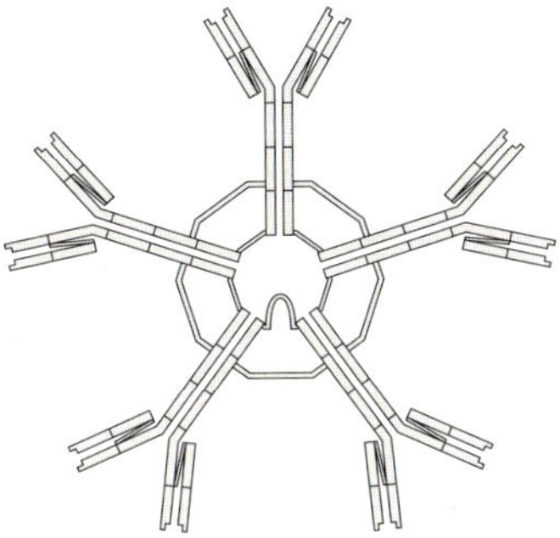	Wirkt vorwiegend im Blut, agglutiniert Mikroorganismen (wegen der multivalenten Bindungsmöglichkeiten sehr effektiv), aktiviert das Komplement-System
IgA	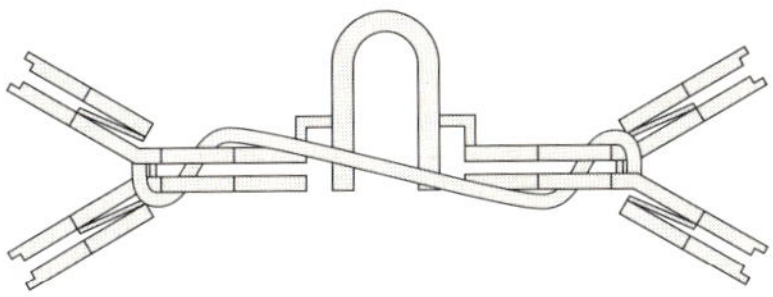	Wirkt vorwiegend in Sekreten (Tränen, Speichel, Schweiß, Schleim), agglutiniert Antigene, hemmt die Virus-Anheftung
IgE	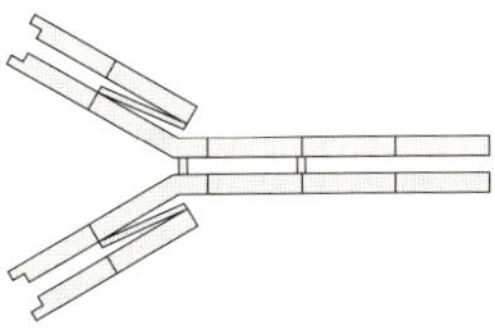	Bindet vorwiegend an Mastzellen, ist an allergischen Reaktionen beteiligt, agglutiniert Mikroorganismen, aktiviert das Komplement-System, schützt gegen Darmparasiten (Würmer)
IgD	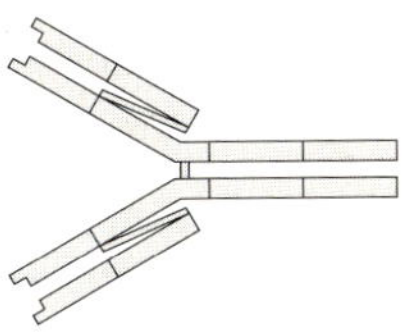	Kommt vorwiegend auf der Oberfläche von B-Zellen vor, wirkt vermutlich an der Reifung der B-Zellen mit

Abb. 105 Struktur und biologische Eigenschaften der Antikörper-Klassen

Welcher Antikörper welches Antigen erkennt, wird also von der Aminosäure-Sequenz des hypervariablen Bereichs bestimmt.
Aber auch in den konstanten Abschnitten sind nicht alle Antikörper-Moleküle völlig identisch. Bei den schweren Ketten gibt es 5 Typen: α (Alpha), γ (Gamma), δ (Delta), ε (Epsilon) und μ (Mü). Sie bestimmen die **Klassenzugehörigkeit** der Antikörper. Entsprechend der 5 Typen schwerer Ketten werden unterschieden: **IgA, IgG, IgD, IgE** und **IgM**. Die Bezeichnung Ig steht für Immunglobulin. Antikörper mit denselben variablen Abschnitten, aber anderen Klassen von schweren Ketten, erkennen zwar dieselben Antigene, haben aber **unterschiedliche Funktionen** bei der Immunantwort *(vgl. Abb. 105)*.
Die Hauptmenge der Antikörper (70–80%) im Blut besteht aus IgG. Dagegen kommt IgE fast überhaupt nicht frei vor. Durch einen zusätzlichen Abschnitt ist dieser Antikörper-Typ meistens fest an die Zellmembran von **Mastzellen** gebunden. Das spielt bei allergischen Reaktionen eine entscheidende Rolle *(vgl. Kap. C.8.2)*.

Die Antigen-Bindungsstelle eines Antikörpers ist verhältnismäßig klein im Vergleich zur Größe des Antigens. Wie Abb. 106a zeigt, bindet ein Antikörper immer nur an einen kleinen Bereich der Oberfläche eines Antigens. Die Spezifität eines Antikörpers bezieht sich also niemals auf ein Antigen – ein Molekül oder ein Bakterium – als Ganzes, sondern nur auf die kleinen Bereiche, die zu seiner Antigen-Bindungsstelle passen. Diese Bereiche werden als antigene Determinanten oder **Epitope** bezeichnet.
Ein großes Antigen besitzt sehr viele Epitope, wobei die einzelnen Epitope etwa der Größe einiger Aminosäuren oder Zuckerreste entsprechen *(vgl. Abb. 106 a)*.

a)

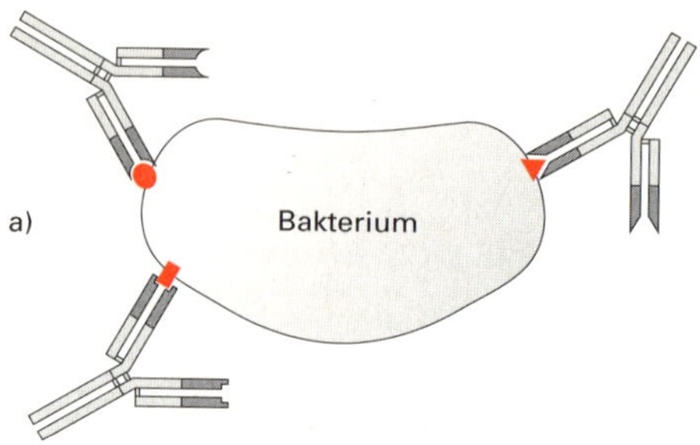

b)

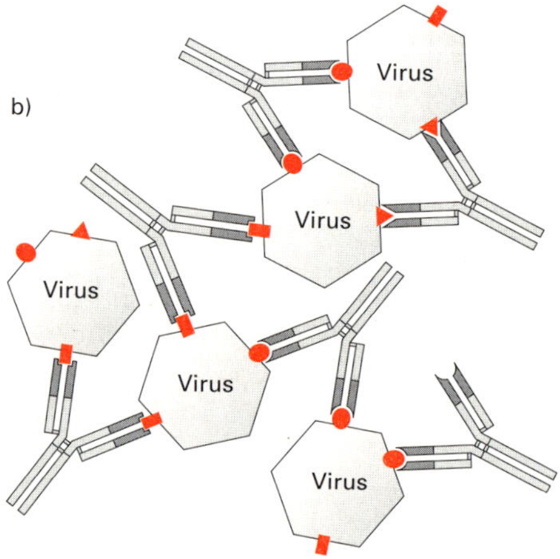

Abb. 106 Die Antigen-Antikörper-Bindung a) an einzelnen Epitopen b) bei der Agglutinierung

Antigene sind deshalb meist **multideterminant**, d. h. sie besitzen mehrere verschiedene Epitope, und sie sind **multivalent**, d. h. ein bestimmtes Epitop kommt mehrfach vor.
Antikörper sind entweder **bivalent** (sie besitzen zwei identische Antigen-Bindungsstellen) oder auch **multivalent** (sie besitzen vier identische Antigen-Bindungsstellen wie IgA oder sogar zehn wie IgM, *vgl. Abb. 105)*. Durch die Antigen-Antikörper-Bindung kommt es deshalb zu einer Quervernetzung zwischen den Mo-

lekülen: einer **Agglutinierung** *(vgl. Abb. 106 b)*.
Die Antigen-Antikörper-Reaktion ist ein Vorgang, der in vielerlei Hinsicht der Reaktion eines Enzyms mit seinem Substrat entspricht *(vgl. Stoffwechsel-Band, Kap. A.2)*. Im Gegensatz zu Enzymen katalysieren aber Antikörper keine chemischen Reaktionen, die die Antigene zerstören könnten. Vielmehr ruft die Bindung an Antigene weitere Komponenten des Immunsystems auf den Plan (Komplement-Proteine, Makrophagen), die die Zerstörung der Antigene bewirken.

Wir halten fest:
Der Organismus ist in der Lage, eine **spezifische Immunität** gegenüber verschiedenen Mikroorganismen aufzubauen. Auf molekularer Ebene beruht diese Spezifität auf der Struktur der gebildeten Antikörper.

Antigene können sehr zahlreiche und sehr verschiedene **Epitope** besitzen. Daraus folgt, daß eine riesige Vielfalt verschiedener Antikörper existieren muß. Nach Schätzungen bringt das menschliche Immunsystem mehrere Millionen verschiedener Antikörper-Moleküle hervor. Diese Zahl ist vermutlich groß genug, um auf alle erdenklichen Antigene zu reagieren, die uns befallen könnten.

6.3.2 Molekulare Ursachen der Antikörper-Vielfalt

Zur **genetischen Grundlage** der Antikörper-Vielfalt gab es verschiedene konkurrierende Theorien.
Die eine besagte, daß im Genom* eines Organismus für jedes Antikörper-Molekül ein **eigenes Gen** vorhanden sei. Demnach würden die Antikörper-Gene genauso abgelesen (fachchinesisch: exprimiert) wie alle anderen Gene, die für Proteine codieren. Angesichts der gewaltigen Antikörper-Vielfalt (mehrere Millionen) müßte es so viele Antikörper-Gene geben, daß über 90% der DNA Informationen über Antikörper enthalten würde.
Nach der zweiten Theorie gibt es nur eine **begrenzte Anzahl** von Antikörper-Genen im Genom. Diese sollten sich dann irgendwie in vielfältiger Weise verändern, während sich die B-Zellen aus ihren Stammzellen im Knochenmark entwickeln.
Bei einer dritten Theorie, die eine Variante der ersten Theorie darstellt, wird angenommen, daß es im Genom möglichst **viele V-Gene** für die variablen Abschnitte gibt, aber nur **ein einziges C-Gen** für die konstanten Abschnitte eines Antikörpers. Während der Reifung zur B-Zelle wird zufällig eines der vielen V-Gene mit dem C-Gen zu einem DNA-Stück vereinigt, das dann die Information für die vollständige Kette enthält. Nach dieser Theorie wären die benötigten DNA-Mengen bedeutend kleiner als bei der ursprünglich angenommenen Variante.

Außerdem bietet sie eine natürliche Erklärung dafür an, wie Antikörper in einem Teil stark variieren, in anderen aber konstant bleiben können.
Allerdings waren bis vor kurzem keine natürlichen Mechanismen bekannt, durch die Gene neu kombiniert werden konnten. Nach der Ein-Gen-ein-Enzym-Hypothese enthält ein Gen die Information zum Aufbau eines Enzyms bzw. Proteins (*vgl. Genetik-Band, Kap. F.3.1*). Inzwischen wurde jedoch bewiesen, daß die Antikörper-Gene **rekombiniert*** werden – allerdings auf etwas kompliziertere Weise, als die dritte Theorie annahm.
Antikörper-Gene sind typische **Mosaikgene**, wie sie in fast allen Eukaryonten in letzter Zeit gefunden wurden: die Nucleotid-Sequenzen für die verschiedenen Ketten der Antikörper sind in **viele kleine, weit auseinanderliegende Stücke** aufgeteilt.

Wir erläutern das Prinzip an einer leichten Kette (*vgl. Abb. 107*). Für den größten Teil des variablen Abschnitts codieren mehrere hundert verschiedene **V-Gene**. Für den konstanten Abschnitt codiert 1 **C-Gen**. Außerdem gibt es noch einige **J-Gene** (von englisch joining), die für das Verbindungsstück zwischen variablem und konstantem Abschnitt codieren.

Die zusammenhängende Information für eine Antikörper-Kette entsteht in vier Schritten:

① **Rekombination:** zuerst wird je ein zufällig ausgewähltes V- und J-Gen (hier V_2 und J_2) mit Hilfe von Enzymen verbunden, die den gesamten dazwischenliegenden DNA-Abschnitt entfernen (hier das Stück mit V_3, V_4 und J_1, so daß V_2 und J_2 zusammenkommen).

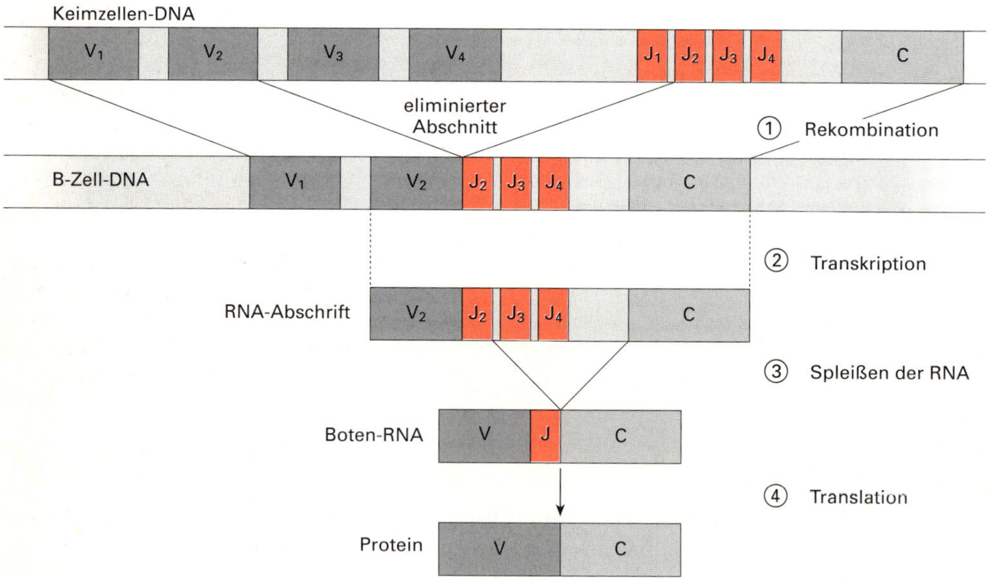

Abb. 107 Schematische Darstellung der Herstellung einer leichten Antikörper-Kette, Erläuterungen im Text

② **Transkription:** anschließend wird die DNA auf ganzer Länge vom Start des ausgewählten V-Gens (hier V_2) bis zum Ende des C-Gens in eine RNA umgeschrieben.

③ **Spleißen:** spezielle Enzyme im Zellkern schneiden dann den RNA-Abschnitt vom Ende des J_2-Gens bis zum Beginn des C-Gens heraus. Dabei entsteht die Boten-RNA (mRNA) mit der zusammenhängenden Information für die Antikörper-Kette.

④ **Translation:** Diese Boten-RNA steuert die Herstellung der Antikörper-Kette.

Durch dieses Verfahren ergeben sich weit über 10 000 Kombinationsmöglichkeiten. Leichte und schwere Ketten zusammen können wahrscheinlich mehr als 10 Millionen verschiedene Antikörper-Moleküle hervorbringen.

!

Die Vielfalt der Antikörper beruht auf der natürlichen Neukombination von Mosaikgenen.

Die Vielfalt, die durch diese kombinatorischen Prozesse zustandekommt, wird durch zwei Faktoren nochmals vergrößert.

- Erstens arbeiten die **Enzyme**, die die DNA-Abschnitte miteinander verbinden, etwas **ungenau**, so daß sich die Verbindungsstelle um einige Basenpaare verschieben kann.
- Zweitens treten während der B-Zellen-Reifung in den DNA-Abschnitten, die für die variablen Bereiche codieren, **spontane Mutationen** auf.

Diese verschiedenen Mechanismen zur Erzeugung der Antikörper-Vielfalt treten zu verschiedenen Zeitpunkten der B-Zellen-Reifung in Erscheinung.

- Zuerst werden die verschiedenen Antikörper-Gene kombiniert. Dieser Prozeß ist abgeschlossen, wenn die Zellen erstmals mit Antigenen in Kontakt kommen. Aus der großen Variationsbreite der B-Zellen werden durch jedes Antigen die wenigen Antigen-spezifischen Zellen selektiert.
- Während der Reifung dieser ausgewählten B-Zellen zu Plasmazellen wird der Mutationsmechanismus tätig und nimmt die **Feinabstimmung der Immunantwort** vor: durch geringfügige Änderungen der Basen-Sequenz entstehen Antikörper-Gene, deren Produkte noch besser zum Antigen passen.

C/7

Aufgabe:

Formuliere eine Hypothese, die erklärt, auf welche Weise die verschiedenen Antikörper-Klassen entstehen.

6.4 T-Zellen und die zelluläre Immunreaktion

6.4.1 T-Zell-Rezeptoren

T-Zellen besitzen, um spezifisch auf einen eingedrungenen Krankheitserreger reagieren zu können, genau wie die B-Zellen Antigen-spezifische **Rezeptoren**.
Ein solcher **T-Zell-Rezeptor** besteht aus zwei Polypeptidketten *(vgl. Abb. 108)*: einer α-Kette von etwa 500 Aminosäuren Länge und einer β-Kette von etwa 400 Aminosäuren Länge. Beide Ketten sind über eine Sequenz hydrophober Aminosäuren in der Zellmembran verankert und über eine Schwefelbrücke miteinander verbunden.

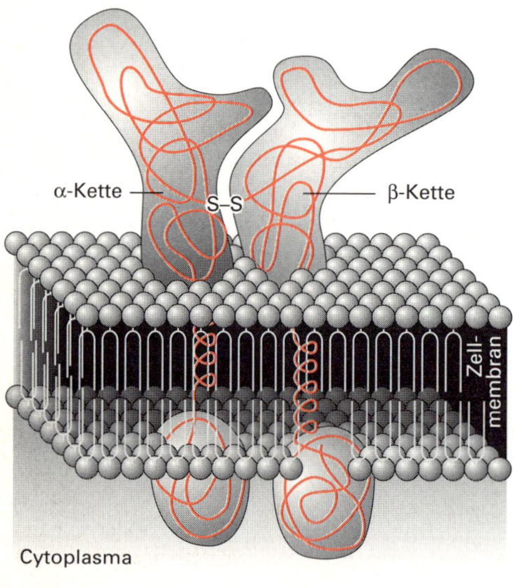

Abb. 108 Der T-Zell-Rezeptor

Die für die Antigen-Spezifität nötige Vielfalt der T-Zell-Rezeptoren kommt wie bei den Antikörpern durch die **Neukombination von Genen** für variable und konstante Kettenabschnitte zustande.
Durch die unterschiedliche Kombination dieser Gene entstehen etwa 10 000 verschiedene α- und β-Ketten. Durch die Verknüpfung einer bestimmten α-Kette mit einer bestimmten β-Kette dürften etwa ebenso viele verschiedene Antigen-Bindungsstellen entstehen wie bei den Antikörpern.
Die Festlegung einer T-Zelle auf ein bestimmtes Antigen erfolgt in der **Thymusdrüse** (daher die Bezeichnung T-Zelle). In diesem Organ werden die Vorläuferzellen aus dem Knochenmark dazu gebracht, sich explosionsartig zu vermehren. Gleichzeitig erfolgt hier die **Differenzierung** in zwei Untergruppen, die im Immunsystem verschiedene Funktionen erfüllen: **T-Helfer-Zellen** und **T-Killer-Zellen**.
Wodurch sich diese Untergruppen unterscheiden und welche Funktionen sie erfüllen, wird in den nächsten drei Abschnitten erläutert.

6.4.2 Die MHC-Restriktion von T-Zellen

Wenn Gewebe von einem Individuum auf ein anderes übertragen wird, kommt es in der Regel innerhalb von zwei Wochen zu einer Abstoßungsreaktion durch das Immunsystem des Empfängers. Es reagiert in diesem Fall auf **fremde Oberflächen-Antigene**, die auf den Zellen des Spenders sitzen. Es handelt sich dabei im wesentlichen um **Glycoproteine** der Zellmembranen *(vgl. Cytologie-Band, Kap. C.5.2)*. Sie bestimmen die Gewebe-Verträglichkeit. Nach der Abkürzung für die englische Bezeichnung „major histocom-

patibility complex" (deutsch: Haupt-Gewebeverträglichkeits-Komplex) werden sie **MHC-Proteine** genannt.
Es wurde ursprünglich viel über den Sinn dieser MHC-Proteine spekuliert. Inzwischen ist ihre entscheidende Rolle bei der **Antigen-Erkennung durch die T-Zellen** bewiesen.

!

T-Zellen erkennen mit ihren Antigen-spezifischen Rezeptoren ein Antigen niemals in freier Form, sondern nur, wenn es in Verbindung mit einem MHC-Protein präsentiert wird. Dieses Phänomen wird als **MHC-Restriktion*** bezeichnet.

Es gibt zwei Klassen von MHC-Proteinen *(vgl. Abb. 109)*.

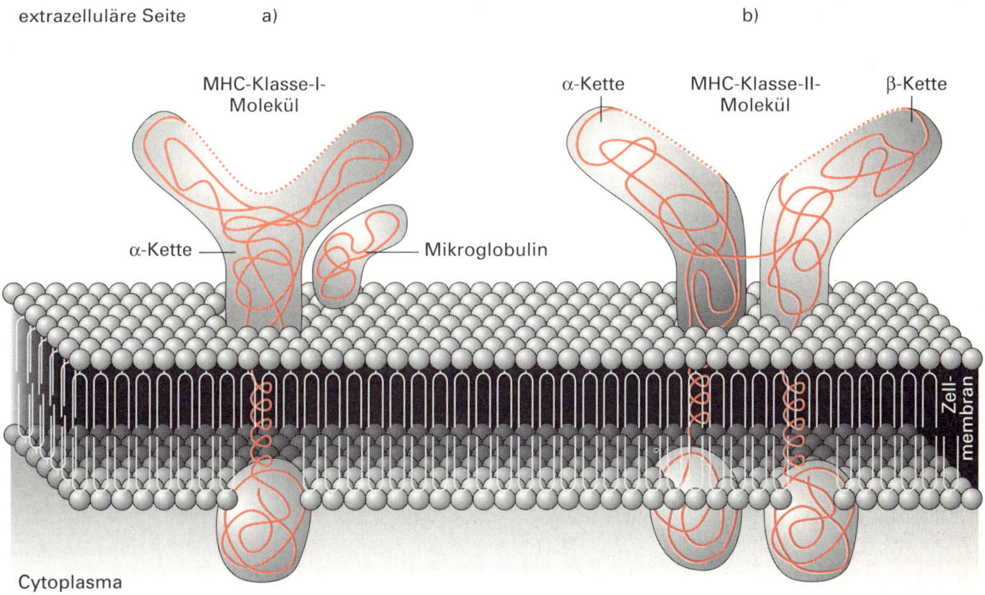

Abb. 109 MHC-Proteine a) der Klasse I b) der Klasse II

- Proteine der **Klasse I** bestehen aus einer Polypeptidkette von etwa 350 Aminosäuren Länge, mit der ein kleineres lösliches Peptid assoziiert ist.
- Proteine der **Klasse II** bestehen aus zwei Polypeptidketten von je etwa 230 Aminosäuren Länge.

Die Gene, die für die MHC-Proteine codieren, kommen beim Menschen in vielen verschiedenen Ausprägungen vor, d. h. es gibt viele **Allele***. Die Wahrscheinlichkeit, daß ein Individuum mit einem nicht verwandten anderen Individuum die gleichen MHC-Proteine besitzt, ist außerordentlich

gering (kleiner als 1:1.000.000); so sind die Abstoßungsreaktionen bei Transplantationen* zu erklären.
MHC-Proteine der Klasse I (wir wollen sie einfach MHC-I-Proteine nennen) werden **von allen Zellen** des Körpers hergestellt und in die Zellmembran integriert. Sie arbeiten dort ähnlich wie ein Fahrstuhl, der kleinere Moleküle an die Zelloberfläche befördert und sie dort **präsentiert**. Den genauen Ablauf zeigt Abb. 110.

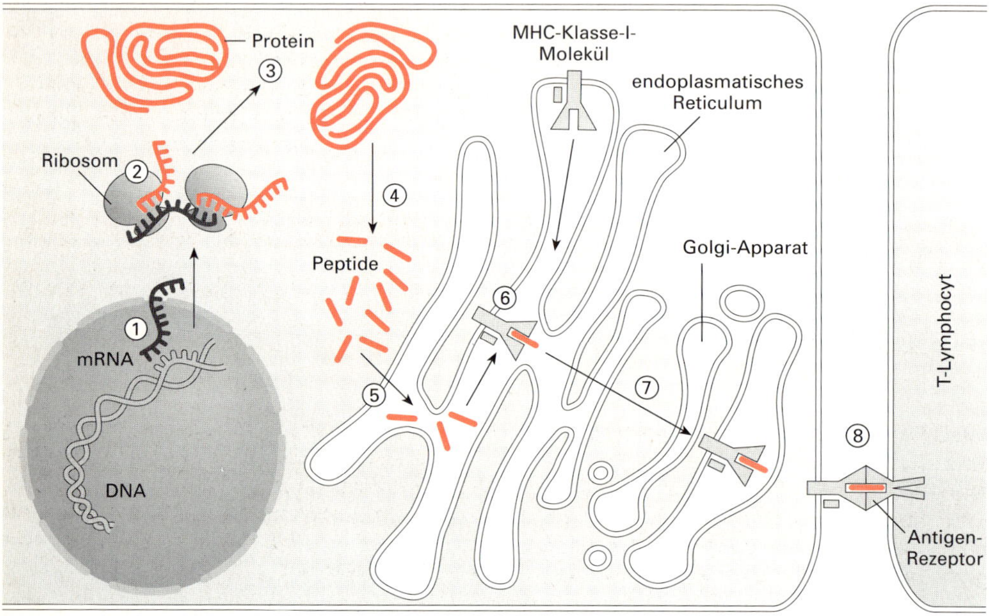

Abb. 110 Die Aufgabe der MHC-I-Proteine, Erläuterungen im Text

Sobald in einer Zelle ein Protein hergestellt wird ① – ③, zerhacken spezielle Enzyme einen Teil der gerade produzierten Moleküle in kleinere Bruchstücke ④. Einige dieser Peptide werden dann in das Endoplasmatische Reticulum transportiert ⑤. In dessen Membranen stecken MHC-I-Proteine, an die sich die Peptide heften ⑥. Zusammen mit den MHC-I-Molekülen werden sie zur Zellmembran befördert ⑦. T-Zellen mit einem passenden Rezeptor überprüfen das Präsentierte ⑧.

Solange die präsentierten Bruchstücke von normalen Zell-Proteinen stammen, bleibt die Zelle ungeschoren *(warum das so ist, erklären wir in Kap. C.6.6).*
Stammt jedoch das Peptid von einem **fremden** Protein, z. B. von einem Virus im Zellinneren, dann reagiert die T-Zelle und **zerstört** die Zelle mit dem fremden Protein, indem sie sie durchlöchert *(vgl. Erläuterungen zu Abb. 100).*

!

T-Zellen mit der Fähigkeit zur Perforation von Zellmembranen werden als **T-Killer-Zellen** bezeichnet. Sie sind MHC-I-restringiert, d. h. sie reagieren nur auf Antigene, die von MHC-I-Proteinen präsentiert werden.

Die antigen wirkenden Substanzen müssen dazu in der sie präsentierenden Zelle hergestellt werden. Das geschieht bei allen **Virus-Infektionen** und bei **Bakterien**, die sich **intrazellulär** vermehren. In diesen Fällen nutzen ja die Krankheitserreger den Stoffwechsel der Zellen, in die sie eingedrungen sind, aus. Die viralen oder bakteriellen Proteine werden aber ebenso durch MHC-I-Proteine präsentiert, wie die normalen zellulären.
Daraus folgt, daß diese zelluläre Form der Immunreaktion hauptsächlich bei diesen Infektionen in Gang kommt.

C/8

Aufgabe:

In welcher Weise unterscheiden sich die T-Killer-Zellen von den natürlichen Killer-Zellen?

MHC-Proteine der Klasse II (wir wollen sie ebenfalls einfach MHC-II-Proteine nennen) werden nur von Zellen hergestellt, die Krankheitserreger **phagocytieren**. Einige dieser Zellen, insbesondere **Makrophagen**, verdauen die Erreger nicht vollständig, sondern zerlegen sie nur in kleinere Fragmente. Diese Antigen-Fragmente werden dann, wie in Abb. 111 dargestellt, zur Zellmembran befördert und T-Zellen präsentiert – allerdings zusammen mit MHC-II-Proteinen.

!

T-Zellen, die Antigene nur zusammen mit MHC-II-Proteinen erkennen, spielen bei der **Steuerung der Immunreaktionen** eine entscheidende Rolle. Sie werden als **T-Helfer-Zellen** bezeichnet.

6.5 Steuerung der Immunreaktionen

Nach der Theorie der klonalen Selektion werden bei Antigen-spezifischen Immunreaktionen B- und T-Zellen mit den passenden Rezeptoren selektiert und massenhaft vermehrt. Dabei differenzieren sie sich zu Effektorzellen*, die entweder maßgeschneiderte Antikörper produzieren (Plasmazellen) oder infizierte Körperzellen abtöten (T-Killer-Zellen).
Wir sind bisher davon ausgegangen, daß der Kontakt mit dem Antigen ausreicht, um diese Prozesse in Gang zu bringen. Doch der **Antigen-Kontakt** ist ein notwendiges, nicht aber hinreichendes Signal

zur Vermehrung und Differenzierung von B- und T-Zellen.
Durch den Antigen-Kontakt werden B- und T-Zellen lediglich **aktiviert**, Zellteilungen einzuleiten. Um Klone von mehreren hundert Tochterzellen bilden zu können, benötigen die Lymphocyten wie alle anderen Zellen im menschlichen Körper stimulierende **Wachstumsfaktoren**. Das sind hormonähnliche Proteine, die vor allem von **T-Helfer-Zellen**, aber auch von anderen weißen Blutzellen freigesetzt werden. Da sie dem Signalaustausch zwischen Leukocyten dienen, werden sie als **Interleukine** bezeichnet. Sie stimulieren nicht nur die Vermehrung der Vorläuferzellen aus dem Knochenmark, sondern auch deren anschließende **Differenzierung** zu Effektorzellen.
Daneben gibt es weitere Botenstoffe, die nicht zu den Interleukinen gerechnet werden, die aber ebenfalls an der Kommunikation der Immunzellen beteiligt sind.
Die wichtigsten Botenstoffe sind in Tab. 7 zusammengestellt.

Bezeichnung	**zellulärer Ursprung**	**Zielzellen**	**Wirkung**
IL-1	Makrophagen, B-Zellen	T-Helfer-Zellen	aktiviert IL-2-Produktion, erzeugt Fieber
IL-2	T-Helfer-Zellen	aktivierte T-Zellen, aktivierte B-Zellen	stimuliert Vermehrung und Differenzierung
γ-IFN (Interferon)	T-Helfer-Zellen	Makrophagen, B-Zellen	stimuliert Phagocytose und Produktion von MHC-II-Proteinen

Tab. 7 Die wichtigsten Botenstoffe des Immunsystems

Die meisten Botenstoffe werden von **T-Helfer-Zellen** produziert. Die T-Helfer-Zellen sind demnach für die Steuerung der Antigen-spezifischen Immunreaktionen **essentiell***. Welche dramatischen Folgen es hat, wenn deren Signale ausbleiben, zeigt sich besonders drastisch bei **AIDS** *(vgl. Kap. C.8.3)*.

Aufgabe:

Neugeborene, denen eine funktionierende Thymusdrüse fehlt, entwickeln einen schweren kombinierten Immundefekt, bei dem sowohl die Anzahl der T-Zellen als **auch der B-Zellen** drastisch reduziert ist, obwohl letztere gar nicht im Thymus heranreifen.
Wie läßt sich dieses Phänomen erklären?

6.5.1 Die Aktivierung der T-Zellen

Wir wollen die komplizierten Abläufe bei der Aktivierung von T-Zellen wieder anhand eines Schemas *(vgl. Abb. 111)* Schritt für Schritt erläutern.

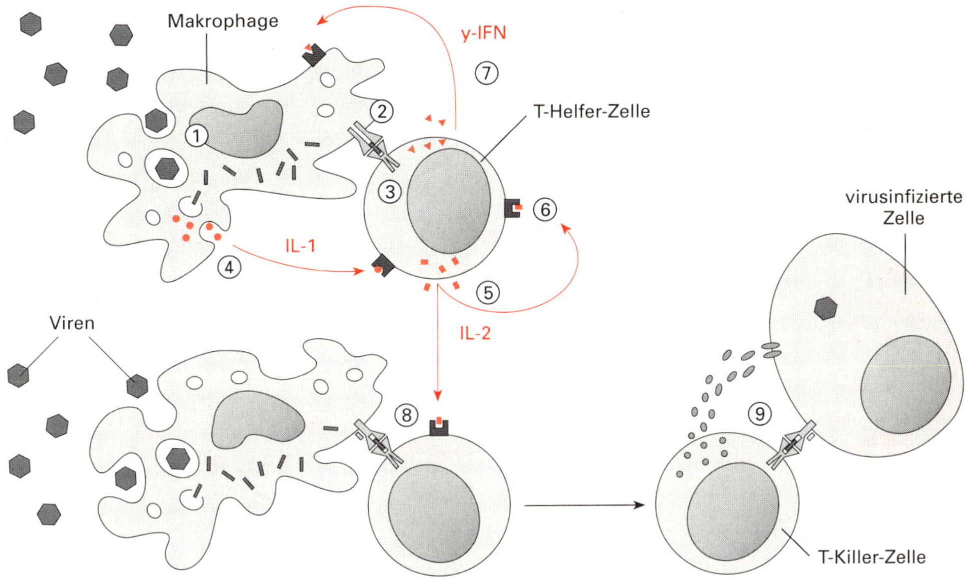

Abb. 111 Schematische Darstellung der Aktivierung von T-Zellen

① Makrophagen **phagocytieren** die Krankheitserreger und zerlegen sie in kleinere Fragmente.

② Die Fragmente werden zusammen mit MHC-II-Proteinen an der Zelloberfläche **präsentiert**.

③ T-Helfer-Zellen mit Antigen-spezifischen Rezeptoren binden an die Komplexe aus MHC-II-Protein und Antigen-Fragment. Durch diesen Antigen-Kontakt wird die T-Helfer-Zelle zu Zellteilungen stimuliert.

④ Die Makrophagen setzen daraufhin **IL-1** in die Umgebung frei. Ein Teil dieser Botenstoffe erreicht die **IL-1-Rezeptoren** in der Zellmembran der T-Helfer-Zellen. Die Bindung an diese Rezeptoren löst in den T-Helfer-Zellen drei Vorgänge aus.

⑤ Die aktivierten T-Helfer-Zellen beginnen mit der Herstellung und Freisetzung von **IL-2**.

⑥ Gleichzeitig produzieren sie **IL-2-Rezeptoren**, die sie in die Zellmembran integrieren. Dadurch reagieren sie auf das von ihnen selbst freigesetzte IL-2 in einer **autokrinen*** Stimulation.

⑦ Die T-Helfer-Zellen setzen **γ-Interferon** frei, das die Makrophagen stimuliert, die Phagocytose zu intensivieren und vermehrt MHC-II-Proteine zur Zelloberfläche zu schleusen.

⑧ Vorläufer von T-Killer-Zellen binden mit ihren Rezeptoren an Antigene, die von Körperzellen oder Makrophagen zusammen mit MHC-I-Proteinen präsentiert werden. Sie werden durch den Antigenkontakt zu Zellteilungen angeregt.

⑨ Das von den T-Helfer-Zellen freigesetzte **IL-2** stimuliert ebenfalls die Vermehrung, vor allem aber die **Differenzierung** zu T-Killer-Zellen (vielleicht durch Aktivierung der Perforin-Produktion).

C/10

Aufgabe:

Was könnte der biologische Sinn der Selbststimulation der T-Helfer-Zellen sein?

C/11

Aufgabe:

Welchen Sinn hat der verstärkte Einbau von MHC-II-Proteinen in die Zellmembran von Makrophagen?

6.4.2 Die Aktivierung der B-Zellen

B-Zellen werden – im Gegensatz zu T-Zellen – durch Kontakte mit **freien** Antigenen aktiviert. Durch Bindung des Antigens an die Antikörper, die als Rezeptoren in der Zellmembran sitzen, werden Zellteilungen eingeleitet. Wie wir bereits erläutert haben, ist dieser Antigen-Kontakt allein nicht ausreichend, um die Vermehrung und Differenzierung zu Plasmazellen zu bewirken. Auch B-Zellen müssen durch **Wachstumsfaktoren** von T-Helfer-Zellen stimuliert werden.

Da eine T-Helfer-Zelle ebenfalls nur durch Antigen-Kontakt aktiviert wird, muß die zu aktivierende B-Zelle der T-Helfer-Zelle die Antigene in geeigneter Form präsentieren: Sie muß also die Antigene zusammen mit MHC-II-Proteinen herzeigen.

Dazu müssen die Antigene nach der Bindung an die Rezeptoren durch Phagocytose ins Zellinnere eingeschleust und dort enzymatisch in Fragmente zerlegt werden. Die einzelnen Schritte entsprechen im wesentlichen denen bei der T-Zell-Aktivierung *(vgl. Abb. 111)*.

Unter dem kooperativen Einfluß verschiedener Interleukine entwickeln sich die Antigen-spezifischen B-Zellen innerhalb von etwa 5 Tagen zu Antikörper-sezernierenden **Plasmazellen**. Dieser Vorgang hält an, solange genügend Antigene durch unreife B-Zellen gebunden und den T-Helfer-Zellen präsentiert werden.

Durch die Wirkung der freigesetzten Antikörper geht die Antigen-Konzentration zurück, was einen Rückgang der Verursacher und damit eine erfolgreiche Abwehr bedeutet. Dadurch aber erfolgt die B-Zell-Differenzierung nicht mehr bis zum Endstadium der Plasmazellen. Der Reifungsprozeß wird in einem früheren Stadium gestoppt. Diese vorgereiften Antigen-spezifischen B-Zellen verbleiben als **B-Gedächtniszellen** im Blut und können bei erneutem Antigen-Kontakt **schneller** aktiviert werden, weil sie bereits einige Differenzierungsstadien durchlaufen haben.

C/13

Aufgabe:

Beschreibe den Ablauf der Aktivierung der B-Zellen in einzelnen Schritten *(in Analogie zu Abb. 111)*.

Ein aktiviertes Immunsystem wird nach Beseitigung der eingedrungenen Krankheitserreger auch wieder abgeschaltet. Soviel steht fest. Über die konkreten Mechanismen herrscht allerdings weniger Klarheit.
Verschiedene Konzepte werden zur Zeit diskutiert:

- Die Aktivierung Antigen-spezifischer Immunreaktionen setzt Antigen-Kontakte voraus. Sind die **Antigene beseitigt** worden, bleiben diese Kontakte aus. Es werden keine weiteren B- und T-Zellen aktiviert. Die ausdifferenzierten Effektorzellen (Plasmazellen und T-Killer-Zellen) sterben nach einigen Tagen ab.
- Spezielle **T-Suppressor-Zellen*** könnten direkt über Zellkontakte oder über lösliche Suppressor-Faktoren die Vermehrung und Differenzierung weiterer B- und T-Zellen verhindern.

Beide Mechanismen sind noch rein hypothetisch und konnten bisher nicht nachgewiesen werden.

6.6 Ursachen der Immuntoleranz

Eine der wesentlichen Eigenschaften des Immunsystems besteht in der Fähigkeit, zwischen **fremd** und **selbst** zu unterscheiden und Immunreaktionen normalerweise nur gegen fremde Antigene einzuleiten.

!

Die Fähigkeit des Immunsystems, auf körpereigene Antigene nicht zu reagieren, wird als **immunologische Toleranz*** bezeichnet.

Daß das Immunsystem körpereigene Antigene toleriert, ist nicht selbstverständlich. Nach der Theorie der klonalen Selektion existieren durch eine Art genetisches Puzzle-Spiel **alle nur möglichen Antigen-Rezeptoren**, also auch solche gegen **körpereigene Antigene**.
Es muß demnach Mechanismen geben, die normalerweise verhindern, daß gegen solche **Selbst-Antigene** Immunreaktionen in Gang kommen. Grundsätzlich sind drei Strategien vorstellbar:

- Durch **klonale Elimination*** werden in einem sehr frühen Stadium der Entwicklung alle Zellen aussortiert und zerstört, die mit Selbst-Antigenen reagieren.
- Zellen, die auf Selbst-Antigene reagieren, werden nicht zur Vermehrung und Differenzierung angeregt. Selbst-Antigene werden von Körperzellen normalerweise nur zusammen mit MHC-I-Proteinen präsentiert. Darauf reagieren T-Helfer-Zellen nicht. Die Freisetzung von Wachstumsfaktoren unterbleibt *(vgl. Kap. C.6.4.2)*.

- Die schon erwähnten **T-Suppressor-Zellen** könnten aktiv Immunreaktionen gegen Selbst-Antigene spezifisch unterdrücken.

Derzeit ist es noch nicht möglich anzugeben, welche Mechanismen tatsächlich die Immuntoleranz bewirken. Klar ist nur, daß irgendwelche Lücken im System der Selbst-Toleranz zu Autoimmunkrankheiten führen können *(vgl. Kap. C.8.1)*.

7. Zusammenfassung

Das Immunsystem (oder Abwehrsystem) schützt den Organismus vor Angriffen durch Krankheitserreger.
Die wichtigsten Krankheitserreger sind Bakterien und Viren.

Bakterien schädigen durch
- **Enzyme**, die sie beim Eindringen ins Körpergewebe freisetzen,
- Substanzen aus ihrem Stoffwechsel, die im menschlichen Körper als **Toxine** wirken,
- ihre **Vermehrung in Zellen**, die dadurch zerstört werden.

Viren schädigen durch
- ihre **Vermehrung in Zellen**, die dadurch zerstört werden,
- die **Immunreaktionen** gegen die Virusinfektion,
- die Umwandlung normaler Körperzellen in **Krebszellen**.

Es gibt zwei Formen der Immunität: die angeborene und die erworbene.

Zur **angeborenen** Immunität gehört die **natürliche Resistenz**, die von Geburt an existiert und **unspezifisch** gegen Krankheitserreger wirkt. Sie besteht aus
- **Säuren**, die Mikroorganismen denaturieren;
- **Enzymen**, die den Abbau bakterieller Zellwände katalysieren;
- **Schleim**, in dem sich die Mikroorganismen verfangen;
- **Interferon**, das die Virus-Vermehrung in den Zellen hemmt;
- dem **Komplement-System**, das seinerseits andere Komponenten des Immunsystems **aktiviert**;
- der normalen, „gesunden" **Mikroflora**, die das Wachstum von Krankheitserregern behindert.

Zur **angeborenen Immunität** gehört auch der Vorgang der **Phagocytose** durch **Makrophagen** (Riesenfreßzellen) und **Granulocyten**. Diese Immunzellen wandern in das infizierte Gewebe ein und bauen die eingedrungenen Krankheitserreger enzymatisch ab. Es kommt dadurch zu den typischen Symptomen einer **Entzündung**, die häufig von **Fieber** begleitet ist. Speziell bei Virus-Infektionen wirken **natürliche Killer-Zellen**, die die virusinfizierten Zellen durch **Perforation** der Zellmembran abtöten und dadurch die Virus-Vermehrung stoppen.

Die **spezifischen** Abwehrmaßnahmen richten sich **hochselektiv** gegen einen **bestimmten** Erreger. Dazu wird der Erreger identifiziert und die auf ihn spezialisierten Zellen werden aktiviert. Diese Form der Immunität wird erst durch den Kontakt mit dem Erreger **erworben**, bleibt aber dann in der Regel ein Leben lang erhalten. Sie wird durch **Lymphocyten** vermittelt.

B-Lymphocyten (kurz: **B-Zellen**) besitzen schon vor dem Kontakt mit einem Antigen **spezifische Antikörper** als **Rezeptoren** auf ihrer Zelloberfläche. Durch Bindung des Antigens an die Rezeptoren wird eine ruhende B-Zelle dazu aktiviert, sich zu teilen und **identische** Tochterzellen hervorzubringen (**klonale Selektion**). Die meisten Tochterzellen reifen zu **Plasmazellen** aus, die den spezifischen Antikörper in großen Mengen herstellen und freisetzen (**primäre Immunantwort**). Ein Teil der Zellen verbleibt als **Gedächtniszellen** im Ruhezustand, bis sie durch erneuten Kontakt mit dem gleichen Antigen sehr schnell aktiviert werden (**sekundäre Immunantwort**).

Ein **Antikörper** besteht aus zwei **leichten** und zwei **schweren** Aminosäure-Ketten, die durch Schwefelbrücken zu einem **Y-förmigen** Molekül verbunden sind. Alle vier Ketten besitzen **konstante** und **variable** Abschnitte. In den variablen Abschnitten **unterscheiden** sich verschiedene Antikörper. Sie enthalten die **Antigen-Bindungsstellen**. Die Spezifität eines Antikörpers hängt von der **räumlichen Struktur** und der **chemischen Zusammensetzung** dieser Antigen-Bindungsstellen ab.
Die **Vielfalt** der Antikörper entsteht durch
- die natürliche **Neukombination von Mosaikgenen**, die für die konstanten und variablen Abschnitte codieren, und durch
- die **zufällige** Kombination leichter und schwerer Ketten.

Durch **Variation** der schweren Ketten entstehen fünf verschiedene **Klassen** von Antikörpern (IgG, IgM, IgA, IgE, IgD), die unterschiedliche **Aufgaben** bei den **humoralen** Immunreaktionen haben.

T-Lymphocyten (kurz: **T-Zellen**) besitzen ebenfalls an ihrer Zelloberfläche Antigen-spezifische **Rezeptoren**, die aus zwei **ver-**

schiedenen Aminosäure-Ketten zusammengebaut sind. Die **Vielfalt** entsteht nach den gleichen Prinzipien wie bei den Antikörpern.
T-Zellen erfahren in der **Thymusdrüse** (daher der Name) ihre Prägung auf ein bestimmtes Antigen und auf ihre spätere Funktion als **T-Helfer-Zellen** oder **T-Killer-Zellen**.
T-Zellen erkennen ein Antigen niemals in freier Form, sondern nur, wenn es in Verbindung mit einem MHC-Protein präsentiert wird. Dieses Phänomen wird als **MHC-Restriktion** bezeichnet.

MHC-Proteine transportieren Bruchstücke von Proteinen, die in einer Zelle hergestellt oder nach Phagocytose zerlegt werden, zur Zelloberfläche. Solange die Bruchstücke von normalen Zell-Proteinen stammen, bleibt die Zelle ungeschoren. Diese **immunologische Toleranz** gegenüber Selbst-Antigenen beruht vermutlich darauf, daß alle Zellen, die auf Selbst-Antigene reagieren,
- aussortiert und zerstört werden (**klonale Elimination**);
- nicht durch **T-Helfer-Zellen** zur Vermehrung und Differenzierung angeregt werden;
- möglicherweise durch **T-Suppressor-Zellen** unterdrückt werden.

Bei einem **fremden** Peptid (von einem Krankheitserreger) reagieren darauf **T-Killer-Zellen** und zerstören die infizierten Zellen, indem sie die Zellmembranen durchlöchern.

T-Helfer-Zellen sind an der **Steuerung** der Immunreaktionen beteiligt. Sie setzen nach Antigen-Kontakt **Wachstumsfaktoren** (vor allem **Interleukin 2**) frei, die aktivierte B-Zellen und T-Zellen zur Vermehrung und **Differenzierung** stimulieren. Sie werden ihrerseits durch γ-**Interferon** aktiviert, das von Makrophagen und B-Zellen freigesetzt wird, die gerade Antigene **präsentieren**.
Sind die Antigene **beseitigt**, bleiben die Antigen-Kontakte aus. Es werden keine neuen Immunzellen nachgeliefert, und die ausdifferenzierten Effektorzellen sterben nach einigen Tagen ab. Möglicherweise werden die Immunreaktionen auch durch spezielle **T-Suppressor-Zellen** abgeschaltet.

Immunreaktionen gegen bestimmte Krankheitserreger bestehen immer aus einer **Kombination von angeborenen und erworbenen Abwehrmaßnahmen**, die in einer bestimmten zeitlichen Abfolge auftreten. Wir wollen diese Abfolge der Immunreaktionen sowohl gegen Bakterien als auch gegen Viren in je einer Tabelle zusammenfassen *(vgl. Tab. 8 und 9)*.

Abwehrmechanismen gegen Bakterien

1. **Physikalische Barrieren**
   Verhindern, daß Bakterien ins Körperinnere eindringen; mechanischer Schutz durch Haut und Schleimhäute; Ausscheidung der Erreger.

2. **Chemische Barrieren (Sekrete)**
   Abtöten von Bakterien durch Säuren (Haut, Magen) und Enzyme (Tränenflüssigkeit, Nasensekret, Speichel, Magen).

3. **Mikrobielle Verdrängung**
   Wachstumshemmung pathogener Bakterien durch die normale, „gesunde“ Mikroflora (Haut, Schleimhäute).

4. **Phagocytose**
   Endocytose und enzymatischer Abbau durch Granulocyten (kurzlebig) und Makrophagen (langlebig); effektiver nach Opsonisierung (→ 6).

5. **Komplement-System**
   Durchlöchert die Bakterienhülle (Zellwand, Zellmembran). Direkte Aktivierung durch bakterielle Toxine, indirekt durch Antikörper (→ 6).

6. **Antikörper**
   Bekämpfen Bakterien lokal (an der Eindringstelle) oder systemisch (im Blut) zuerst durch IgM, danach durch IgG; wirken vor allem bei extrazellulären Erregern.
   Direkte Wirkung: Behinderung der Anheftung, Agglutinierung, Neutralisierung von Toxinen.
   Indirekte Wirkung: Aktiviert die Phagocytose (Opsonisierung, → 4) und das Komplement-System (→ 5).

7. **T-Killer-Zellen**
   Wirken hochspezifisch bei intrazellulären Erregern, die die Phagocytose überstehen.

8. **Gedächtniszellen**
   Sichern in der Regel nach einmaliger Infektion eine bleibende Immunität.

Tab. 8 Abwehrmechanismen gegen Bakterien

Abwehrmechanismen gegen Viren

1. **Physikalische Barrieren**
   Verhindern, daß Viren ins Körperinnere eindringen; mechanischer Schutz durch Haut und Schleimhäute; Unterschied: Epithelzellen – Gewebezellen.

2. **Interferon**
   Stoppt die Virus-Vermehrung in benachbarten Zellen.

3. **Phagocytose**
   Vor allem durch Makrophagen im Unterhautgewebe und in den Lymphknoten; phagocytiert werden freie Viren, agglutinierte Viren und Zellen, die durch Viren zerstört wurden.

4. **Natürliche Killer-Zellen**
   Durchlöchern infizierte Zellen; Anlockung durch Interferon (→ 2).

5. **Komplement-System**
   Durchlöchert infizierte Zellen und Viren mit Hüllmembran; wird durch virale Antigene aktiviert.

6. **Antikörper**
   Bekämpfen Viren lokal (an der Eindringstelle) durch IgA oder systemisch (im Blut) zuerst durch IgM, danach durch IgG.
   Direkte Wirkung: Behindern die Anheftung, das Eindringen und die Freisetzung von Viren.
   Indirekte Wirkung: Aktiviert durch Agglutinierung die Phagocytose (→ 3) und das Komplement-System.

7. **T-Killer-Zellen**
   Töten virusinfizierte Zellen hochspezifisch durch Perforation ab.

8. **Gedächtniszellen**
   Sichern in der Regel nach einmaliger Infektion eine bleibende Immunität; Ausnahmen: Grippe-Viren, Schnupfen-Viren, HIV (ständige Änderung der antigenen Eigenschaften).

Tab. 9 Abwehrmechanismen gegen Viren

8. Krankheiten durch Fehlsteuerung des Immunsystems

Krankheiten, die mit dem Immunsystem zusammenhängen, können grundsätzlich auf dreierlei Weise entstehen.

- Das Immunsystem bekämpft nicht nur Fremdes, sondern greift auch **körpereigene** Zellen und Moleküle an. Dadurch kann es zu Autoimmunkrankheiten kommen.
- Das Immunsystem reagiert auf Substanzen, die zwar fremd sind, aber für den Körper **unschädlich**. Dadurch kommt es zu Überempfindlichkeitsreaktionen oder Allergien.
- Das Immunsystem reagiert **zu schwach** auf Antigene. Solche Immundefekte können angeboren sein oder durch eine Vielzahl von Faktoren erworben werden.

Wir wollen in diesem Abschnitt die prinzipiellen Mechanismen an einigen Beispielen erläutern.

8.1 Autoimmunerkrankungen

Wir haben bereits erläutert, daß eine der wesentlichsten Eigenschaften des Immunsystems darin besteht, zwischen **fremd** und **selbst** zu unterscheiden. Dadurch ist normalerweise gewährleistet, daß Immunreaktionen nur gegen fremde Antigene eingeleitet werden *(vgl. Kap. C.6.6)*.
Geht diese **immunologische Toleranz** verloren, kann sich der Angriff des Immunsystems auch gegen **körpereigene** Zellen und Moleküle, also gegen **Selbst-Antigene** richten. Damit wird das Immunsystem zum **Verursacher** von Krankheiten. Wie kann es dazu kommen?
Wir wollen die Entstehung einer Autoimmunkrankheit an einem Beispiel erläutern, das im Abschnitt über die Hormone schon angesprochen wurde: dem **Typ-I-Diabetes**, der Insulin-abhängigen Zuckerkrankheit *(vgl. Kap. B.4.3)*.
Beim Typ-I-Diabetes kommt es zu einer vollständigen Zerstörung der β-Zellen in der Bauchspeicheldrüse durch einen entzündlichen Prozeß. Dadurch kommt die körpereigene Insulin-Produktion völlig zum Stillstand.
Die Erkrankung entwickelt sich über Jahre im Verborgenen. Nach und nach werden immer mehr β-Zellen vernichtet. Erst wenn etwa 80 % dieser Zellen zerstört sind, treten die Symptome der Krankheit scheinbar unvermittelt auf: Heißhunger, starker Durst, häufiger Harndrang.
Bei verstorbenen Typ-I-Diabetikern sind die Bauchspeicheldrüsen entzündet und durchsetzt mit Makrophagen und Lymphocyten. Allerdings richtet sich der Immunangriff nie gegen die ganze Bauchspeicheldrüse, sondern **hochselektiv** nur gegen die β-Zellen, die das Hormon **Insulin** produzieren.

- **Was veranlaßt das Immunsystem, die körpereigenen β-Zellen anzugreifen?**

Der Angriff wird vermutlich durch eine **molekulare Mimikry*** hervorgerufen – eine **Verwechslung** körpereigener mit **ähnlichen** körperfremden Molekülen.
Das hat zum einen mit der Tatsache zu tun, daß ein von außen eindringender Krankheitserreger aus den gleichen Molekülsorten aufgebaut ist wie der eigene Körper: Proteine, Kohlenhydrate, Nukleinsäuren, Fette. Zum anderen haben sich Moleküle mit biologischen Schlüsselfunktionen (z. B. Enzyme) in der Evolution so wenig verändert, daß Krankheitserreger

Moleküle besitzen können, die den körpereigenen ziemlich ähnlich sind.
Zunächst löst solch ein Antigen eine ganz normale Immunreaktion aus. Wegen der Ähnlichkeit der chemischen Zusammensetzung richtet sich der Immunangriff aber auch gegen das körpereigene Molekül.
Da die Immunreaktion gegen die β-Zellen der Bauchspeicheldrüse hochspezifisch ist, also alle anderen Körperzellen ungeschoren läßt, darf das betroffene Molekül nur auf β-Zellen vorkommen. Tatsächlich wurde in der Zellmembran von β-Zellen ein Protein entdeckt, gegen das Antikörper im Blut nachweisbar sind. Welchem Fremd-Antigen dieses spezielle Membranprotein so sehr ähnelt, daß es den Immunangriff auf sich lenkt, ist derzeit nicht bekannt.
Damit wird allerdings nur die erste Phase der Autoimmunreaktion eingeleitet, mit der sozusagen die „Aufmerksamkeit" des Immunsystems auf die β-Zellen gelenkt wird. Zur massenhaften Zerstörung kommt es, 1. weil die Immunreaktion gegen die β-Zellen länger andauert und heftiger verläuft als normalerweise gegen einen Krankheitserreger, und 2. weil die β-Zellen ihre eigene Vernichtung unterstützen.

- Daß die Immunreaktion gegen die β-Zellen **länger und heftiger** ausfällt, hat wahrscheinlich **genetische Ursachen**. Menschen, die anfällig für Typ-I-Diabetes sind, besitzen besondere Varianten von **MHC-II-Proteinen** *(vgl. Kap. C.6.4.2)*.
  Diese binden die Antigene, die sie präsentieren, besonders fest, so daß die T-Helfer-Zellen länger als gewöhnlich darauf reagieren können.
- Werden die β-Zellen angegriffen und beschädigt, präsentieren sie – wohl um sich als körpereigen auszuweisen – besonders viele MHC-I-Proteine. Dadurch verstärken sie aber den Angriff der T-Killer-Zellen *(vgl. Kap. C.6.4.2)*.

Wir wollen die Abläufe, die zum Typ-I-Diabetes führen können, anhand einer Bilderfolge zusammenfassen *(vgl. Abb. 112)*.

ⓐ Hat jemand mit genetischer Disposition* für den Typ-I-Diabetes Kontakt mit einem fremden Antigen, das einem Membranbestandteil seiner β-Zellen ähnelt, und die Makrophagen weisen dieses Antigen gebunden an MHC-II-Proteine vor, dann ist dieses Antigen wegen der genetisch bedingten Variante **fester** als normalerweise gebunden. Die T-Helfer-Zellen reagieren auf die ungewöhnlich lange Präsentation und lösen entsprechend eine **heftige Immunreaktion** aus.

ⓑ Die aktivierten T-Zellen und die Antigen-spezifischen Antikörper gelangen über das Blut schließlich auch in die Bauchspeicheldrüse und dort zu den β-Zellen. Dort treffen sie auf ein Membranprotein, das dem fremden Antigen sehr ähnlich ist. Die aktivierten T-Killer-Zellen greifen die β-Zellen direkt an, während die Antikörper andere Komponenten des Immunsystems anlocken (Makrophagen, Komplement-System).

ⓒ Die Makrophagen präsentieren die aufgenommenen körpereigenen Antigene den T-Helfer-Zellen, woraufhin diese sich vermehren und die Immunantwort gegen die β-Zellen noch verstärken.
Die angegriffenen β-Zellen präsentieren verstärkt MHC-I-Proteine, wodurch sie dem Ansturm der T-Killer-Zellen noch mehr ausgesetzt sind.

Der Typ-I-Diabetes wird also wesentlich durch eine fehlgesteuerte **zelluläre** Immunreaktion hervorgerufen.

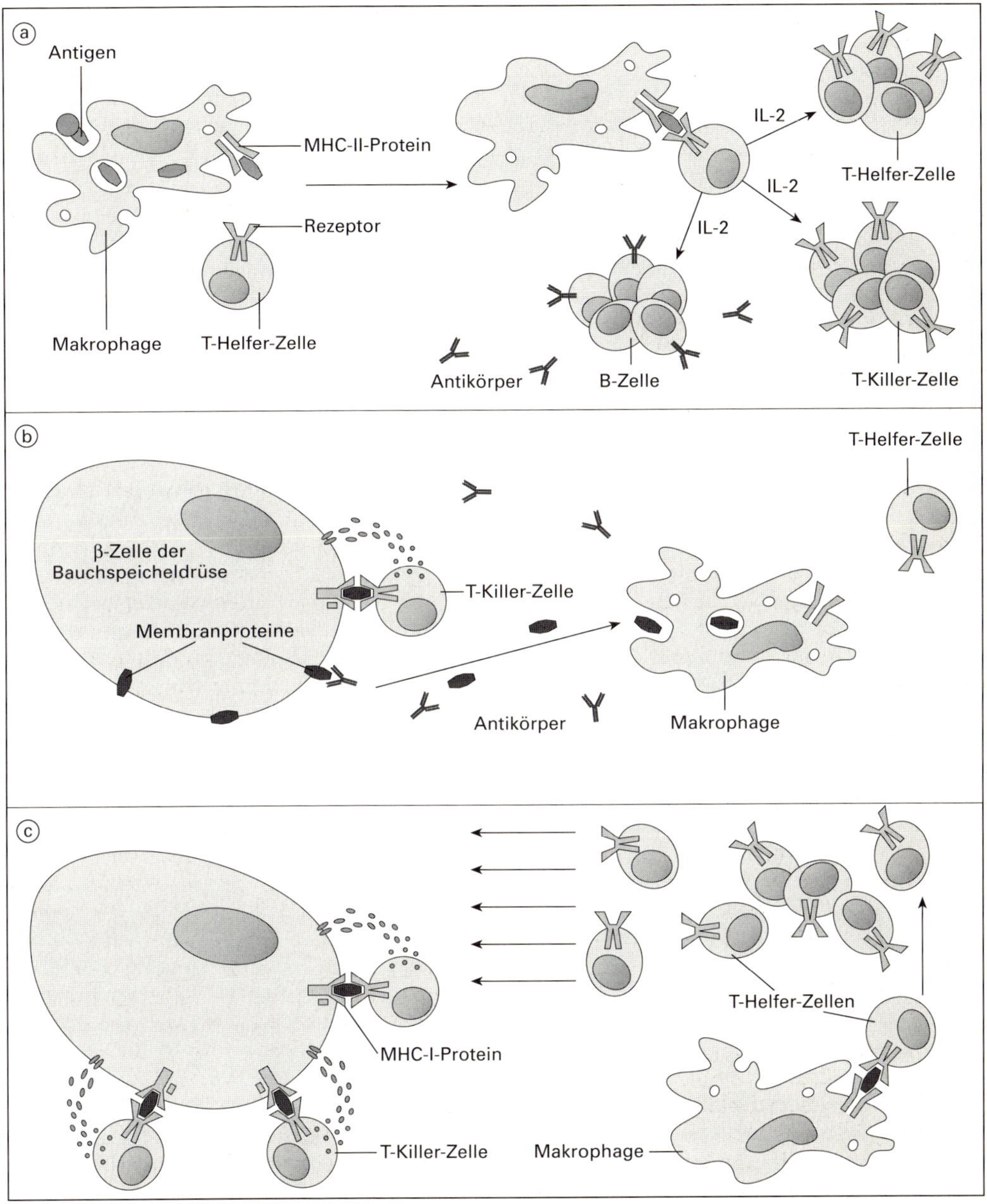

Abb. 112 Szenario der Autoimmunreaktionen gegen β-Zellen

Es gibt auch Autoimmunkrankheiten, die auf einer fehlgesteuerten **humoralen** Immunreaktion beruhen. Ein bekanntes Beispiel ist die **Myasthenie**, eine krankhafte Muskelschwäche mit schneller Ermüdung der Skelettmuskulatur. Ursache sind Antikörper, die sich an die **Acetylcholin-Rezeptoren** der neuromuskulären Synapsen binden *(vgl. Kap. A.5.3)*. Dadurch wird die Übertragung von Nervenimpulsen an die Muskeln behindert. Betroffen sind vor allem Muskeln im Kopfbereich mit Schwierigkeiten beim Kauen, Schlucken und Atmen (bis zur Atemlähmung).

Bei den meisten Krankheiten, die im Verdacht stehen, durch molekulare Verwechslung mit fremden Antigenen hervorgerufen zu werden, sind die ursprünglich auslösenden Krankheitserreger nicht bekannt. Dazu zählen

- die **multiple Sklerose**, eine entzündliche Erkrankung des Zentralnervensystems, bei der die **Myelin-Scheide**, die isolierende Hülle der Nervenfasern, angegriffen wird *(vgl. Kap. A.3.2.2)*

- die **rheumatoide Arthritis**, eine entzündliche Erkrankung der Gelenke, die durch einen ungewöhnlichen Antikörper (den sogenannten Rheuma-Faktor) eingeleitet wird und in dessen Folge Granulocyten abbauende Enzyme freisetzen, die den Gelenksknorpel zerstören.

Beim **akuten rheumatischen Fieber** sind die Wissenschaftler schon ein ganzes Stück weiter. Die mit einer Entzündung des Herzmuskels einhergehende Erkrankung wird durch eine Infektion mit einem bestimmten Streptokokken-Typ ausgelöst, gewöhnlich in Form einer Angina*.

8.2 Überempfindlichkeitsreaktionen (Allergien)

Die zweite Form ungemessener Reaktionen des Immunsystems betrifft Reize, die normalerweise für den Körper **harmlos** sind.
Die Palette der **Auslöser** solcher Überempfindlichkeitsreaktionen ist schier unendlich. Manche Menschen bekommen einen juckenden Ausschlag nach einer Penicillin-Injektion, andere vom Tragen einer bestimmten Armbanduhr. Einigen Frauen wird übel, wenn sie orale* Verhütungsmittel einnehmen, aber auch nach dem Genuß bestimmter Nahrungsmittel kann es zu Bauchkrämpfen und Durchfall kommen. Das bekannteste Beispiel ist wohl der „Heuschnupfen", dessen Opfer sich alljährlich mit laufender Nase, Niesreiz und entzündeter Bindehaut herumplagen – hervorgerufen durch harmlose Gräser-Pollen.
Werden derartige Überempfindlichkeitsreaktionen durch das Immunsystem hervorgerufen, bezeichnet man sie als **Allergien***.

– Was passiert bei einer allergischen Reaktion?

Wir erinnern: Es gibt fünf Klassen von Antikörpern *(vgl. Kap. C.6.3.1)*. Jede Klasse hat bestimmte Funktionen bei der Abwehr von Krankheitserregern. Am wichtigsten sind die IgG-Antikörper, die die Hauptmasse ausmachen, während bei den meisten Menschen die IgE-Antikörper eine eher untergeordnete Rolle spielen. Sie werden normalerweise in so geringen Mengen produziert, daß sie nur 0,001% aller im Blut zirkulierenden Antikörper ausmachen.

Ganz anders ist die Situation bei einem Allergiker. Hier bringen IgE-Moleküle die allergischen Reaktionen hervor.

IgE-Antikörper werden genauso hergestellt wie alle anderen Antikörper-Klassen: Durch Kontakt mit einem Antigen (das in diesem Fall als **Allergen*** bezeichnet wird) kommt es zur Aktivierung Antigen-spezifischer B- und T-Zellen. Die aktivierten B-Zellen reifen zu Plasmazellen und setzen große Mengen an Antikörpern frei – vor allem solche der E-Klasse. Warum das bei Allergikern so ist, weiß man noch nicht.

Die Betroffenen sind jedenfalls **sensibilisiert*** – und zwar spezifisch, weil auch der IgE-Antikörper spezifisch ist. Ein Mensch reagiert also z. B. allergisch auf Katzen, weil sein Immunsystem IgE gegen ein bestimmtes Protein in deren Fell gebildet hat. Ein gegen Milch allergischer Mensch besitzt IgE gegen ein Milch-Protein; andere Nahrungsmittel kann er ohne Schaden genießen.

IgE allein bewirkt aber keine allergische Reaktion. Die Antikörper zirkulieren nicht sehr lange frei im Blut, sondern binden sich sehr schnell an besondere Bindegewebszellen, die vor allem in der Haut, in den Schleimhäuten von Augen, Nase, Mund und Atemwegen, im Darm und in Lymphknoten vorkommen. Diese Zellen sind im elektronenmikroskopischen Bild prall vollgepackt mit Granula* – membranumgrenzten Vesikeln, gefüllt mit Substanzen, die die allergische Reaktion hervorbringen *(vgl. Abb. 113)*. Da die Zellen so aussehen, als ob sie die Granula verschlungen hätten, um sich mit ihnen zu mästen, werden sie als **Mastzellen** bezeichnet.

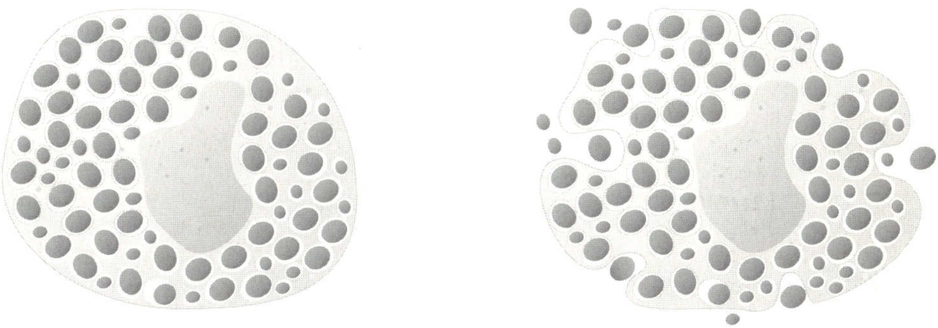

Abb. 113 Mastzellen, nach elektronenmikroskopischen Aufnahmen

Mastzellen besitzen an ihrer Zelloberfläche Rezeptoren für IgE-Moleküle *(vgl. Abb. 114)*. Wenn ein Immunsystem spezifische IgE-Antikörper gegen ein bestimmtes Allergen herstellt, wandern sie über die Blutbahn auch zu den Mastzellen im Bindegewebe, wo sie sich sehr fest an deren Rezeptoren verankern. Aber auch da-

durch kommt es noch zu keiner allergischen Reaktion. Die Mastzellen sind jetzt aber sozusagen „scharf gemacht".
Wenn ein sensibilisierter Mensch zum **zweiten Mal** mit demselben Allergen in Kontakt kommt, bindet sich das Allergen an die IgE-Antikörper auf den Mastzellen. Überbrückt es durch seine Epitope zwei benachbarte IgE-Moleküle, kommt es zu einer schlagartigen Freisetzung der Inhaltsstoffe der Granula durch Exocytose *(Abb. 114 unten, vgl. auch Abb. 113 rechts).*

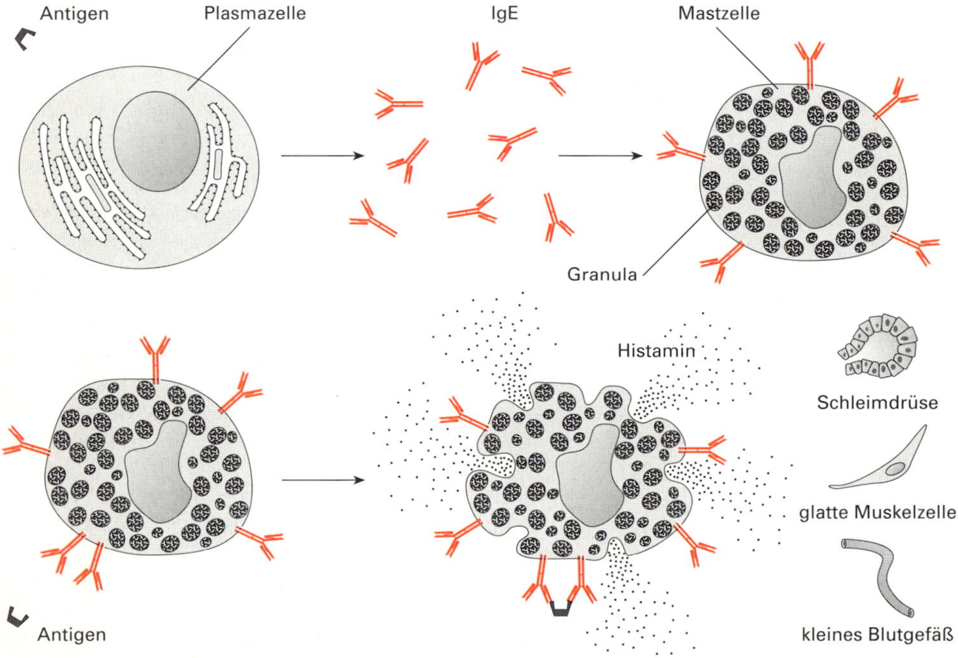

Abb. 114 Die zwei Stufen der allergischen Reaktion, oben: Erstkontakt mit dem Allergen (Sensibilisierung), unten: Zweitkontakt mit dem Allergen (Aktivierung)

Die **Symptome** der allergischen Reaktionen beruhen vollständig auf den physiologischen Wirkungen der Substanzen, die von den aktivierten Mastzellen aus den Granula ins umliegende Gewebe freigesetzt werden. Der wichtigste der freigesetzten Stoffe ist Histamin.

Histamin bindet seinerseits an spezifische Rezeptoren verschiedener Zelltypen und bewirkt dadurch, daß sich kleine Blutgefäße erweitern und durchlässiger werden, glatte Muskeln kontrahieren und Schleimdrüsen Sekrete freisetzen.
Die Symptome treten bei dem hier aus-

führlich behandelten Typ allergischer Reaktionen innerhalb von Sekunden oder Minuten auf. Die Mediziner sprechen deshalb vom **Sofort-Typ** oder einer **anaphylaktischen Reaktion***, die unter Umständen so heftig ausfallen kann, daß es zum Kreislauf-Schock kommt.
Es gibt daneben auch allergische Reaktionen, die sich erst nach 1 bis 2 Tagen bemerkbar machen. Diese **verzögerten Reaktionen** vom **Spät-Typ** werden nicht durch IgE-Antikörper, sondern durch sensibilisierte T-Zellen und Makrophagen vermittelt. Ein typisches Beispiel sind Hautausschläge, die durch Berührung mit normalerweise unschädlichen Materialien zustande kommen.

8.3 Immundefekte

Immundefekte entstehen durch einen **Mangel** an einzelnen oder mehreren Komponenten des Immunsystems oder deren **Fehlfunktion**. Dadurch geschwächt sein kann

1. die humorale Immunität durch **B-Zellen** und ihre Antikörper,
2. die zelluläre Immunität durch **T-Zellen** und
3. die Immunität, die durch **phagocytierende Zellen** (Granulocyten, Makrophagen) vermittelt wird.

Je nachdem, welche Komponente betroffen ist, treten Infektionen **häufiger** und meist **wiederkehrend** auf.
Defekte der humoralen Immunreaktion wirken sich vor allem bei der Abwehr **bakterieller** Infektionen, Defekte der zellulären Immunreaktion bei der Abwehr von **Virus**-Infektionen aus.
Immundefekte können angeboren (primär) oder erworben (sekundär) sein.

Primäre Immundefekte machen sich unmittelbar nach der Geburt bemerkbar und müssen, sofern möglich, sehr frühzeitig behandelt werden.
Besonders dramatisch sind **schwere kombinierte Immundefekte**, die sowohl die B-Zellen als auch die T-Zellen betreffen. Kinder, die mit solchen Defekten auf die Welt kommen, sind anfällig für sämtliche Infektionen mit Viren, Bakterien, Pilzen und Protozoen*. Unbehandelte Patienten überleben selten das erste Lebensjahr. Die einzige Möglichkeit der Heilung besteht in einer **Knochenmarktransplantation** von einem Spender, dessen Gewebe der Empfänger gut verträgt (z. B. einem Geschwister).

Eine Variante dieses schweren kombinierten Immundefekts ist mit einem Mangel des Enzyms **Adenosindesaminase (ADA)** verbunden. Das Enzym ist am Abbau aller Adenosin-Nukleotide (AMP, ADP, ATP) beteiligt. Der Defekt wird **autosomal rezessiv** vererbt, d. h. bei **homozygoten** Merkmalsträgern fehlt das Enzym völlig *(zu den Begriffen vgl. Genetik-Band, Kap. D)*. Für B- und T-Zellen ist dies besonders schädlich, weil sie sich mit den nicht abgebauten Nukleotiden regelrecht selbst **vergiften**.
Bei ADA-Mangel werden weltweit die ersten Versuche unternommen, den Defekt durch **Gentherapie** zu heilen, d. h. ein intaktes ADA-Gen in die Lymphocyten oder sogar in die Stammzellen im Knochenmark einzuschleusen.

Sekundäre Immundefekte können durch eine Vielzahl von Faktoren hervorgerufen werden: chronische* Infektionen, Leukämien*, Strahlenschäden, immunsuppressive* Medikamente, Depressionen, körperliche Überforderung.
Ein sekundärer Immundefekt, der seit einigen Jahren im Mittelpunkt des öffentli-

chen Interesses steht, ist das **erworbene Immunmangelsyndrom**. Die auch bei uns geläufige Bezeichnung **AIDS** ist die Abkürzung des englischen Krankheitsnamens „acquired immune deficiency syndrome“.

Ursache der Krankheit ist mit hoher Wahrscheinlichkeit das **humane Immundefizienz-Virus (HIV)**, das aus Patienten mit AIDS isoliert wurde. Über 80 % der Patienten bilden Antikörper gegen HIV.

HIV befällt ausgerechnet **T-Helfer-Zellen** und Antigen-präsentierende **Makrophagen**. Die Immunschwächung wird insbesondere durch den **Verlust der T-Helfer-Zellen** hervorgerufen. Wie kommt es dazu?

Wir wollen die Details einer HIV-Infektion Schritt für Schritt anhand eines Schemas erläutern *(vgl. Abb. 115)*.

① HIV ist ein sogenanntes **Retrovirus**. Seine Erbinformationen sind nicht wie üblich in DNA, sondern in **RNA** codiert. Diese RNA ist von zwei Protein-Kapseln und einer Hüll-Membran umgeben, aus der Virus-spezifische Glycoproteine herausragen wie Spikes bei einem Winterreifen.

② Das Virus dringt über ein Protein in der Zellmembran, den **CD4-Rezeptor**, in die T-Helfer-Zelle ein, indem es mit einem Teil des Glycoproteins seiner Hüll-Membran an diesen Rezeptor bindet.

③ Im Cytoplasma wird die RNA freigesetzt und mit Hilfe eines mitgeführten Enzyms, der **Reversen Transkriptase**, in doppelsträngige DNA umgeschrieben.

④ Diese Virus-DNA wird im Zellkern in die DNA der T-Helfer-Zelle **integriert**. In dieser Form kann das Virus (das jetzt nur noch aus seiner Erbinformation besteht) jahrelang im Körper verbleiben, ohne daß es Schaden anrichtet.

⑤ Wird allerdings die infizierte T-Helfer-Zelle **aktiviert**, werden auch die HIV-Gene aktiv: sie werden verstärkt abgelesen und zwingen somit die T-Helfer-Zelle zur **Herstellung von Virus-Proteinen**.

⑥ Schließlich erfolgt der **Zusammenbau** der neuen Virus-Partikel, die durch **Ausknospung** die Zelle verlassen.

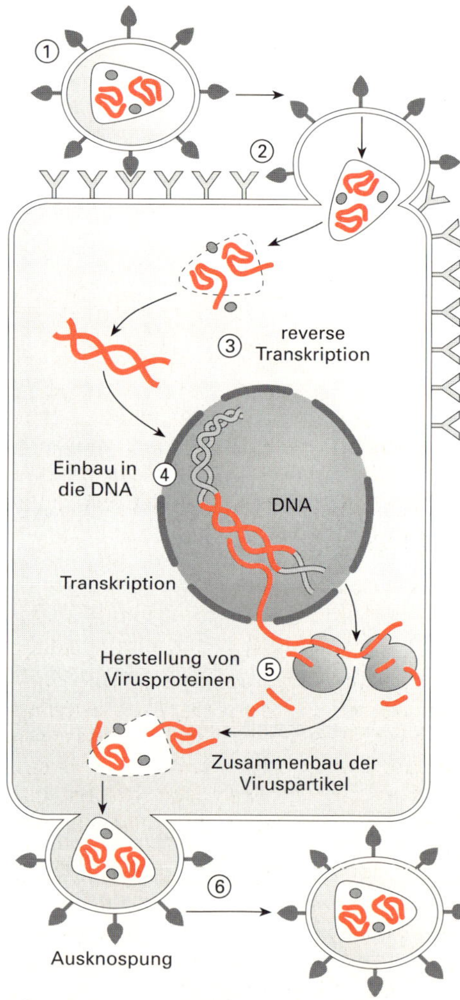

Abb. 115 Der Infektionszyklus von HIV

Abb. 116 Zerstörung einer T-Helfer-Zelle durch massenhaftes Ausknospen von HIV-Partikeln, nach elektronenmikroskopischen Aufnahmen

Erfolgt die Ausknospung durch viele Viren gleichzeitig, wird die Zellmembran so durchlöchert, daß die Zelle unter dem Druck der einströmenden Flüssigkeit schließlich zerplatzt *(vgl. Abb. 116).*

Der Verlust der T-Helfer-Zellen schwächt sowohl die zellulären als auch die humoralen Immunreaktionen. Die Patienten leiden an **opportunistischen Infektionen***, die zum Teil durch ungewöhnliche Erreger verursacht sind, und an seltenen Krebsarten. Diese Sekundärkrankheiten – und nicht die HIV-Infektion selbst – führen bei der Mehrheit der Betroffenen nach einigen Monaten oder Jahren zum Tod.

9. Zusammenspiel von Nervensystem, Hormonsystem und Immunsystem

Das Immunsystem sorgt auf eine sehr **eigenständige** Art und Weise dafür, daß unser Körper vor Angriffen durch Krankheitserreger geschützt wird. Die **Wirkungen** sind das Ergebnis molekularer Systeme (Komplement, Perforin, Antikörper), die sich im Laufe der Evolution perfekt den Krankheitserregern angepaßt haben und die insofern **spezifisch** für das Immunsystem sind.
Andererseits erfolgt die **Steuerung** der Immunreaktionen auf der molekularen Ebene über **Prinzipien**, die nicht auf das Immunsystem begrenzt sind, sondern in ähnlicher Weise auch im Nervensystem und im Hormonsystem vorkommen: durch **Botenstoffe** und **Rezeptoren**, die wie **Schlüssel** und **Schloß** zueinander passen.

Die Steuerung der Immunreaktionen erfolgt aber nicht nur in **Analogie** zu den Mechanismen der Signalübertragung im Nerven- und Hormonsystem. Nach neuesten Forschungsergebnissen sind diese drei Systeme zu einem **komplexen Kommunikationsnetzwerk** verschaltet, und die **Botenstoffe** aller drei Systeme erweisen sich zunehmend als Träger dieses biologischen Dialogs:

- Alle bisher überprüften **Hormone** beeinflussen die Aktivität der Immunzellen. Am bekanntesten ist die Wirkung von **Cortisol**, das praktisch alle Abwehrfunktionen lahmlegt *(vgl. Kap. B.3.3)*. Die **Sexualhormone** können sowohl hemmende als auch aktivierende Wirkungen entfalten. Auch **Adrenalin** wirkt sowohl aktivierend wie hemmend, in Abhängigkeit vom Rezeptor, an den es bindet.
- In der Milz und in den Lymphknoten wurden **direkte** synapsenähnliche Verbindungen zwischen vegetativen Nervenfasern und Immunzellen gefunden. An solchen Knotenpunkten erfolgt die Kommunikation über **Transmitter** wie **Noradrenalin** und **Acetylcholin**.
- Immunzellen besitzen auch Rezeptoren für **Neuropeptide** aus dem Gehirn. Zu diesen Botenstoffen gehören z. B. die **Endorphine**, die an der Schmerzwahrnehmung und am Lustempfinden beteiligt sind *(vgl. Kap. D.5.4)*.

Über diese Kommunikationswege können Gedanken, Gefühle und körperliche Zustände die Aktivität des Immunsystems in vielfältiger Weise beeinflussen. Das Immunsystem ist aber nicht nur Empfänger von Botschaften, sondern sendet auch selbst Signale aus (z. B. **Interleukine**), durch die das Gehirn informiert wird, womit die körpereigene Abwehr gerade beschäftigt ist.

D. Gehirn und Verhalten

1. Einführung

Wir haben in den vorangehenden Kapiteln schon mehrfach verdeutlicht, daß das **Gehirn** die wichtigste Steuerzentrale unseres Körpers ist. Es kontrolliert die **vegetativen Funktionen**, wie Kreislauf, Atmung, Körpertemperatur, Schlaf- und Wachrhythmus, Hormonhaushalt und vieles andere mehr. Dadurch sorgt das Gehirn in Zusammenarbeit mit dem Nervensystem, dem Hormonsystem und dem Immunsystem für relativ konstante Bedingungen im Inneren unseres Körpers. Und nur dadurch ist es möglich, uns sehr unterschiedlichen Lebenssituationen **anzupassen**: Wir ertragen sowohl große Hitze als auch klirrende Kälte; wir können körperlich sehr anstrengende Arbeiten verrichten und uns in Ruhe auf eine komplizierte Aufgabe konzentrieren.

Um zu überleben, reicht die Steuerung dieser vegetativen Funktionen allein nicht aus. Wenn wir z. B. längere Zeit nichts essen, kann der Nährstoffbedarf unserer Zellen zunächst durch **körpereigene Reserven** gedeckt werden. Aber auch diese Reserven wären irgendwann aufgebraucht, und die Körpersubstanz würde angegriffen. Es ist für unsere Selbsterhaltung also absolut notwendig, daß wir Nahrung aufnehmen, um den Zellen **Nährstoffe von außen** zuzuführen.

Die **Verhaltensweisen**, die zur Nahrungsaufnahme führen, werden ebenfalls **vom Gehirn gesteuert**. Mehr noch: Sogar das **Gefühl**, das wir mit dem Bedürfnis nach etwas Eßbarem verbinden, der Hunger, entsteht nicht, wie fälschlicherweise von vielen Menschen angenommen wird, im Magen, sondern **im Gehirn**.

!

Das Gehirn ist das entscheidende Organ, mittels dessen ein Organismus sein Verhalten steuert.

Verhaltensweisen, die der **Erhaltung der eigenen Existenz** dienen, sind am besten untersucht. Dazu gehören: die Nahrungsaufnahme und die Abwehr von Feinden.
In diesen Verhaltensbereichen laufen auch bei uns Menschen die gleichen **physiologischen Programme** ab wie bei anderen Säugetieren. Sie sind allerdings oft durch typisch menschliche Eigenschaften überlagert. Deshalb stammen die Kenntnisse über die **biologischen Verhaltensanteile** hauptsächlich aus Untersuchungen an Tieren. Sie lassen sich aber – mit einigen Einschränkungen – auf uns Menschen übertragen.
Eine gezielte Steuerung des Verhaltens setzt voraus, daß das Gehirn

1. **Reize** aus der Umwelt und aus dem Körperinneren über Sinnesorgane **registriert**,
2. diese **Sinnesdaten** auf der Grundlage angeborener oder erlernter Kriterien **interpretiert**,
3. daraus einen **Handlungsplan** entwirft,
4. diesen Handlungsplan in **koordinierte Bewegungen** umsetzt und
5. das **Ergebnis** des Verhaltens **bewertet**.

Bevor wir uns einzelnen Verhaltensbereichen zuwenden, erläutern wir die Prinzipien der Wahrnehmung, der Bewegungssteuerung und der Verhaltensbewertung durch das Gehirn.

2. Gehirn und Wahrnehmung

Wir „sehen" eine schöne Landschaft, wir „hören" eine traurige Melodie, wir „fühlen" die wärmende Kraft der Sonnenstrahlen, wir „riechen" einen betörenden Duft, und wir „spüren" eine angenehme Berührung. Aber was macht unser Gehirn dabei?
Obwohl das Gehirn das entscheidene Organ für derartige Wahrnehmungen ist, hat es gar **keinen direkten Kontakt** zu diesen Umweltereignissen. Das Gehirn besteht aus **Nervenzellen**, die **für Umweltreize** wie Licht, Schall, Temperatur, Moleküle und mechanischen Druck **nicht empfindlich** sind.

!

Nervenzellen reagieren nur auf elektrische Signale oder entsprechende chemische Signalstoffe (Neurotransmitter und Neuropeptide), die außerhalb des Nervensystems nicht vorkommen.

Damit das Gehirn auf Umweltreize reagieren kann, müssen diese Reize in neuroelektrische und neurochemische Signale **umgewandelt** werden. Dies erfolgt in **Sinnesrezeptoren** *(vgl. Kap. A.6)*.
Alle Sinnesrezeptoren sind so konstruiert, daß sie durch entsprechende Umweltreize **erregt** werden können. Jeder Umweltreiz verändert in den Sinneszellen deren elektrische Eigenschaften, die zur Bildung eines **Rezeptorpotentials** führen. Die **Stärke** dieses Rezeptorpotentials wird schließlich in die „Sprache der Nervenzellen" übersetzt: in eine **Folge von Aktionspotentialen**.
Wie Abb. 117 deutlich macht, verschwinden alle besonderen Eigenschaften, die die Umweltreize hatten.
Man kann den Aktionspotentialen nicht ansehen, ob sie von einem Lichtstrahl, einer Schalldruckwelle oder einem Duftstoff herrühren. Lediglich die **Intensität** ist in der Frequenz der Aktionspotentiale verschlüsselt, **nicht aber die Natur des Umweltreizes**.

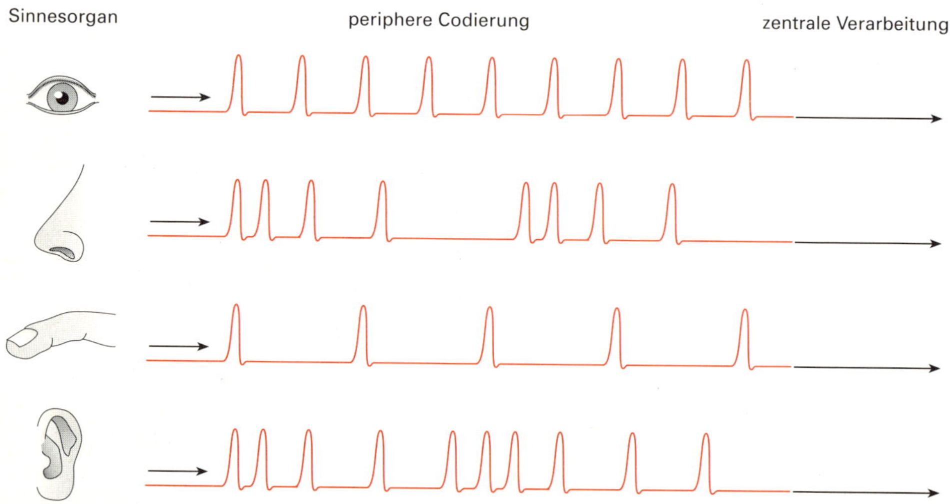

Abb. 117 Umwandlung physikalischer und chemischer Umweltreize in neuroelektrische Signale und deren Verarbeitung im Gehirn, Erläuterungen im Text

Die Gehirnforscher sprechen vom **Prinzip der undifferenzierten Codierung**: verschlüsselt wird nur, daß „soundsoviel an dieser Stelle meines Körpers" passiert, aber nicht „was"!
Praktisch nachvollziehen läßt sich diese Einsicht, wenn man Aktionspotentiale mit Hilfe von Mikroelektroden von verschiedenen Nervenfasern ableitet und über einen Verstärker im Lautsprecher **hörbar** macht. Jedes Aktionspotential erzeugt dabei ein „Klick"-Geräusch. Was sich ändert, ist die

Frequenz, mit der die Klicks ertönen; egal, von welcher Nervenfaser abgeleitet wurde. Die Signale, die dem Gehirn zugeleitet werden, sagen also nicht „blau", „heiß", „laut" usw., sondern nur „klick, klick, klick, ... klick, ... klick, klick" – mal mehr, mal weniger. Und nur weil die Nervensignale im Prinzip **alle gleich** sind, können sie im Gehirn **miteinander verrechnet** werden *(vgl. Kap. A.5.2.3)*.

Herkunft und **Bedeutung** der eintreffenden Nervensignale erschließt das Gehirn aufgrund komplizierter angeborener oder erlernter Fähigkeiten, die jeweils noch nicht vollkommen verstanden werden.

Wir wissen allerdings, daß die Wahrnehmung der **Reizart** (die Modalität) durch den **Ort** festgelegt ist, an dem im Gehirn die durch den Reiz ausgelösten Nervensignale **verarbeitet** werden. Diese Verarbeitung erfolgt hauptsächlich in der **Großhirnrinde**. Durch Ableitungen mit Mikroelektroden konnte gezeigt werden, daß verschiedene **Areale** der Großhirnrinde für die **Verarbeitung bestimmter Reizarten** zuständig sind. Abb. 118 zeigt eine solche Einteilung der Großhirnrinde.

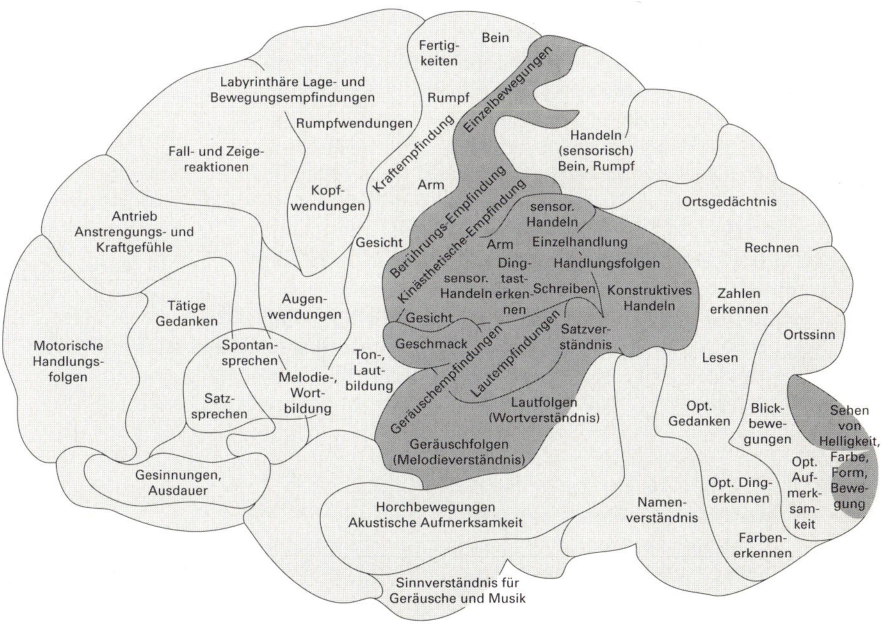

Abb. 118 Aufgliederung der seitlichen Großhirnrinde in Funktionsfelder (Areale)

In der Abbildung sind neben den **sensorischen** Arealen *(grau unterlegt)* auch **motorische** und **assoziative** Funktionsfelder gezeigt. Die motorischen Areale werden uns im nächsten Abschnitt beschäftigen. Als assoziativ werden Areale bezeichnet, denen keine eindeutigen sensorischen oder motorischen Funktionen zugeordnet werden können. Sie sind an **komplexen Gehirnfunktionen** wie Sprache, Gedächtnis und Emotionen beteiligt *(vgl. Kap. D.4)*.

Die einzelnen sensorischen Areale sind ihrerseits funktionell noch weiter **untergliedert**.

Am Beispiel der „Sehrinde" konnte gezeigt werden, daß vier parallel arbeitende Systeme für die verschiedenen Eigenschaften eines visuellen Reizes zuständig sind: eines für die Bewegung, eines für die Farbe und zwei für die Formen des Objektes.
Diese **Sortierfächer** der visuellen Wahrnehmung sind untereinander verschaltet, so daß ein intensiver **Informationsaustausch** möglich ist. Durch die Integration der verschiedenen Sinnesdaten entsteht ein vorläufiges **Konzept** des wahrgenommenen Objektes: die **Objekthypothese** *(vgl. Abb. 119)*.

Die Objekthypothese wird mit gespeicherten Konzepten verglichen. Paßt die Hypothese zu keiner Erfahrung, sucht das Gehirn nach einer neuen Objekthypothese. Ist die Hypothese mehrdeutig, so wechselt das Gehirn zwischen den möglichen Alternativen hin und her.

Ein bekanntes Beispiel für die Schwierigkeiten des Gehirns bei der Interpretation mehrdeutiger Objekte ist das Vexierbild auf der folgenden Seite *(vgl. Abb. 120)*. Einmal zeigt es das Gesicht einer alten Frau, das andere Mal das Seitenprofil einer jungen Frau. Das Gehirn kann nur zwischen beiden Alternativen hin- und herspringen.

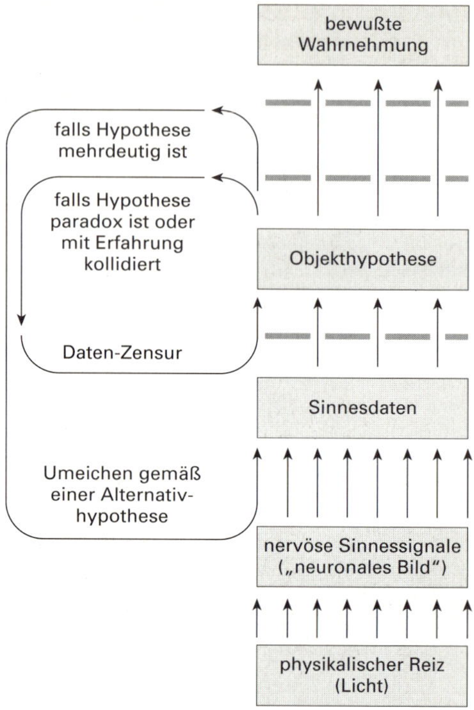

Abb. 119 Vereinfachtes Schema der Datenverarbeitung im Sehsystem unseres Gehirns, Erläuterungen im Text

Aufgabe des Gehirns ist es, aus dem sich fortlaufend ändernden Datenfluß von den Sinnesorganen die bestimmenden Merkmale des wahrgenommenen Objektes herauszufiltern.

Abb. 120 *Alte Frau oder junge Frau?*

Wahrnehmung ist also untrennbar mit **Interpretation** verbunden. Um festzustellen, was es wahrnimmt, begnügt sich das Gehirn nicht damit, die Sinnesdaten zu analysieren, sondern es **konstruiert** sich eine **Vorstellung** von der Außenwelt. Dazu ein sehr „anschauliches“ Beispiel: Was steht auf der folgenden Tafel?

Abb. 121 Täuschung oder Täuschung?

Menschen mit intaktem Sehsystem lesen das Wort TÄUSCHUNG, obwohl die Buchstaben nur teilweise durch Schatten angedeutet sind. Um die schwarzen Gebilde auf der Tafel zu einem plausiblen Muster zu ergänzen, erzeugt das Gehirn von sich aus Linien, wo gar keine sind. Alles klar?

3. Bewegungssteuerung durch das Gehirn

Verhaltensweisen bestehen im Grunde genommen **aus Bewegungen**, die auf der Aktivität von Skelettmuskeln beruhen. Dies gilt für ganz einfache Körperbewegungen, wie das Ergreifen eines Gegenstandes, für komplexere Bewegungsabläufe, wie etwa beim Tennisspielen, ja sogar für die subtile Vermittlung von Gedanken und Gefühlen durch Schreiben, Sprechen, Mimik und Gestik.

!

Alle Bewegungen können nur richtig ausgeführt werden, wenn Körperhaltung und Bewegung ständig genauestens kontrolliert und (falls nötig) korrigiert werden.

Wir haben am Beispiel des Reflexbogens bereits ein relativ einfaches **Verschaltungsprinzip** zur Bewegungskoordination erläutert *(vgl. Kap. A.8.1)*. Das Charakteristische an solchen **Reflexen** ist, daß durch die Reize aus der Umwelt oder aus dem Körperinneren **stereotype Reaktionen** ausgelöst werden, die sich im Laufe der stammesgeschichtlichen oder der individuellen Entwicklung als besonders **zweckmäßige Antworten** auf diese Reize herausgestellt haben. Solche angeborenen oder erlernten Reflexe bestimmen unser tägliches Verhalten, ohne daß wir uns dessen bewußt sind. Beispiele dafür sind: der Schluckreflex, der Hustenreflex und der Schmerzreflex.

Es wäre allerdings zu einfach, Verhalten ausschließlich als das **Zusammenspiel komplizierter Reflexe** zu interpretieren. Für einfach konstruierte Organismen, wie z.B. einen Regenwurm, mag ein solches Modell sogar zutreffen.

Bei Organismen mit einem Gehirn sind die meisten Bewegungen **reizunabhängig**, wie z. B. die rhythmischen Atembewegungen oder das Laufen. Da sie vom Gehirn gesteuert werden, vermuten die Forscher, daß es **Programme** für die jeweiligen Bewegungsabläufe geben muß, die die Muskelaktivitäten steuern.

In der Vergangenheit standen sich die Verfechter der Reflex-Theorie und der Programm-Theorie unversöhnlich gegenüber. Inzwischen ist der wissenschaftlich durchaus nützliche Streit beigelegt. Die heutige Sichtweise vereinigt beide Konzepte durch die Annahme **zentraler Programme**, die **durch Reflexe beeinflußt** werden können.

Abb. 122 zeigt, wie Bewegungskoordination und -kontrolle durch das Gehirn funktionieren.

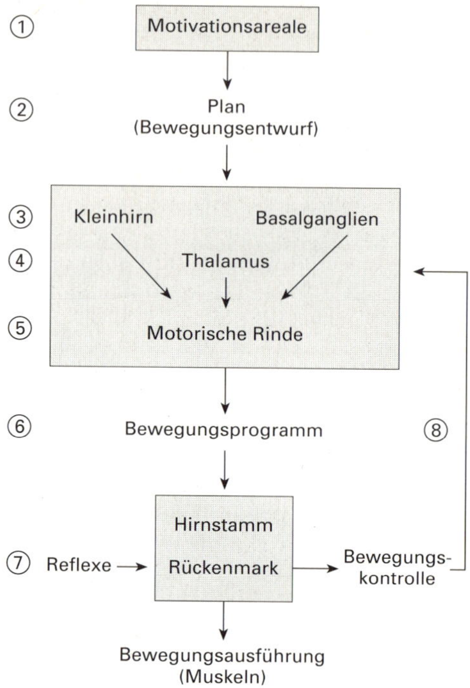

Abb. 122 Schema zur Bewegungssteuerung durch das Gehirn, Erläuterungen im Text

Wie die Abbildung deutlich macht, sind die Gehirnsysteme, die an der Bewegungssteuerung beteiligt sind, **hierarchisch organisiert**. Was passiert, wenn ein Handlungsantrieb in eine Bewegung umgesetzt wird?

① Aus sogenannten **Motivationsarealen** der Großhirnrinde und des limbischen Systems kommt ein **Plan** der Bewegung: der Bewegungsentwurf.
② Ein **Bewegungsentwurf** ist nichts anderes als ein bestimmtes Muster von Aktionspotentialen, das in den Motiva-

tionsarealen entsteht und das an die nächsten motorischen Zentren weitergeleitet wird. Wie solche Aktionspotentials-Muster aus unseren Handlungsantrieben entstehen, ob sie angeborenen Auslösemechanismen entspringen oder unserem freien Willen, ist noch völlig unklar. Da aber der Gedanke bekanntlich zur Handlung drängt, liegt die plausible Annahme nahe, daß sich durch das Denken die neuronale Aktivität des Gehirns so ändert, daß schließlich die Impulse von der motorischen Rinde zur gewünschten Bewegung der Muskeln führen.

③ Der Bewegungsentwurf wird an die nachgeschalteten Zentren, das **Kleinhirn** und die **Basalganglien**, weitergeleitet, die den Entwurf in ein **Bewegungsprogramm** umsetzen. Hier wird also entschieden, welche Muskelgruppen in welcher Weise an der Bewegungsausführung beteiligt werden sollen.

④ Bevor das Bewegungsprogramm an die motorische Rinde weitergeleitet wird, passiert es den **Thalamus**. Dort laufen praktisch alle Sinnesdaten aus dem Körper zusammen – der ideale Ort, um das Bewegungsprogramm auf die jeweils gegebene Situation des Körpers **abzustimmen**. Es macht ja einen Unterschied, von einem Stuhl aufzustehen oder vom Fahrrad zu steigen. Wer es nicht glaubt, versuche es umgekehrt!

⑤ Nach dieser Feineinstellung wird das Bewegungsprogramm der **motorischen Rinde** zugeleitet.

Entdeckt wurde dieses Areal schon vor mehr als 100 Jahren. Durch elektrische Reizung bestimmter Stellen der Großhirnrinde von Hunden konnten Muskelzuckungen und Bewegungen auf der entgegengesetzten Körperseite ausgelöst werden. Mittlerweile wurde mit dieser Technik, die völlig schmerzfrei ist, auch die Großhirnrinde von Menschen untersucht. Dabei stellte sich heraus, daß praktisch jedem Muskel in unserem Körper eine bestimmte Stelle (d. h. eine Gruppe von Nervenzellen) in der Großhirnrinde zugeordnet werden kann. Reizt man diesen Punkt elektrisch, so zuckt bei allen Menschen der gleiche Muskel – beim Kleinkind wie beim Erwachsenen. Die motorische Rinde ist also lediglich für die **richtige Ausführung** von Bewegungsprogrammen zuständig.

Die Experimente förderten noch eine weitere Einsicht zutage. Durch die eindeutige Zuordnung bestimmter Großhirnpunkte zu bestimmten Muskeln konnte der gesamte Körper sozusagen Punkt für Punkt auf der Großhirnrinde **abgebildet** werden. Was allerdings bei der zeichnerischen Darstellung dieser **arbeitsteiligen Repräsentation des Körpers** in der Großhirnrinde herauskam, zeigt Abb. 123.

Die bizarre Gestalt dieses „Rindenmenschleins" rührt daher, daß unser Körper in der Großhirnrinde nicht in 1:1-Relation abgebildet wird, sondern nach den biologischen Erfordernissen – und das heißt: dem jeweiligen **Steuerungsaufwand**.

Da die Hände als Werkzeuge des Hantierens, Lippen und Zunge als Sprechapparate und die Füße für den aufrechten Gang einer sehr viel differenzierteren Steuerung unterliegen als der Rumpf, sind an der Steuerung dieser Körperteile überdurchschnittlich viele Nervenzellen beteiligt. Dies geschieht gewissermaßen auf Kosten anderer Körperregionen, die mit einem geringeren Steuerungsaufwand kontrolliert werden können. Entsprechend groß oder klein sind die dafür zuständigen Areale der Großhirnrinde.

Abb. 123 Zeichnerische Darstellung der Repräsentation des Körpers in der Großhirnrinde, Erläuterungen im Text

⑥ Die Aktionspotentiale aus der motorischen Rinde werden über dicke Faserbündel im **Rückenmark** abwärts zu den verschiedenen Muskelgruppen geleitet, die das Bewegungsprogramm letztendlich **ausführen**. Die Faserbündel aus der linken und der rechten Gehirnhälfte kreuzen im Hirnstamm zu mehr als 90% auf die jeweils andere Körperhälfte. Die linke Hirnrinde versorgt demnach die rechte Körperhälfte und umgekehrt.

⑦ Im Bereich des Rückenmarks können verschiedene **Reflexe** in den Ablauf des Bewegungsprogramms korrigierend eingreifen. Das passiert z.B., wenn wir beim Laufen ins Stolpern geraten.

⑧ Alle Bewegungen werden dem Gehirn zur **Kontrolle** und **Korrektur** zurückgemeldet, d.h. auch die Bewegungskoordination ist als geschlossener Regelkreis organisiert.

4. Verhaltensbewertung durch das Gehirn

Bei allem, was wir tun, **bewertet** unser Gehirn, ob es für uns gut oder schlecht war, ob es uns Lust bereitete oder nicht und ob es unseren Erwartungen entsprach. Das **Ergebnis** dieser Bewertung wird in unserem **Gedächtnis** gespeichert. Es drückt sich allerdings meist **nicht in logischen Schlußfolgerungen, sondern in Gefühlen** aus: Wir tun etwas „gern", weil es uns „Spaß macht", oder

vermeiden etwas, weil wir dagegen eine Abneigung empfinden.
Erinnerungen und Gefühle sind an all unseren Verhaltensentscheidungen beteiligt. Wir wollen deshalb auch diese beiden Gehirnleistungen kurz behandeln.

4.1. Gehirn und Gedächtnis

!

Gedächtnis ist die Fähigkeit des Gehirns, Erfahrungen zu **speichern** und sich daran zu **erinnern**, d. h. Gespeichertes wieder abrufen zu können.

Unter dem Gesichtspunkt der **Informationsverarbeitung** funktioniert das Gehirn ähnlich wie ein Computer. Es muß drei wesentliche Operationen durchführen:

1. Die eintreffenden sensorischen Reize müssen in neuronale Signale übersetzt werden, die das Gehirn verarbeiten kann (**Codierung**, *vgl. Kap. D.2)*.
2. Ein Teil des codierten Materials wird über die Zeit aufbewahrt (**Speicherung**).
3. Die gespeicherten Informationen werden zu einem späteren Zeitpunkt wiederaufgefunden (**Abruf**).

Was das Gehirn vom Computer wesentlich unterscheidet, ist die **Stabilität** von Erinnerungen. Die Billionen von Synapsen in unserem Gehirn erlauben zwar eine sehr viel **komplexere** Informationsverarbeitung, aber es kommt dadurch zu **spontanen Veränderungen** der Gedächtnisinhalte. Unser Gedächtnis arbeitet nicht wie ein Photoalbum oder ein Film, in dem die Ereignisse in exakten Kopien festgehalten sind. Das, woran wir uns erinnern, wird durch viele Faktoren beeinflußt und modifiziert:

- Wir speichern nur einen **geringen Teil** der von uns aufgenommenen Informationen (nach Schätzungen nur etwa 1 Prozent!).
- Einen Großteil der einmal gespeicherten Information **vergessen** wir wieder. Das ist zwar einerseits lästig (besonders für Lernende), andererseits schützt es uns vor einer Überflutung mit Daten.
- Wir speichern meistens keine Einzelheiten, sondern **Konzepte**. Beim Lesen dieses Buches werden nicht die wörtlichen Formulierungen der einzelnen Sätze behalten (bis auf die mit dem „!" natürlich), sondern die faktischen Zusammenhänge. Bei einer Überprüfung unseres Wissens erinnern wir uns an das Konzept, und die Sprachmechanismen liefern uns die notwendigen verbalen Begriffe dazu.
- Wir können neue Daten leichter behalten, wenn sie unter Nutzung bereits gespeicherter Informationen aufbewahrt werden. Eine neue Information über die synaptische Signalübertragung wird viel leichter behalten, wenn ich schon etwas über Synapsen weiß, als wenn ich zum ersten Mal etwas davon lese oder höre.

- Eine Information wird um so wahrscheinlicher behalten, je öfter sie wiederholt oder „geübt“ wird.

Diese und andere Befunde legen nahe, daß es in unserem Gehirn mindestens **drei Gedächtnissysteme** gibt *(vgl. Abb. 124)*: Ein Ultrakurzzeitgedächtnis (auch sensorisches Gedächtnis genannt), ein Kurzzeitgedächtnis und ein Langzeitgedächtnis.

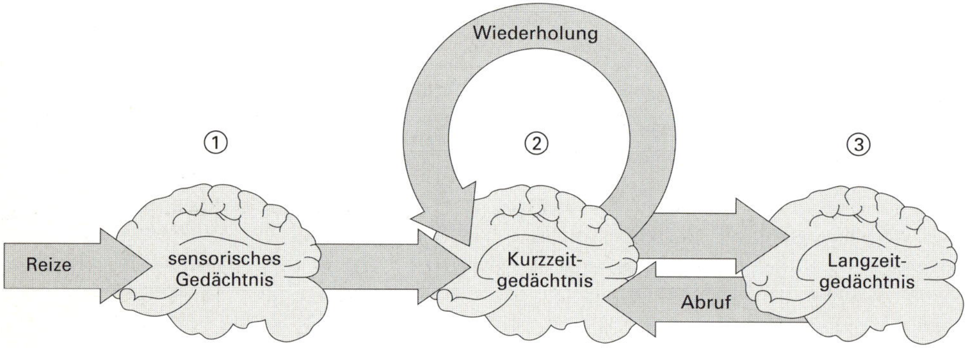

Abb. 124 Schematische Darstellung der Organisation des Gedächtnisses beim Menschen

① Durch das **sensorische Gedächtnis** werden Sinneseindrücke für 1 bis 2 Sekunden sehr **exakt** festgehalten (daher auch die Bezeichnung „Ultrakurzzeitgedächtnis“). Ohne diesen Speicher würden wir Reize nur solange „sehen“ oder „hören“, wie sie physikalisch vorhanden wären – nicht lange genug, um sie zu erkennen und sie zur weiteren Verarbeitung leiten zu können.

② Ins **Kurzzeitgedächtnis** gelangen nur solche Sinneseindrücke aus dem sensorischen Gedächtnis, denen wir genügend **Aufmerksamkeit** schenken. Durch diesen Selektionsvorgang werden diejenigen Reize herausgefiltert, auf die wir uns konzentrieren wollen (z. B. auf einer lauten Party einem Gesprächspartner zuhören) oder sollen (z. B. in einer Gefahrensituation). Allerdings ist auch hier die Speicher**dauer** sehr kurz: Sie beträgt für eine Informationseinheit nur 20 Sekunden. Auch die Speicher**kapazität** ist sehr begrenzt: Wir können nicht mehr als ungefähr 7 Einzelelemente festhalten.

D/1

Aufgabe:

Lies die folgende Liste von Zufallszahlen **einmal** durch, decke sie dann zu, und schreibe davon so viele wie möglich in der Reihenfolge auf, in der sie erscheinen.

8 1 7 3 6 4 9 4 2 8 5

Lösung: ______________________________

Lies die Liste zufällig ausgewählter Buchstaben **einmal** durch und wiederhole den Gedächtnistest.

J M R S O F L P T Z B

Lösung: ______________________________

Das Kurzzeitgedächtnis ist das **einzige** Gedächtnissystem, in dem Material **bewußt verarbeitet** wird. In diesem Fall hält sich das Material weitaus länger als 20 Sekunden – eben solange, wie es mit bewußter Aufmerksamkeit bedacht wird. Auch Material aus dem Langzeitgedächtnis kann nur im Kurzzeitgedächtnis neu bearbeitet werden. Deshalb wird es auch als **Arbeitsgedächtnis** bezeichnet.

③ Das **Langzeitgedächtnis** ist der Großspeicher für alle Erfahrungen, Informationen, Fertigkeiten, Regeln, Urteile, Wörter, Kategorien – kurz für das, was wir über uns und über die Welt wissen.

Während im Kurzzeitgedächtnis Informationen **sequentiell**, d. h. in der zeitlichen Abfolge ihres Eintreffens gespeichert werden, organisiert das Langzeitgedächtnis Erinnerungen nach ihrer **Bedeutung**. Neue Informationen können so in einen **Kontext*** eingeordnet werden.

Im Langzeitgedächtnis werden nicht nur sensorische Informationen von außen gespeichert, sondern auch intern im Gehirn entstehendes Material, wie kreative Gedanken, Meinungen, Wünsche. Je nach Informationstyp unterscheidet man verschiedene **Arten** von Gedächtnis.

- Im **prozeduralen*** Gedächtnis sind **Fertigkeiten** gespeichert, wie z. B. Fahrrad fahren oder mit Messer und Gabel essen. Wir erinnern uns ihrer meist unbewußt.
- Im **deklarativen*** Gedächtnis sind **Fakten** über alles mögliche gespeichert, z. B. wie man eine echte „Sauce hollandaise“ zubereitet.
- Im **semantischen*** Gedächtnis sind die **Bedeutungen** von Wörtern und Begriffen gespeichert – eine Art Wörterbuch im Kopf.

- Im **episodischen*** Gedächtnis sind Erinnerungen an **persönliche Ereignisse** gespeichert – sozusagen eine Autobiographie.

– Wie ist das Gedächtnis konstruiert?

Diese Frage beschäftigt die Forschung schon lange und sie ist noch immer nicht befriedigend geklärt. Einige Tatsachen sind jedoch bekannt.
Unser Kurzzeitgedächtnis funktioniert auf der Basis **neuronaler Schaltkreise** mit **positiver Rückkopplung** *(vgl. Abb. 125)*.

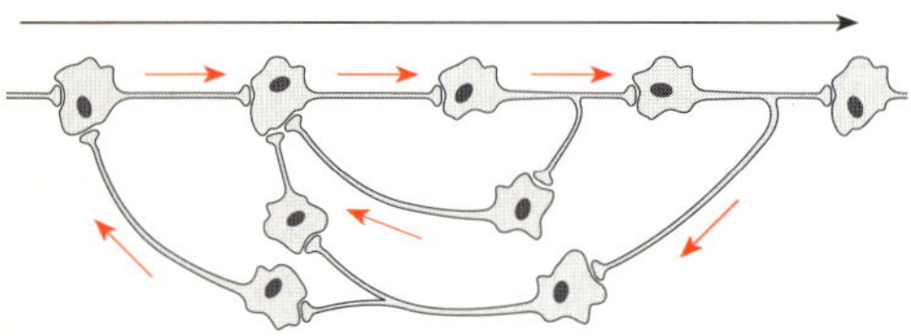

Abb. 125 Schematische Darstellung eines neuronalen Schaltkreises mit positiver Rückkopplung

In einer solchen Schaltung wird eine einmal ausgelöste, von links kommende Erregung für längere Zeit darin kreisen, da es durch die erregenden, rückläufigen Axonverzweigungen immer wieder zu einer erneuten Aktivierung der Nervenzellen kommt. An seinem rechten Ausgang gibt der Schaltkreis das kreisende Erregungsmuster ab (zur Speicherung im Langzeitgedächtnis?). Erfolgt die Rückkopplung nicht hundertprozentig, wird das Kreisen der Erregung langsam schwächer und klingt schließlich völlig ab.

Für das Langzeitgedächtnis reichen solche Schaltkreise allein nicht aus. Die dauerhafte Speicherung wird durch **Veränderungen** an den beteiligten **Synapsen** bewirkt. An Synapsen im **Hippocampus** – einer Gehirnregion, die für die Übertragung von Informationen ins Langzeitgedächtnis zuständig ist – wurde ein Mechanismus entdeckt, der als **Langzeitpotenzierung** bezeichnet wird *(vgl. Abb. 126)*.
Eine solche Synapse arbeitet mit **Glutaminsäure** als Transmitter. Im Unterschied zu „normalen" Synapsen sitzen in der postsynaptischen Membran **zwei verschiedene Rezeptoren** für Glutaminsäure. Wie arbeitet diese Synapse?

① Ankommende Aktionspotentiale öffnen Calcium-Kanäle, durch die Calcium in die präsynaptische Endigung einströmt. Das hat die Freisetzung von Glutaminsäure aus synaptischen Vesikeln zur Folge.

② Glutaminsäure bindet an beide Rezeptor-Typen. Zuerst reagiert aber nur der eine Rezeptor-Typ, der Natriumkanäle öffnet. Dadurch kommt es zu einer Depolarisierung der postsynaptischen Membran.

③ Durch diese Depolarisierung wird auch der zweite Rezeptor-Typ aktiviert, indem er Magnesium-Ionen, die die Blockierung bewirkt hatten, aus den Ionenkanälen freisetzt. Jetzt können Calcium-Ionen in die Zelle einströmen.

④ Diese Calcium-Ionen aktivieren verschiedene **Proteinkinasen**, die die Langzeitpotenzierung einleiten.

⑤ Die postsynaptische Zelle setzt daraufhin einen Botenstoff (Stickstoffmonoxid) frei, der durch die Zellmembran zur präsynaptischen Endigung diffundiert.

⑥ In der präsynaptischen Endigung bewirkt der Botenstoff, daß die Freisetzung von Glutaminsäure **gesteigert** wird. Dadurch bleibt die Langzeitpotenzierung erhalten.

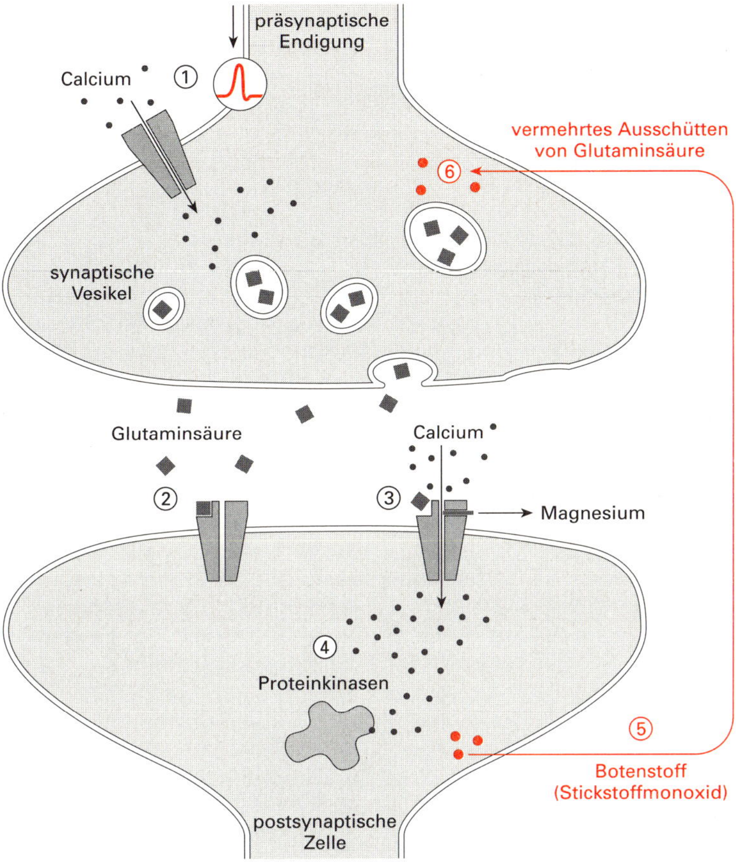

Abb. 126 Schematische Darstellung einer Synapse mit Langzeitpotenzierung, Erläuterungen im Text

4.2 Gehirn und Gefühle

Gefühle oder **Emotionen*** stellen einen wichtigen – und oft auch dramatischen – Aspekt tierischen und menschlichen Verhaltens dar. Wir wissen alle aus eigener Erfahrung, wie stark Emotionen unser Erleben bestimmen können, von riesiger Freude über lähmende Furcht bis zu schäumender Wut. Auf das **Bewegende** verweist auch der lateinische Ursprung des Wortes Emotion.

!

Emotionen sind komplexe Muster von Veränderungen in einem Organismus, die als Reaktion auf Situationen auftreten, welche für ein Individuum persönlich bedeutsam sind und die physiologische Erregung (z. B. Herzklopfen), Gefühle (z. B. Angst), Denkprozesse (z. B. Situationsbewertung) und Ausdruck (z. B. Weinen) einschließen.

In Emotionen drückt sich eine angeborene oder erworbene **Bewertung** von Verhaltenssituationen aus.
Es handelt sich demnach um einen Vermittlungsmechanismus, der eine **optimale Verhaltensreaktion** des Organismus auf ein für seine Bedürfnisse und Zielsetzungen bedeutsames Ereignis gewährleistet.
Emotionen **steigern** – so paradox es auch scheinen mag – die **Flexibilität** des Verhaltens. Wir sind dadurch nicht gezwungen, auf einen äußeren Reiz instinktiv zu reagieren, sondern haben die Möglichkeit, ihn im Hinblick auf unsere Bedürfnisse, Wünsche und Erwartungen zu bewerten und unsere Reaktion darauf abzustimmen. (Daß dabei Gedächtnis und Erinnerungen eine entscheidende Rolle spielen, sei hier nur erwähnt.)

Die **Bewertung** erfolgt nach der Theorie von LAZARUS in einem zweistufigen Prozeß:

- Bei der **ersten Einschätzung** wird geprüft, ob ein Ereignis für den Organismus angenehm, unangenehm oder unwichtig ist: Finde ich es nett, daß der Nachbar seine Musik so laut hört, stört es mich oder ist es mir egal?
- Bei der **zweiten Einschätzung** wird geprüft, welche Ressourcen dem Organismus zur Bewältigung des Ereignisses zur Verfügung stehen: Wenn es mich stört, was kann ich dagegen tun? Soll ich hingehen und mich beschweren? Was ist, wenn er nicht aufmacht? Soll ich den Hausmeister einschalten? Vielleicht merkt er ja gar nicht, wie laut es ist? Na ja, so laut ist es nun auch wieder nicht! Aber unverschämt ist es schon ...

Die Bewertung führt zur Aktivierung einer entsprechenden **Handlungsbereitschaft**, z. B. zum Nachbarn zu gehen und ihm „die Meinung zu sagen". Die aktivierte Handlungsbereitschaft ist eine wesentliche Voraussetzung für die Durchführung des entsprechenden Bewegungsprogramms *(vgl. Kap. D.3)*.
Die Emotionen bereiten den Organismus auf die anstehende Verhaltensreaktion auch **physiologisch** vor. Es kommt darauf an, die Energien für die mit der Verhaltensreaktion verbundenen Belastungen bereitzustellen. Wie das genau funktioniert, erläutern wir in Abschnitt D.5.3.

Insbesondere bei uns Menschen führen solche Zustände zu **Gefühlen** – innerlich erlebten Eindrücken, die wir mit Worten wie „ärgerlich", „traurig" oder „wütend" umschreiben. Es scheint sich um **angeborene** Erlebniskategorien zu handeln, denn Menschen aus den unterschiedlichsten Kulturen zeigen die gleichen emotionalen Gesichtsausdrücke *(vgl. Abb. 127)*.

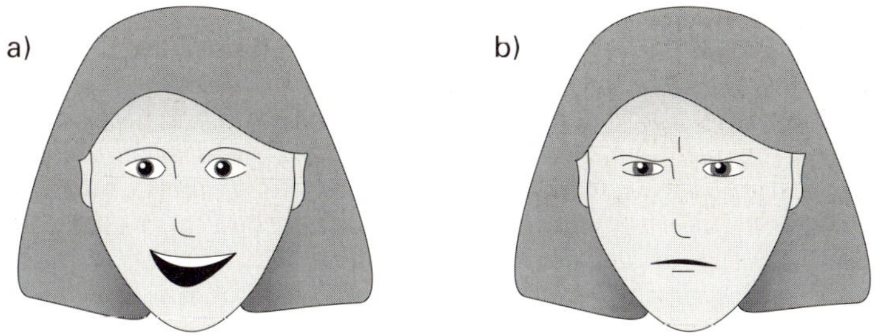

Abb. 127 Emotionale Gesichtsausdrücke für a) Freude, b) Ärger/Wut

Nach einem Vorschlag von PLUTCHIK gibt es acht angeborene Grundgefühle. Sie sind in Abb. 128 als Gegensatzpaare innerhalb des Kreises einander gegenüber gestellt. Von allen anderen Emotionen wird angenommen, daß es sich um Abkömmlinge, Variationen oder Mischungen dieser grundlegenden acht Gefühle handelt. Liebe wäre demnach eine Kombination aus Freude und Akzeptanz, Aggressivität eine Kombination aus (enttäuschter) Erwartung und Wut.

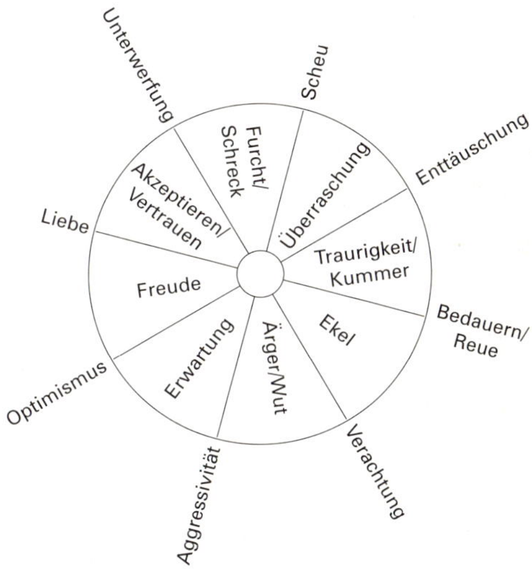

Abb. 128 Dimensionen der Gefühle nach PLUTCHIK

5. Steuerung und Regelung der Verhaltensmotivation

5.1 Das biologische Motivationsmodell

Wir wollen uns nun den beiden folgenden Fragen zuwenden: Was setzt Verhalten in Gang und wodurch wird es aufrechterhalten oder beendet?
Es handelt sich hier um Fragen, die nicht nur von der Biologie, sondern – wenn es sich um **menschliches Verhalten** handelt – auch von der Psychologie bearbeitet werden. Beide Wissenschaften verwenden ein **Konzept**, das geeignet ist, Antworten auf die gestellten Fragen zu liefern. Es handelt sich um das Konzept der **Motivation**.
Unter Motivation werden die **aktivierenden** und **richtunggebenden** Faktoren des Verhaltens verstanden. Synonyme Begriffe aus der Alltagssprache sind: Bedürfnis, Wunsch, Intention, Motiv, Trieb.
Verhaltensursachen, deren **biologische Voraussetzungen** im Vordergrund stehen (im Gegensatz zu den sozialen), werden auch als **Instinkte** bezeichnet. Nach der Instinktlehre der tierischen Verhaltensforschung handelt es sich um im wesentlichen **angeborene** Verhaltenstendenzen, die für das Überleben der Art notwendig sind.

5.2. Die Regulation der Nahrungsaufnahme

Die Nahrungsaufnahme gehört zu den Verhaltensbereichen, die sich regeltechnisch gut darstellen lassen, weil das Verhalten dazu dient, eine interne Größe (hier: den **Versorgungszustand** des Organismus mit Nährstoffen) **konstant** zu halten, obwohl die Zufuhr sehr unregelmäßig erfolgt und der Verbrauch großen Schwankungen unterliegt.
Damit ein Organismus seine Nahrungsaufnahme bedarfsgerecht regulieren kann, muß er

1. sein **Versorgungsdefizit fühlen** (Hunger),
2. Eßverhalten in Gang bringen, um **Nährstoffe aufzunehmen**,
3. Menge und Qualität des Gegessenen **überwachen** und
4. fühlen, wann es genug ist, um das Essen zu **beenden** (Sättigung).

Einen einfachen **Regelkreis** zur Veranschaulichung der Regulation der Nahrungsaufnahme zeigt Abb. 129 *(vgl. auch Kap. B.3.1).*

– Wie entsteht Hunger?

Wenn wir Hunger verspüren, „knurrt" normalerweise der Magen. Es handelt sich um Kontraktionen des Magens **im leeren Zustand**. Deshalb wurde lange Zeit angenommen, daß Hungergefühle durch diese unangenehmen Krämpfe entstehen.
Inzwischen ist bewiesen, daß diese „Leerkontraktionen" für die Wahrnehmung des Nährstoffdefizits völlig überflüssig sind. Ein Mensch, dessen Magen aus medizinischen Gründen entfernt wurde, verspürt trotzdem Hungergefühle.
Wie entdeckt der Körper seinen Mangel an Nährstoffen?
Durch Experimente mit Ratten konnte der **Hypothalamus** als entscheidendes Kontrollzentrum identifiziert werden. Durch

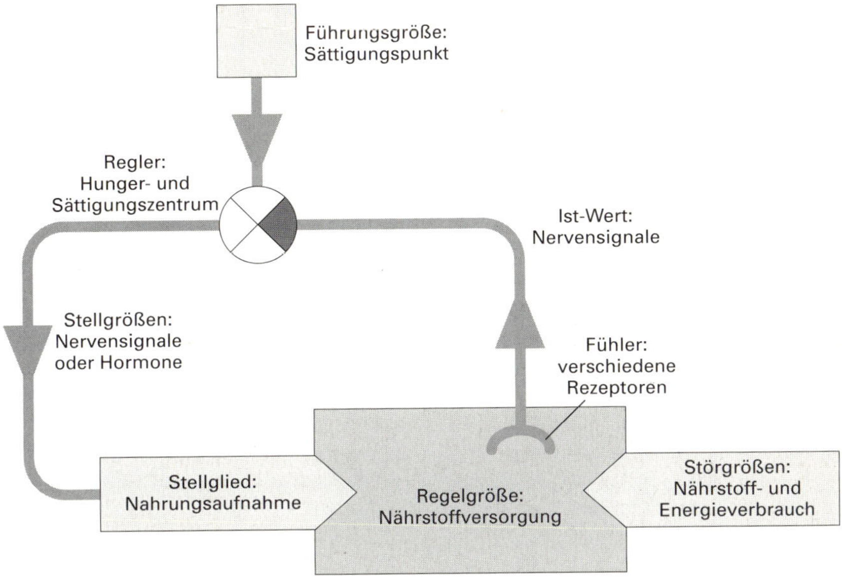

Abb. 129 Einfacher Regelkreis für die Regulation der Nahrungsaufnahme, Erläuterungen im Text

elektrische Reizung eines bestimmten Areals wurden die Tiere zur Nahrungsaufnahme veranlaßt; die Reizung eines anderen Areals führte dazu, daß die Tiere aufhörten zu fressen, obwohl sie unter normalen Umständen weitergefressen hätten.

Daraus leiteten die Forscher ab, daß es im Hypothalamus ein **Hungerzentrum** und ein **Sättigungszentrum** geben muß, deren Zusammenspiel die Nahrungsaufnahme reguliert.

Wird das Hungerzentrum auf normale Weise (d. h. nicht im Experiment) durch innere Signale stimuliert, kommt es zur Nahrungsaufnahme. Wird dagegen dem Sättigungszentrum eine ausreichende Nährstoffversorgung gemeldet, wird die Nahrungsaufnahme beendet oder sie unterbleibt ganz. Beide Zentren müssen sich gegenseitig hemmen, so daß bei Stimulation des einen das jeweils andere nicht aktiviert werden kann.

Welche **inneren Signale** stimulieren das Hungerzentrum?

Die Leerkontraktionen des Magens konnten wir bereits ausschließen.

Einen entscheidenden Einfluß hat dagegen die abnehmende **Verfügbarkeit von Glucose**. Weil die Zellen ständig Glucose zur Energiegewinnung verbrauchen, sinkt der Blutzuckerspiegel. Wie wir bereits erläutert haben, führt das normalerweise zu hormonell gesteuerten Gegenmaßnahmen, die dazu führen, daß Glucose aus Depots freigesetzt wird *(vgl. Kap. B.4.2)*.

Da auch im Hypothalamus der Glucose-

Mangel durch entsprechende Rezeptoren registriert wird, werden wir hungrig.

Dieses Signal ist allerdings nicht so intensiv, daß wir es nicht ignorieren könnten. Das Hungergefühl verschwindet dann erst einmal wieder. Nach einiger Zeit machen sich allerdings die **Symptome des Glucose-Mangels** bemerkbar:

- Konzentrationsstörungen und Müdigkeit, weil das Gehirn am empfindlichsten auf den Glucose-Mangel reagiert;
- Zittrigkeit und unterschwellige Aggressivität, weil der weiterhin sinkende Blutzuckerspiegel die Adrenalin-Freisetzung stimuliert;
- „Frösteln", weil der Organismus sozusagen auf Sparflamme schaltet und bei Glucose-Mangel die körpereigene Wärmeproduktion drosselt.

Da es außer den Thermorezeptoren in der Haut auch Thermorezeptoren im Hypothalamus gibt, wird angenommen, daß dieser **Rückgang der Wärmeproduktion** auch im Hypothalamus registriert wird und ebenfalls zum Hungergefühl beiträgt.

Wird zu diesem Zeitpunkt noch immer keine Nahrung aufgenommen, kann der Organismus auf die Fettreserven zurückgreifen (sofern vorhanden). Dabei werden Fettsäuren durch enzymatischen Abbau aus den Fettzellen ins Blut freigesetzt. Im Blut werden die Fettsäuren (wegen ihrer hydrophoben Eigenschaften) in kleinen kugeligen Partikeln transportiert. Deren Konzentration wird ebenfalls im Hypothalamus von entsprechenden Rezeptoren gemessen. Eine **erhöhte Konzentration an Fettsäuren** im Blut verstärkt das Hungergefühl, weil dadurch der Abbau von Fettdepots signalisiert wird.

Mit diesem Mechanismus kann ein Organismus auch **langfristig** seine Nahrungsaufnahme und damit sein **Körpergewicht** regulieren.

Zum Beispiel fressen zwangsgemästete Tiere so lange weniger, bis die zusätzlich angelegten Fettdepots wieder abgebaut sind. Umgekehrt fressen ausgehungerte Tiere so lange, bis die Fettdepots wieder aufgefüllt sind.

Offensichtlich benötigt jeder Organismus eine bestimmte Masse an Fett, die in seinen Fettzellen gespeichert sein muß (der Vorrat für Notzeiten). Bei Überschreitung dieser Masse wird die Nahrungsaufnahme gedrosselt, bei Unterschreitung wird sie gesteigert. Stimmt die Masse, hat der Organismus seinen **Sättigungspunkt** erreicht, den Soll-Wert in unserem Regelkreis. Dieser Sättigungspunkt hat einen beträchtlichen Einfluß darauf, **wieviel wir essen** und vor allem, **wieviel wir wiegen.**

Übergewichtige Menschen, die es nach dieser Vorstellung eigentlich nicht geben dürfte, besitzen **mehr Fettzellen** als normalgewichtige Personen. Meist werden sie durch Überfütterung in der Kindheit angelegt, wobei eine erbliche Veranlagung nicht ausgeschlossen werden kann. Danach verändert übermäßiges Essen oder eine Diät nur noch das **Volumen** der Fettzellen, nicht jedoch ihre **Anzahl**. Die bleibt für den Rest des Lebens ziemlich konstant.

Das bedeutet, daß ein Mensch mit vielen Fettzellen durch eine Diät zwar Gewicht verlieren und abmagern kann; er wird aber oft hungrig sein, also ein **latent Übergewichtiger** bleiben, weil der Sättigungspunkt unterschritten ist.

Hinzu kommt, daß wir nicht nur essen, wenn wir uns hungrig fühlen, sondern auch, um **Hunger** zu **vermeiden**. Unsere Gewohnheit, zu bestimmten Uhrzeiten zu essen, spiegelt diese **vorausplanende** Nahrungsaufnahme sehr gut wieder. Sie dient nicht dem akuten Ausgleich eines bereits vorhandenen Defizits, sondern der

erwartete Energiebedarf wird vorwegnehmend abgedeckt.
Das kann allerdings schnell zu Gewichtsproblemen führen, wenn die Rückmeldungen aus dem Körper nicht beachtet werden, sondern zu sehr **nach starken Regeln** gegessen wird (z. B. immer zu denselben Zeiten, immer den Teller leeressen u. ä.).

Wir können nun unser Regelkreis-Modell von S. 183 entsprechend erweitern.
Die internen Faktoren (**Verfügbarkeit an Glucose, Wärmeproduktion, Blutfettspiegel**) werden im Hypothalamus durch **Glucose-, Thermo-** und **Liporezeptoren** gemessen und die so gewonnenen Ist-Werte mit den Soll-Werten verglichen. **Abweichungen lösen Hungergefühle aus.**

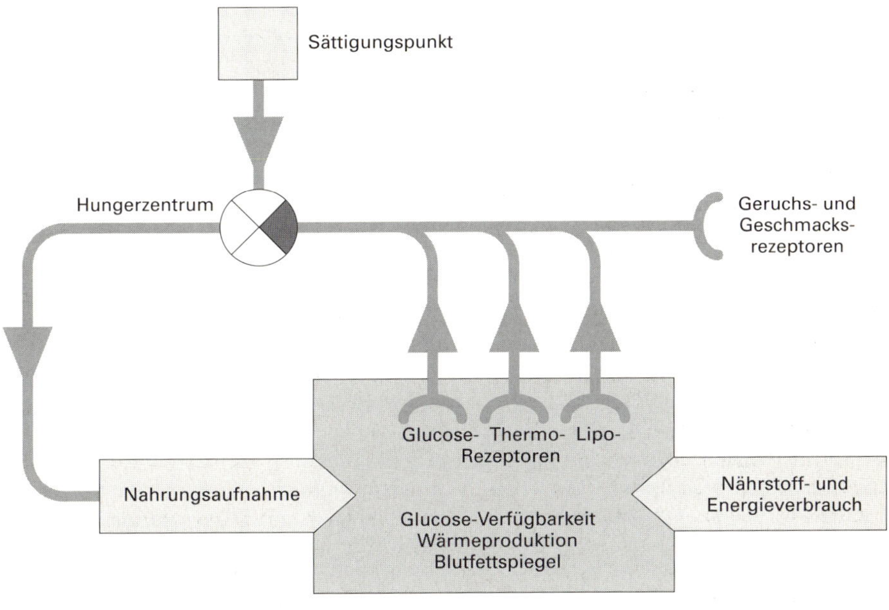

Abb. 130 Erweiterter Regelkreis zur Regulation der Nahrungsaufnahme, Erläuterungen im Text

Eine letzte Erweiterung unseres Modells macht vor allem für uns Menschen die Nahrungsaufnahme nicht nur zu einer biologischen Notwendigkeit, sondern auch zu einer lustvollen Angelegenheit: Wir haben nicht immer Hunger, sondern sehr oft **Appetit**.

!

Hunger ist ein eher unspezifisches, meist unbehagliches Verlangen nach Nahrung, das im wesentlichen von **inneren Signalen** gesteuert wird.
Appetit ist ein eher lustvolles Bedürfnis nach einer bestimmten Speise, das hauptsächlich durch **äußere Signale** gesteuert wird.

Daß uns schon beim Anblick oder beim Riechen geliebter Speisen „das Wasser im Munde zusammenläuft", verweist auf den bedeutenden Einfluß, den **sensorische Faktoren** wie Geruch, Geschmack, Farbe u. ä. auf die Nahrungsaufnahme beim Menschen haben können. Selbst die Vorstellung (z. B. durch das Lesen dieses Textes) kann dazu beitragen.
Das erweiterte Modell *(vgl. Abb. 130)* berücksichtigt diesen **Einfluß sensorischer Faktoren**.

– Wie entsteht Sättigung?

Wird durch Nahrungsaufnahme der **Nährstoffmangel aufgehoben**, signalisieren dieselben Rezeptoren die **Angleichung** der Ist-Werte. Durch diese **negative Rückkopplung** verschwindet das Hungergefühl. Statt dessen stellt sich ein Gefühl der **Sättigung** ein.
Voraussetzung für die negative Rückkopplung ist, daß die Nährstoffe **verdaut** und **resorbiert** wurden. Erst dann können die Glucose-, Thermo- und Liporezeptoren im Hypothalamus auf die Stoffwechselveränderungen reagieren.
Verdauung und Resorption sind Vorgänge, die einige Stunden dauern können. Satt werden wir aber sehr viel **schneller**!
Es muß demnach außer der Sättigung durch die **vermehrte Verfügbarkeit von Glucose**, die **gesteigerte Wärmeproduktion** und die **aufgefüllten Fettspeicher** weitere Sättigungssignale geben, die **vor der Resorption** der Nährstoffe wirksam werden.
Zu diesen **präresorptiven** Faktoren gehören:

- die Reizung von **Geruchs-** und **Geschmacksrezeptoren** im Mund-Nasen-Rachen-Raum;
- die **Kaubewegungen**, die vom Gehirn registriert werden;
- die **Füllung des Magens**, die von **Mechanorezeptoren** in der Magenwand ans Gehirn gemeldet wird;
- die Reizung von **Chemorezeptoren** im Magen und im Dünndarm durch Verdauungsprodukte.

Durch diese Faktoren wird ein Sättigungsgefühl ausgelöst, lange bevor die **resorptiven** Sättigungssignale wirksam werden.
Regeltechnisch bedeutet diese Unterscheidung von präresorptiven und resorptiven Sättigungssignalen, daß nicht erst die körperlichen Konsequenzen der Nahrungsaufnahme zurückgemeldet werden, sondern schon **das Eßverhalten selbst**.
Da zu diesem Zeitpunkt die Nährstoffe noch nicht resorbiert sind, entspricht das einer **Vorwegmeldung**, die die Nahrungsaufnahme **rechtzeitig beendet**.
Wären nur die resorptiven Sättigungssignale wirksam, würden wir uns regelmäßig „überfressen". Sie sind allerdings notwendig, damit das Sättigungsgefühl **langfristig aufrechterhalten** wird – bis zum nächsten Hunger.

5.3. Die Steuerung des Kampf- und Fluchtverhaltens

Die Entdeckung des **Hypothalamus** als der entscheidenden Steuerzentrale für die Nahrungsaufnahme erfolgte durch elektrische Reizung kleiner Areale mit Mikroelektroden. Mit dieser Technik konnte nachgewiesen werden, daß auch andere Verhaltensweisen vom Hypothalamus gesteuert werden.

Reizt man z. B. bei einer Katze ein Areal des Hypothalamus direkt neben dem Sättigungszentrum, kann man ein typisches **Abwehrverhalten** beobachten: die Katze faucht, spreizt die Zehen, fährt ihre Krallen aus, macht einen Katzenbuckel und stellt ihr Fell auf. Gleichzeitig werden ihre Pupillen stark erweitert, die Atmung wird heftiger, das Herz schlägt schneller, und der Blutdruck steigt an. (Wer Kapitel A.9 aufmerksam gelesen hat, ahnt sofort, daß hier der **Sympathicus** im Spiel ist!)

Die gleichen Reaktionen, die in diesem Experiment durch Reizung einiger Nervenzellen des Hypothalamus ausgelöst werden, zeigt eine Katze normalerweise, wenn sie in eine **Gefahrensituation** gerät, z. B. durch einen Hund. In diesem Fall sind es bestimmte **äußere Signale**, die das Verhalten der Katze auslösen.

In beiden Fällen zeigt die Katze ein **stereotypes, artspezifisches Reaktionsmuster**.

Ähnliche Reaktionsmuster kann man bei allen Säugetieren beobachten, auch bei uns Menschen. Es gibt für dieses Abwehrverhalten einen Begriff, der auch umgangssprachlich verwendet wird. Wir sprechen von **Streß** und meinen damit in der Regel die vielfältigen **Belastungen**, denen wir uns ausgesetzt fühlen.

In der Fachliteratur wird jedoch unter Streß etwas anderes verstanden:

!

Streß (im eigentlichen Sinn) ist die **unspezifische Reaktion eines Organismus auf Anforderungen jeglicher Art**.

Die **Reize**, die diese unspezifische Streßreaktion auslösen, werden als **Stressoren** bezeichnet.

Als Stressor kommt alles mögliche in Frage: unerträgliche Hitze oder Kälte, Sauerstoffmangel, Lärm, giftige Chemikalien, schwere körperliche Anstrengungen, Infektionen, Aufregung, Angst, Wut, sogar große Freude.

Natürlich antwortet jeder Organismus auf diese verschiedenen Belastungen stets auch mit **spezifischen Reaktionen**: Auf schwere körperliche Anstrengungen langfristig mit Muskelzuwachs oder auf einen eingedrungenen Krankheitserreger mit einer gezielten Aktivierung des Immunsystems *(vgl. Kap. C)*.

Unmittelbar antwortet jedoch jeder Organismus auf einen Stressor mit einigen **reizungsspezifischen Reaktionen**, die zusammen die Streßreaktion ausmachen.

– Was passiert bei einer Streßreaktion?

Wir wollen die Abläufe bei einer Streßreaktion wieder anhand eines Schemas Punkt für Punkt erläutern *(vgl. Abb. 131)*.

① Die von den Stressoren ausgehenden Reize lösen in den entsprechenden Sinneszellen Erregungen aus, die als Aktionspotentialsmuster über Nervenbahnen zur Großhirnrinde geleitet, dort ausgewertet und dadurch **wahrgenommen** werden *(vgl. Kap. D.2)*.

② Nervensignale erreichen relativ schnell das **limbische System**, das für die **emotionale Bewertung** zuständig ist. Hier werden Angstgefühle, aber auch Aggressionen ausgelöst *(vgl. Kap. D.4.2)*.

③ Die starke Erregung des Gehirns erzeugt eine **Denkblockade**. Sie verhindert jedes Nachdenken, was bei unmittelbar drohender Gefahr tatsächlich reine Zeitvergeudung wäre. Dadurch kann das Gehirn schnell und quasi automatisch reagieren.

④ Von der **Großhirnrinde** werden – wie in Kap. D.3 ausführlich erläutert – diejenigen Muskelgruppen aktiviert, die für adäquate **spezifische Reaktionen** auf den jeweiligen Stressor sorgen. Sie sind von der gegebenen Reizsituation abhängig und fallen deshalb auch sehr unterschiedlich aus: als **Angriff** oder als **Flucht**.

⑤ Vom limbischen System wird die Erregung über den Thalamus, den wir schon als Sammelstelle aller Sinnesdaten vorgestellt haben, zum **Hypothalamus** weitergeleitet. Der Hypothalamus aktiviert nun einerseits

⑥ den **sympathischen Teil** des **vegetativen Nervensystems** und andererseits

⑦ über die Freisetzung eines Releasinghormons (CRH) die **Hypophyse**, die daraufhin **ACTH** freisetzt.

⑧ Die Sympathicus-Aktivierung hat im **Nebennierenmark** die Freisetzung von **Adrenalin** zur Folge.

⑨ Das **ACTH** veranlaßt in der **Nebennierenrinde** die Freisetzung von **Cortisol**.

Welche **Wirkungen** Sympathicus und Cortisol im Organismus entfalten, haben wir bereits ausführlich dargestellt *(vgl. Kap. A.9 und B.3.3)*.

Das Wirkungsspektrum von **Adrenalin** entspricht im wesentlichen den Sympathicus-Wirkungen. Darüber hinaus sorgt Adrenalin für eine Aktivierung der **Schweißdrüsen**, für eine **Kontraktion der Haarbalgmuskeln**, für die Freisetzung von **Blutgerinnungsfaktoren** aus der Leber und für eine **Aktivierung des Immunsystems**.

In Abb. 131 sind alle Wirkungen von Sympathicus, Adrenalin und Cortisol **im Zusammenhang** dargestellt.

Zusammengefaßt haben die einzelnen Wirkungen im wesentlichen 2 Aufgaben:

1. **kurzfristig**: Die Bereitstellung von Nährstoffen und Sauerstoff für die Energieversorgung der Skelettmuskulatur (durch das Hypothalamus-Sympathicus-Nebennierenmark-System);
2. **langfristig**: Die Aufrechterhaltung der Energieversorgung bei gleichzeitigem Auffüllen der Glycogen-Speicher (durch das Hypothalamus-Hypophysen-Nebennierenrinden-System).

Sobald eine Belastung einsetzt, werden die beiden Systeme nacheinander aktiv, um die körperliche Leistungsfähigkeit, die für die Bewältigung einer Kampf- oder Fluchtsituation ausschlaggebend ist, zu steigern.

Wirken derartige Belastungen nur **kurzfristig** oder **selten**, dann bleiben sie in der Regel für den Organismus ohne weitere Folgen. Die aktivierten Organe kehren bereits wenig später in den ursprünglichen Zustand zurück.

Bei **langfristigen Belastungen** paßt sich der Körper mit physiologischen Veränderungen an. Die daraus resultierende Daueraktivierung der entsprechenden Organe kann zu **Erkrankungen** aller Art führen.

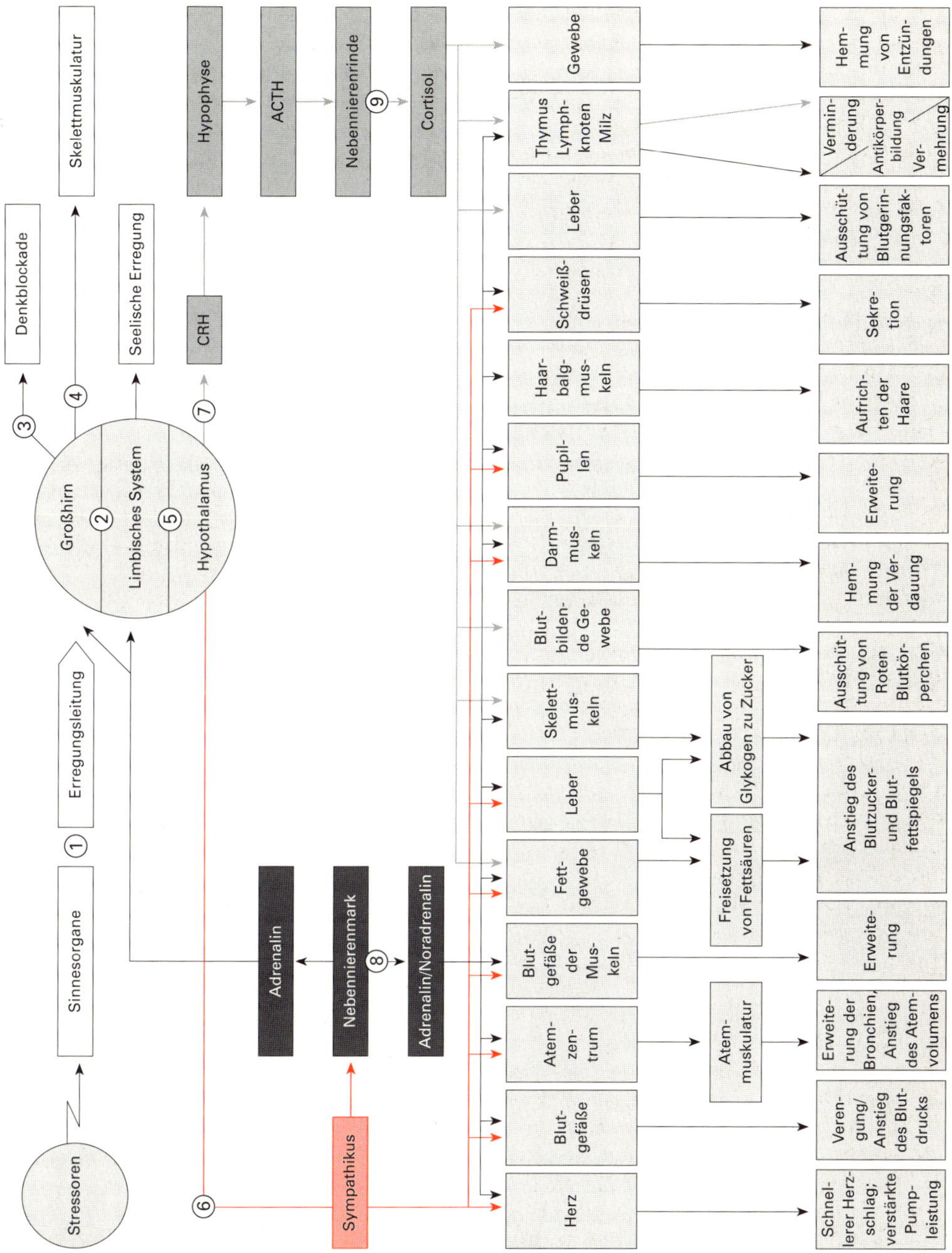

Abb. 131 Die Streßreaktion, Erläuterungen im Text

Welche Krankheiten durch chronischen Streß begünstigt werden, hängt entscheidend davon ab, auf welche Weise Streßsituationen **bewältigt** werden:

- Versucht jemand Streßsituationen aktiv durch Handeln unter Kontrolle zu bringen, wird über das Sympathicus-Nebennierenmark-System die Freisetzung von **Adrenalin** aktiviert.
  Dieser sogenannte **aktive Streß** steht im Verdacht, zur Entstehung von Arteriosklerose* und Erkrankungen des Herz-Kreislauf-Systems beizutragen.
- Bei Personen, die die Kontrolle über die Situation verlieren und unsicher und hilflos reagieren, wird über das Hypophysen-Nebennierenrinden-System die Freisetzung von **Cortisol** aktiviert.
  Dieser sogenannte **passive Streß** steht im Verdacht, Erkrankungen zu begünstigen, die durch eine Schwächung des Immunsystems zustande kommen: Infektionskrankheiten aller Art und Krebs *(vgl. Kap. C.8.3).*

5.4 Biologische Steuerung des Suchtverhaltens

Wir wollen uns zum Abschluß einem Verhaltensbereich zuwenden, der in den letzten Jahren zu einem schwerwiegenden gesellschaftlichen Problem geworden ist: dem Suchtverhalten.

Suchtverhalten hat sehr viel mit Drogenmißbrauch zu tun, greift aber weit darüber hinaus. Der Mißbrauch von psychotropen* Medikamenten und Genußmitteln gehört ebenso zu dieser Thematik wie die stoffunabhängige Sucht (z.B. des „workaholic" – des Arbeitssüchtigen).

Im Prinzip kann **jede Aktivität, die im Übermaß ausgeübt wird,** süchtig entgleisen. Dabei gibt es natürlich graduelle Unterschiede in der Intensität des Erlebens und vor allem im Ausmaß der seelischen und körperlichen Schädigung. Der dem Verhalten zugrunde liegende Mechanismus scheint aber bei allen Suchtformen weitgehend identisch zu sein.

Man unterscheidet vor allem **drei Faktoren**, die zur Suchtentstehung beitragen, und zwar unabhängig davon, ob es sich um stoffgebundene oder stoffungebundene Suchtformen handelt:

1. Der **Mensch** mit seiner persönlichen Geschichte, seinen Problemen und Schwierigkeiten;
2. das **Suchtmittel** mit seinen Eigenschaften und Gefahren;
3. die **Gesellschaft** mit ihren strukturellen Bedingungen und Möglichkeiten.

Die Bedeutung der einzelnen Faktoren ist von Person zu Person verschieden. Sicher ist, daß bei der **Entstehung** süchtigen Verhaltens seelische und soziale Faktoren überwiegen.

! Die **Aufrechterhaltung** der meisten Süchte wird vor allem von zentralnervösen Prozessen im Gehirn gesteuert.

Sucht bedeutet ein geradezu **zwanghaftes** Angewiesensein auf die Erfüllung eines Bedürfnisses. Diese Zwanghaftigkeit äußert sich in sowohl psychischer als auch körperlicher **Abhängigkeit** von einer Droge, einem Medikament, einem Genußmittel oder einer Verhaltensweise.

Psychische Abhängigkeit entsteht durch **Gewöhnung** an den in der Regel angenehmen, emotional positiven Zustand, der durch den Konsum einer psychotropen Substanz oder durch ein bestimmtes Verhalten hervorgerufen wird. Die Motivation wird regelrecht **gelernt** und die Wirkung **verstärkt** das Suchtverhalten.

Körperliche Abhängigkeit zeigt sich vor allem in der zunehmenden **Toleranz***, d.h. daß bei gleichbleibender Dosierung die Wirkung abnimmt und deshalb die **Dosis gesteigert** werden muß, und in den **Entzugserscheinungen** nach Absetzen der Substanz oder Unterlassen des entsprechenden Verhaltens. Beide Phänomene entstehen als **Folge physiologischer Anpassungsprozesse** im Körper. Dabei kann zwischen metabolischer* und zellulärer Anpassung unterschieden werden.

- Die **metabolische Anpassung** entsteht durch die **Induktion** substanzabbauender **Enzyme** in der Leber. Dadurch kommt es zu einer Abnahme der Konzentration der Substanz am Rezeptor. Um eine gleichbleibende Wirkung zu erzielen, muß die Dosis erhöht werden.

  Ein typisches Beispiel für diesen Effekt ist die Toleranzentwicklung bei regelmäßigem Konsum von **Alkohol**. „Gewohnheitstrinker" benötigen deutlich größere Mengen, um sich zu berauschen, und sie „vertragen" auch mehr.
- Die **zelluläre Anpassung** basiert auf Veränderungen am **Rezeptor** in der Zellmembran. Diese Veränderungen können die **Anzahl** und/oder die **Empfindlichkeit** der Rezeptoren betreffen. Durch Verminderung beider Faktoren wird eine Zelle **unempfindlicher** gegenüber der konsumierten Substanz. Um eine gleichbleibende Wirkung zu erzielen, muß die Dosis erhöht werden.

  Ein typisches Beispiel für diesen Effekt ist die sehr ausgeprägte Toleranzentwicklung bei den **Opiaten**. Sie ist am gründlichsten untersucht.

– Wie erzeugen Opiate körperliche Abhängigkeit?

Opiate sind pflanzlicher Herkunft. Sie werden aus einer milchigen Flüssigkeit in der Samenkapsel des Schlafmohns gewonnen. Zu den Opiaten gehören die am stärksten wirkenden Schmerzmittel (z.B. das Morphin, *vgl. Abb. 132a)*, aber auch eine der härtesten und gefährlichsten Drogen: das Heroin *(vgl. Abb. 132b)*.

a)

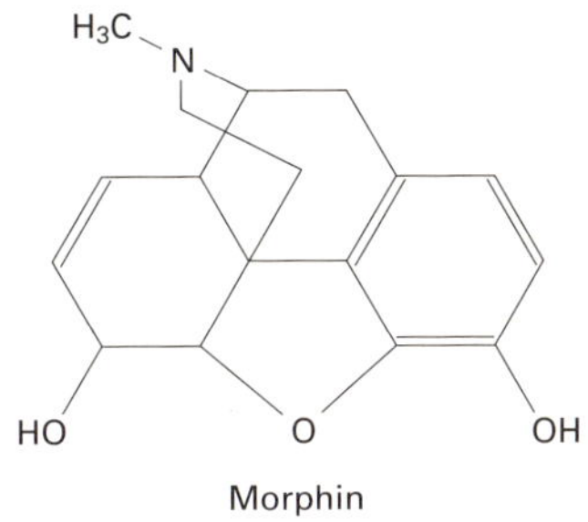

b)

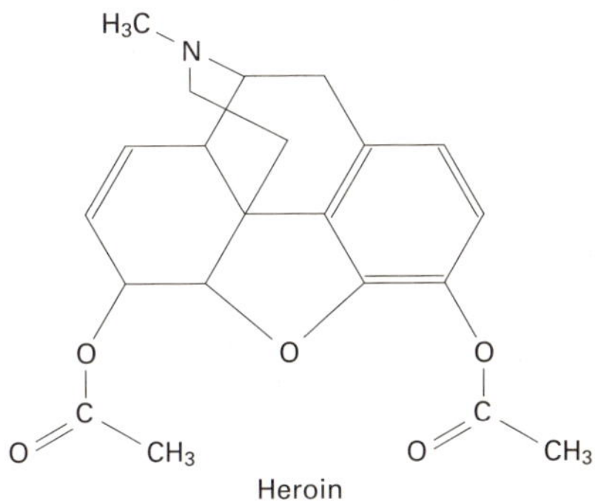

Abb. 132 Die Strukturformeln von a) Morphin und b) Heroin

Opiate entfalten ihre **schmerzstillende** und **euphorisierende*** **Wirkung** durch Bindung an spezifische **Opiat-Rezeptoren**, die sich in der Membran von bestimmten Nervenzellen im Gehirn, insbesondere im Hirnstamm und im limbischen

System, befinden. Da Opiate natürlicherweise im Körper nicht vorkommen, war es zunächst verwunderlich, solche Rezeptoren überhaupt nachzuweisen. Der menschliche Körper produziert aber Substanzen, die mit den Opiaten chemisch zwar nicht verwandt sind, die aber aufgrund ihrer ähnlichen **Struktur** an die gleichen Rezeptoren binden. Sie wurden **Endorphine** getauft – eine Kurzform für „endogene Morphine".

Endorphine sind Peptide, also unterschiedlich lange Ketten aus Aminosäuren mit einer charakteristischen Aminosäure-Sequenz *(vgl. Abb. 133)*.

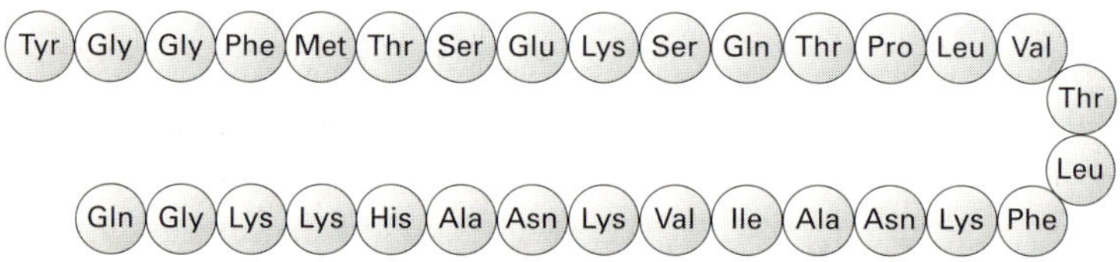

Abb. 133 Die Aminosäure-Sequenz von β-Endorphin

Weshalb chemisch so unterschiedliche Substanzen wie die pflanzlichen Opiate und die körpereigenen Endorphine an den gleichen Rezeptor binden, können, zeigt sehr eindrucksvoll Abb. 134.

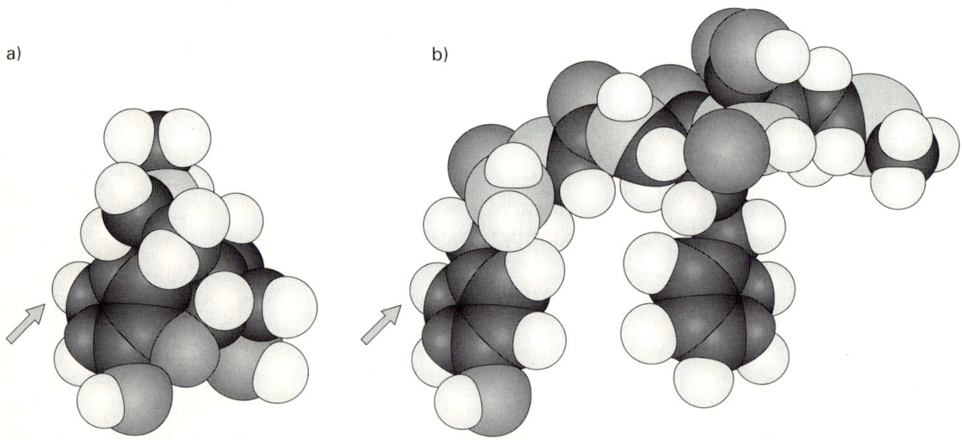

Abb. 134 Vergleich der dreidimensionalen Raumstruktur a) von Morphin und b) einem Teil von β-Endorphin

Endorphine sind wahrscheinlich an der Steuerung der Schmerzempfindung und an der Entstehung von Stimmungen (Wohlbehagen, Beseitigung von Unlust, Glücksempfinden) beteiligt.

Für die **schmerzstillende** Wirkung der Endorphine (und natürlich der Opiate) gibt es ein einfaches Modell *(vgl. Abb. 135)*.
Schmerz-Signale werden im Körper genauso weitergeleitet wie andere Nervensignale auch: an den Synapsen der Schmerzbahnen werden Transmitter freigesetzt, die den synaptischen Spalt durchqueren und an der postsynaptischen Membran an Rezeptoren binden. Dadurch wird das Schmerzsignal übertragen.
In der Membran der schmerzleitenden Nervenzellen befinden sich aber außer den Rezeptoren für die Transmitter-Moleküle auch noch Opiat-Rezeptoren. Beide Rezeptor-Typen reagieren nach Bindung „ihres" Botenstoffs mit Molekülen des Enzyms **Adenylatcyclase**, allerdings in gegensätzlicher Weise. Der Transmitter-Rezeptor **aktiviert** das Enzym, ATP in cAMP umzuwandeln *(vgl. Kap. A.5.4 und B.2.4.3)*.
Durch Bindung an den Opiat-Rezeptor wird das Enzym **gehemmt,** so daß kein cAMP entsteht. Die Enzym-Menge ist begrenzt, so daß beide Rezeptoren um die vorhandenen Enzyme konkurrieren. Je mehr Enzym-Moleküle durch Opiat-Rezeptoren blockiert werden, desto stärker wird die Weiterleitung der Schmerz-Signale unterdrückt.

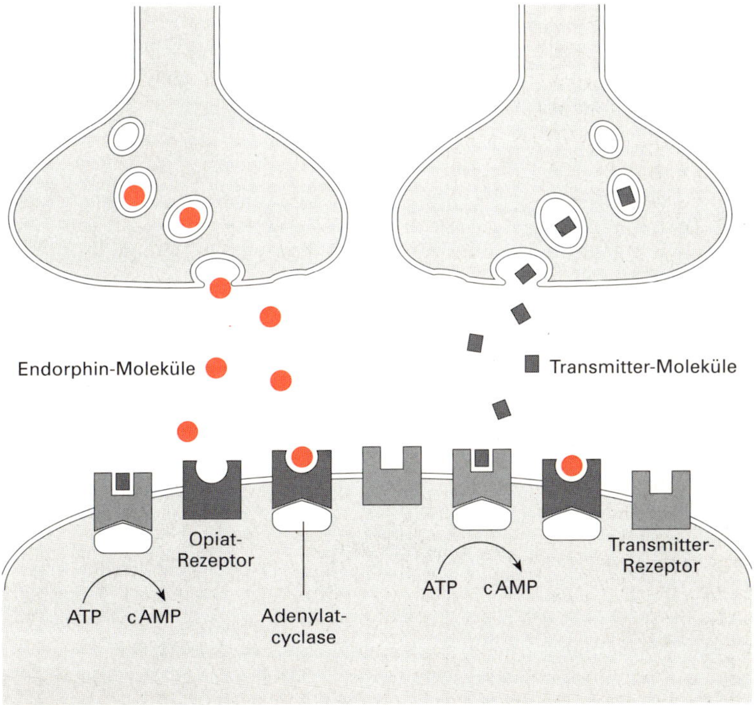

Abb. 135 Modell der Wirkung von Endorphinen und Opiaten, Erläuterungen im Text

Mit Hilfe diese einfachen Modells kann die Toleranzentwicklung (Zwang zur Steigerung der Dosis), die Entwicklung einer körperlichen Abhängigkeit und das Auftreten von Entzugserscheinungen nach Absetzen des Suchtstoffs erklärt werden *(vgl. Abb. 136)*:

ⓐ Ohne Opiate funktioniert die Schmerzleitung normal. Die vorhandenen Moleküle des Enzyms Adenylatcyclase binden an die mit Transmittern besetzten Rezeptoren und bilden cAMP. Die Säule rechts zeigt die cAMP-Konzentration in der Zelle.

ⓑ Durch die Zugabe von Opiaten konkurrieren die Opiat-Rezeptoren mit den Transmitter-Rezeptoren um die Enzym-Moleküle. Die Opiat-Rezeptoren blokkieren die cAMP-Bildung; die cAMP-Konzentration in der Zelle sinkt.

ⓒ Die Zelle reagiert auf diese niedrigen cAMP-Konzentrationen mit einer **Neusynthese von Adenylatcyclase**.

ⓓ Die Zelle hat so viel mehr Adenylatcyclase produziert, daß trotz der Opiat-Zufuhr die gleiche Menge an cAMP gebildet wird wie in normal funktionierenden Zellen. Die Zelle ist **tolerant** geworden, d.h. hat sich der Opiat-Wirkung physiologisch angepaßt.
Die zusätzlich gebildeten Enzyme können allerdings immer wieder durch weitere Opiate blockiert werden. Das erklärt den Zwang zu Steigerung der Dosis. Die Zelle ist dadurch **abhängig** von der Opiat-Zufuhr geworden.

ⓔ Nach Absetzen des Opiats im Zustand der Toleranz wird sehr viel cAMP gebildet, weil das Enzym, das nun im Überschuß vorhanden ist, nicht mehr durch Opiat-Rezeptoren blockiert wird. Die hohe cAMP-Konzentration erzeugt die auftretenden Entzugserscheinungen.

Die meisten Entzugserscheinungen sind gewissermaßen **Umkehrungen** der Opiat-Wirkungen *(vgl. Tab. 10)*.

Opiat-Wirkung	Entzugssymptome
– Verlangsamung der Atmung – Verlangsamung der Darmbewegungen – Verminderte Schmerzempfindlichkeit – enge Pupillen – Beruhigung	– heftiges Atmen – Darmkrämpfe, Durchfall – Erhöhte Schmerzempfindlichkeit – weite Pupillen – Unruhe

Tab. 10 Vergleich von Opiat-Wirkungen und Entzugssymptomen bei Opiatabhängigen

!

Süchtig im Sinne von **körperlich abhängig** zu sein bedeutet, daß der Organismus immer wieder das Suchtmittel benötigt, um seine **normalen** Funktionen aufrechtzuerhalten.

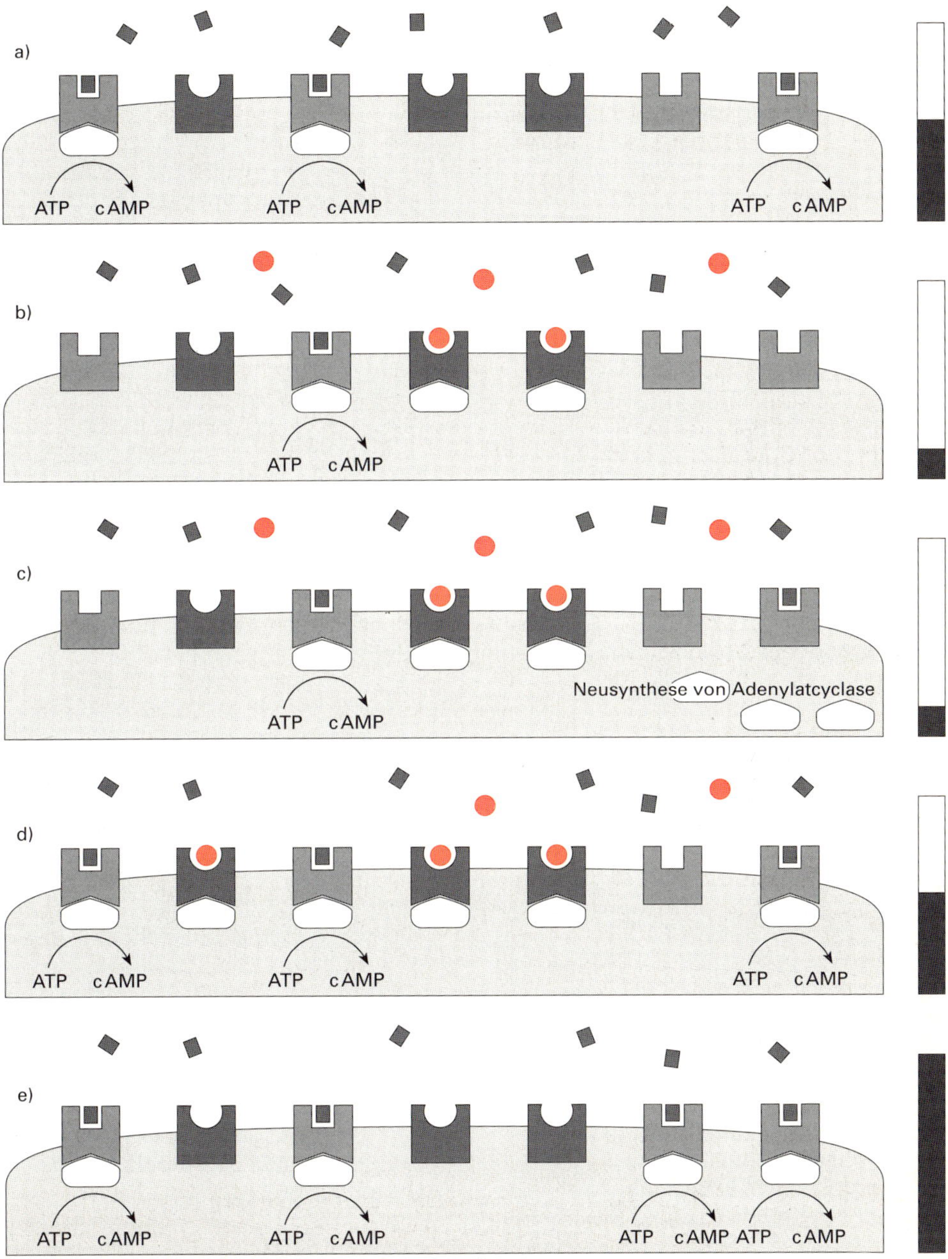

Abb. 136 Modell der Opiat-Sucht, Erläuterungen im Text

Die folgende Grafik zeigt das noch einmal in anderer Weise *(vgl. Abb. 137)*.

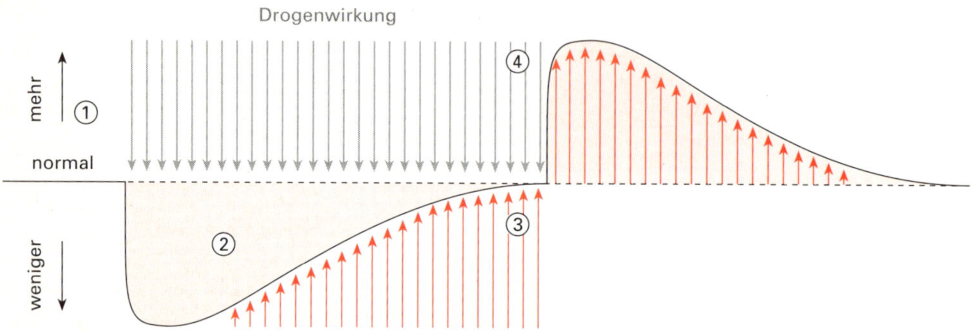

Abb. 137 Veränderungen der Homöostase durch Drogen-Einwirkung und Drogen-Entzug, Erläuterungen im Text

① Normalerweise befinden sich die Körperfunktionen in einem regulierten Gleichgewichtszustand: der Homöostase.

② Wird dieses Gleichgewicht durch eine Droge gestört, so aktiviert der Körper Mechanismen, die die Störung ausgleichen sollen.

③ Solange sich Drogen-Wirkung und Ausgleichsmechanismen die Waage halten, funktioniert der Organismus (fast) normal.

④ Greift man in dieses neue Gleichgewicht ein, indem man die Zufuhr des Suchtmittels unterbricht, kommen die gegenregulatorischen Prozesse zum Tragen, und das äußert sich im Auftreten von Entzugserscheinungen.

Die Entzugserscheinungen tragen wesentlich zur Aufrechterhaltung der Sucht bei. Sie drängen den Süchtigen, sich das Suchtmittel um jeden Preis zu beschaffen. Sein Ziel ist nicht mehr die aufputschende, berauschende oder dämpfende Wirkung des Suchtmittels, sondern die Verhinderung oder Beendigung der Entzugserscheinungen.

Das Modell der Opiat-Sucht ist in dreierlei Hinsicht bedeutsam:

1. Sowohl die Störung der Homöostase als auch die gegenregulatorischen Mechanismen können auf molekularer Ebene beschrieben werden.
2. Andere Drogen, Medikamente und auch Genußmittel stören in ähnlicher Weise die Homöostase, so daß die gegenregulatorischen Maßnahmen zu körperlicher Abhängigkeit führen können.
3. Verhaltensweisen, die süchtig entgleisen, sind mit der Freisetzung von Endorphinen verbunden. Auch Endorphine stören die Homöostase und können in Extremfällen zu körperlicher Abhängigkeit führen.

Wir können also auch von unseren „körpereigenen Drogen" abhängig werden.

5.5 Zusammenfassung

Das Gehirn ist das entscheidende Organ, mittels dessen ein Organismus sein **Verhalten steuert**. Diese Fähigkeit setzt verschiedene Teiloperationen voraus: Wahrnehmung, Bewegungssteuerung, Bewertung, Motivation.

Wahrnehmung
Wahrnehmung bedeutet, daß **Reize** aus der Umwelt und aus dem Körperinneren über Sinnesorgane **registriert** werden. Da die Nervenzellen des Gehirns nur auf elektrische Signale oder entsprechende chemische Signalstoffe (Neurotransmitter, Neuropeptide) reagieren, müssen die Reize entsprechend **umgewandelt** werden. Das erfolgt nach dem **Prinzip der undifferenzierten Codierung**: verschüsselt wird nur die **Intensität**, nicht die Natur des Reizes. **Herkunft** und **Bedeutung** der eintreffenden Nervensignale erschließt das Gehirn aufgrund komplizierter **Verarbeitungsprozesse** in den entsprechenden **sensorischen Arealen** der Großhirnrinde. Dabei werden die Sinnesdaten so weit **interpretiert**, daß die bestimmenden Merkmale der wahrgenommenen Objekte deutlich hervortreten.

Bewegungssteuerung
Verhaltensweisen bestehen aus Bewegungen, die von der Skelettmuskulatur ausgeführt werden. Zur Steuerung dieser Bewegungen entsteht in Motivationsarealen der Großhirnrinde ein **Bewegungsentwurf** (ein bestimmtes Muster an Aktionspotentialen), das in den nachgeschalteten motorischen Zentren des Kleinhirns und der Basalganglien in ein **Bewegungsprogramm** umgesetzt wird. Dieses Bewegungsprogramm wird im Thalamus auf die jeweils gegebene Situation des Körpers abgestimmt. Nach dieser Feineinstellung wird das Programm zur motorischen Rinde weitergeleitet, die die einzelnen Muskeln ansteuert und dadurch zur **Bewegungsausführung** beiträgt. **Reflexe** können korrigierend in den Ablauf des Bewegungsprogramms eingreifen. Alle Bewegungen werden dem Gehirn zur **Kontrolle** und **Korrektur** zurückgemeldet.

Verhaltensbewertung
Das Gehirn bewertet Verhalten und speichert das Ergebnis der Bewertung im **Gedächtnis** in Form von **Emotionen** ab.
Gedächtnis ist die Fähigkeit des Gehirns, Erfahrungen zu **speichern** und sich daran zu **erinnern**. Dabei kommt es zu spontanen Veränderungen der Gedächtnisinhalte. Wir speichern nur

einen **geringen Teil** der aufgenommenen Informationen, **vergessen** einen Großteil wieder und behalten den Rest in Form von **Konzepten**. Über das **sensorische** Gedächtnis gelangen die Sinneseindrücke zum **Kurzzeitgedächtnis**, in dem die Verarbeitung stattfindet, und weiter zum **Langzeitgedächtnis**, das als Speicher fungiert. Das Kurzzeitgedächtnis arbeitet auf der Basis **neuronaler Schaltkreise** mit positiver Rückkopplung, das Langzeitgedächtnis mit Veränderungen an den beteiligten **Synapsen** (Langzeitpotenzierung).

Emotionen sind komplexe Muster von Veränderungen in einem Organismus, die als Reaktion auf Situationen auftreten, die für ein Individuum persönlich bedeutsam sind. In ihnen drückt sich eine angeborene oder erworbene **Bewertung** von Verhaltenssituationen aus, die eine physiologische Erregung, Gefühle, Denkprozesse und emotionalen Ausdruck einschließt. Es handelt sich um einen Vermittlungsmechanismus, der es einem Organismus erlaubt, im Hinblick auf seine Ziele und Bedürfnisse **optimal** und **flexibel** zu reagieren.

Motivation

Unter Motivation werden die **aktivierenden** und **richtunggebenden** Faktoren des Verhaltens verstanden. Durch sie wird Verhalten in Gang gesetzt, aufrechterhalten oder beendet.

Nahrungsaufnahme

Die Motivation zur Nahrungsaufnahme entsteht durch verschiedene **innere Signale** aus dem Körper, die das Hungerzentrum im Hypothalamus stimulieren:

- abnehmende Verfügbarkeit von Glucose,
- Rückgang der Wärmeproduktion,
- erhöhter Blutfettspiegel durch Fettabbau.

Zusätzlich können **äußere Signale** zur Nahrungsaufnahme anregen (Appetit).

Beendet wird die Nahrungsaufnahme

- **kurzfristig** durch verschiedene Sättigungssignale, die **vor der Resorption** der Nährstoffe (Geruch, Geschmack, Kaubewegungen, Magenfüllung, Verdauung) wirken, und
- **langfristig** durch die Umkehrung der Hungersignale (vermehrte Verfügbarkeit von Glucose, gesteigerte Wärmeproduktion, aufgefüllte Fettspeicher).

Streß

Streß ist die unspezifische Reaktion des Organismus auf Anforderung jeglicher Art. Sie wird durch verschiedene Reize (**Stres-**

soren) ausgelöst und soll den Organismus physiologisch auf eine Kampf- oder Fluchtreaktion **vorbereiten**. Dabei werden durch den Hypothalamus zwei Systeme aktiviert:
- **Adrenalin**-Freisetzung über Sympathicus und Nebennierenmark,
- **Cortisol**-Freisetzung über Hypophyse und Nebennierenrinde.

Dadurch kommt es zu **physiologischen Veränderungen**, die die Energieversorgung der Skelettmuskulatur in einer Kampf- oder Fluchtsituation sicherstellen. Erfolgt dies nur **kurzfristig** oder **selten**, bleibt es für den Organismus ohne Folgen. Bei **langfristigen** Belastungen paßt sich der Körper an; die Daueraktivierung der entsprechenden Organe kann zu Erkrankungen aller Art führen.

Sucht

Sucht bedeutet ein **zwanghaftes** Angewiesensein auf die Erfüllung eines Bedürfnisses. Diese Zwanghaftigkeit äußert sich in psychischer und körperlicher **Abhängigkeit** von einer Droge, einem Medikament, einem Genußmittel oder einem Verhalten.

An der **Entstehung** einer Sucht sind vorwiegend seelische und soziale Faktoren beteiligt, während die **Aufrechterhaltung** einer Sucht von zentralnervösen Prozessen im Gehirn gesteuert wird.

Psychische Abhängigkeit entsteht durch **Gewöhnung**. Die Motivation wird gelernt, und die angenehme Wirkung verstärkt das Suchtverhalten.

Körperliche Abhängigkeit entsteht als **Folge physiologischer Anpassungsprozesse** im Körper durch
- Induktion substanzabbauender **Enzyme** in der Leber (**metabolische** Toleranz),
- Veränderung von Anzahl und/oder Empfindlichkeit der **Rezeptoren** in der Zellmembran (**zelluläre** Toleranz).

Die **Toleranz** führt zur Steigerung der **Dosis** und – nach Absetzen – zu unangenehmen **Entzugserscheinungen**.

Alle Suchtmittel stören den regulierten Gleichgewichtszustand des Körpers (**Homöostase**). Die aktivierten Ausgleichsmechanismen balancieren ein neues Gleichgewicht aus. Der Körper ist nun auf das Suchtmittel zur Aufrechterhaltung seines Normalzustandes angewiesen.

Quellenverzeichnis

Abb.	Fundstelle
4	verändert nach Alberts et al. (1990), S. 1061
65	verändert nach Thews/Mutschler/Kargel (1989), S. 422
67	ebda., S. 424
80	verändert nach Alberts et al. (1990), S. 823
81	verändert nach Silbernagl/Despopoulos (1979), S. 225
84	verändert nach Hassenstein (1973), S. 45 u. 49
85	verändert nach Thews/Mutschler/Vaupel (1989), S. 57
87	verändert nach Crapo (1986), S. 38
89	ebda., S. 121
90	verändert nach Notkins (1980), S. 38
93	verändert nach Mehnert (1986), S. 146
94	ebda., S. 145
95	verändert nach Haupt/Schöffling (1977), S. 70
96	verändert nach Staines/Brostoff/James (1987), S. 9
99	verändert nach Birbaumer/Schmidt (1991), S. 45
100	verändert nach Ding-E Young/Cohn (1988), S. 90
101	verändert nach DIFF (1991), S. 84
102	verändert nach Köhler (1987), S. 27
103	verändert nach Staines/Brostoff/James (1987), S. 19
104	verändert nach Alberts et al. (1990), S. 1213
105	verändert nach Staines/Brostoff/James (1987), S. 31
107	verändert nach Köhler (1987), S. 83
110	verändert nach Boon (1993), S. 62
112	verändert nach Atkinson/Maclaren (1990), S. 108
114	verändert nach Köhler (1987), S. 144 u. 147
115	verändert nach Yarchoan/Mitsuya/Broder (1988), S. 122
117	verändert nach Roth (1992), S. 9
118	verändert nach Schmidt/Thews (1990), S. 133
119	verändert nach Maelicke (1990), S. 71
120	aus Schober/Rentschler (1972), S. 65
121	nach Klinke (1987), S. 71
122	verändert nach Schmidt (1983), S. 189
123	verändert nach Ditfurth (1976), S. 239
124	verändert nach Thompson (1990), S. 291
125	verändert nach Schmidt (1983), S. 364
126	verändert nach Kindel/Hawkins (1992), S. 72
128	nach Schneider/Scherer (1987), S. 83
134	verändert nach Snyder (1988), S. 63
135	verändert nach Bundeszentrale (1990), S. 54
136	ebda., S. 57
137	verändert nach Herz (1980), S. 84

Aufg. D/1 nach Zimbardo (1992), S. 276

Mentor Abiturhilfe
Band 69
Biologie

Lösungsteil zu
Nervensystem, Hormonsystem und Immunsystem

Von Reiner Kleinert,
Wolfgang Ruppert, Franz X. Stratil

A. Nervensystem

A/1

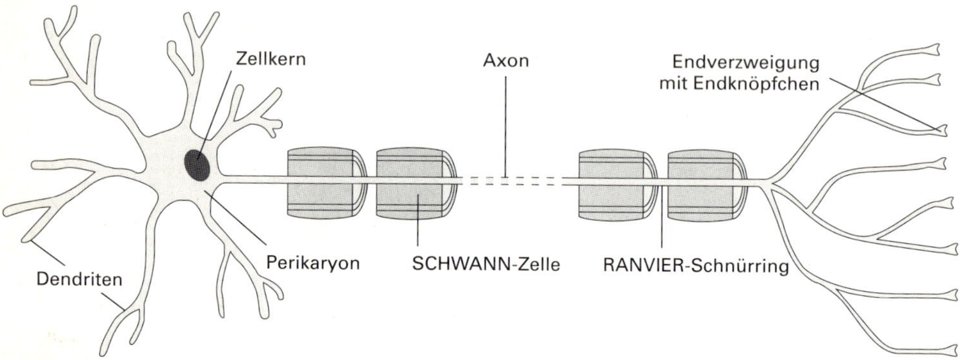

A/2 (S. 17):
Der Ausstrom von K^+-Ionen von der Seite hoher Konzentration zur Seite niedriger Konzentration führt zu einem Abbau des Konzentrationsgefälles.

A/3 (S. 17):
Der Ausstrom von K^+-Ionen führt zu einer zunehmenden Anreicherung positiver Ladungen auf der Einstromseite (rechts). Das Ladungsgefälle wird also mit zunehmendem Kalium-Ausstrom nach rechts immer größer.

A/4 (S. 19):
Verhältnis der Durchlässigkeiten von $K^+ : Na^+$ = 100 : 4. 100 : 4 = 25.
Die Durchlässigkeit der Membran im Ruhezustand ist für Kalium-Ionen also 25fach stärker als für Natrium-Ionen.

A/5 (S. 20):
Die Cl^--Ionen-Konzentration ist außen deutlich höher als innen *(vgl. Abb. 14)*. Damit wandern Cl^--Ionen im Bestreben nach Konzentrationsausgleich ins Axoninnere ein. Das trägt zur ungleichen Ladungsverteilung bei. Im Bestreben nach Ladungsausgleich kommt es zu einem Cl^--Ionen-Rückstrom nach außen. Schließlich sind Konzentrations- und Ladungsgefälle gleich groß, und die ein- und ausströmenden Cl^--Ionen halten sich die Waage.

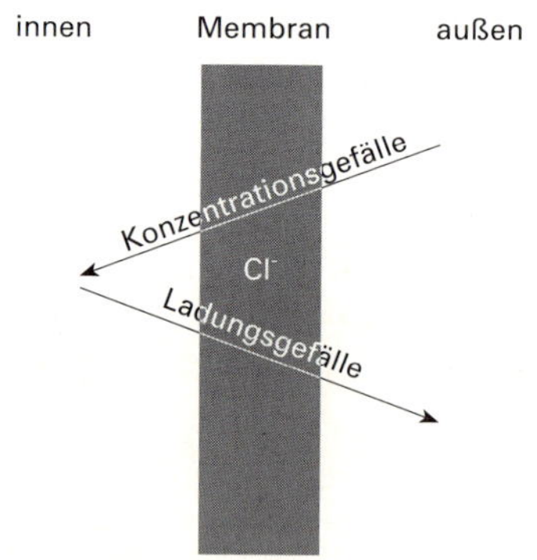

Zusammenwirken von Konzentrations- und Ladungsgefälle bei Cl^-

Dieses Verhalten der Cl^--Ionen sorgt demnach für eine Stärkung der negativen Ladung im Axoninneren, stützt also das Ruhepotential.

A/6 (S. 20):
Die Na^+-Ionen-Konzentration ist außen deutlich höher als innen *(vgl. Abb. 14)*. Damit wandern Na^+-Ionen im Bestreben nach Konzentrationsausgleich ins Axoninnere ein.
Im Bestreben nach Ladungsausgleich wandern die Na^+-Ionen **ebenfalls ins Axoninnere** ein! Konzentrations- und Ladungsgefälle arbeiten hier also in dieselbe Richtung.

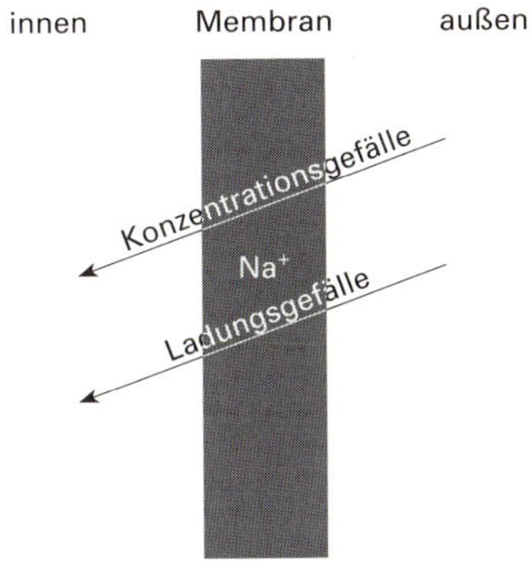

Auswirkung von Konzentrations- und Ladungsgefälle bei Na^+

Dieses Verhalten der Na^+-Ionen sorgt für einen Abbau der negativen Ladung im Axoninneren, schwächt also das Ruhepotential.

A/7 (S. 21):
Pro Pumpvorgang wird in der Bilanz eine positive Ladung aus der Zelle heraustransportiert. Dies stützt das Ruhepotential (innen negativ, außen positiv!).

A/8 (S. 21):
Es käme zu einer Vergrößerung der Anzahl von Ionen im Zellinneren, da ja nicht mehr drei Ionen hinausbefördert würden pro zwei hereintransportierten. Diese Konzentrationszunahme hätte den Einstrom von Wasser zur Folge, die Zelle würde praller angespannt sein, evtl. sogar platzen.

A/9 (S. 24):
a) Dazu sind die Na^+-Ionen prädestiniert, denn sie werden sowohl vom Konzentrations- als auch vom Ladungsgefälle ins Axoninnere getrieben *(vgl. Antwort zu Aufgabe A/6)*.
b) Es muß dazu kommen, daß die Axonmembran, die im Ruhezustand für Na^+-Ionen nur sehr schwer passierbar ist *(vgl. Aufstellung auf S. 19)*, ihre Durchlässigkeit für diese Ionensorte deutlich erhöht.

A/10 (S. 26):
Eine geringe Depolarisation führt zur leichten Öffnung von aktiven Natriumionen-Kanälen. Damit ist es einer geringen Anzahl an Na^+-Ionen möglich, ins Innere des Axons einzuströmen. Dieser Einstrom bewirkt die Zunahme der positiven Ladung im Axon und führt zu einer Zunahme der Depolarisation. Dies hat eine Vergrößerung der „Torweite" der aktiven Natriumionen-Kanäle und damit eine Zunahme des Na^+-Einstroms zur Folge. Dieser Einstrom bewirkt die Zunahme... usw.

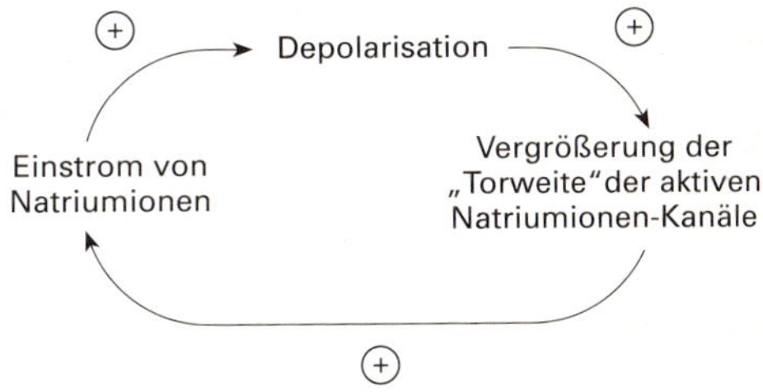

Pfeildiagrammschema

A/11 (S. 28):
An der Membranstelle, von „der das Aktionspotential herstammt" befindet sich die Membran im Zustand der Refraktärphase *(vgl. Text zu Abb. 19)*. Eine durch die Kreisströmchen vermittelte Depolarisation kann deshalb an dieser Stelle kein Aktionspotential auslösen.

A/12 (S. 32):
Die beiden in der Synapse verschalteten Zellen sind durch einen Spalt voneinander getrennt. Dieser ist zu breit, um durch Ionenströme überwunden zu werden.

A/13 (S. 33):
Sie müssen für Na^+-Ionen durchlässig sein. Diese befinden sich außerhalb der Zelle (im synaptischen Spalt) in höherer Konzentration als innerhalb der Zelle. Bei der Öffnung der Ionen-Kanäle kommt es demnach zu einem sowohl vom Konzentrations- als auch vom Ladungsgefälle getriebenen Natriumionen-Einstrom in die postsynaptische Zelle.

A/14 (S. 38):
Die Erregung in der Nasenschleimhaut wird als allmählich zunehmend empfunden. Die zeitliche Summation führt schließlich zum Niesen.

A/15 (S. 41):
Ein einlaufendes Aktionspotential depolarisiert die Membran im Bereich des Endknöpfchens.
Dies hat zur Folge, daß in der Membran Calciumionen-Kanäle geöffnet werden, was eine Erhöhung der Ca^{2+}-Ionen-Konzentration im Endknöpfchen zur Folge hat.
Synaptische Bläschen verschmelzen daraufhin mit der praesynaptischen Membran und setzen die Moleküle des Überträgerstoffs Acetylcholin frei.
Die Acetylcholin-Moleküle diffundieren über den synaptischen Spalt zur subsynaptischen Membran.
Dort binden sie sich an Rezeptoren.
Das führt zur Öffnung von Ionenkanälen, die besonders gut durchlässig für Na^+-Ionen sind.
Durch die geöffneten Membrankanäle strömen Ionen, was zu einer Depolarisation des Membranpotentials führt, die als Endplattenpotential bezeichnet wird.
Dieses lokale Potential breitet sich aus in die angrenzenden Bezirke der Muskelfasermembran und bewirkt letztendlich die Kontraktion.
Das Enzym Cholinesterase spaltet die Acetylcholin-Moleküle auf und löst sie auf diese Weise von den Rezeptoren ab.
Die Bruchstücke des Transmitterstoffes diffundieren über den synaptischen Spalt zurück, werden in das Endknöpfchen aufgenommen und durch ein anderes Enzym wieder zu Acetylcholin zusammengesetzt.

A/16 (S. 45):
Curare blockiert die Rezeptoren für Acetylcholin. Acetylcholin kann sich daraufhin nicht selbst an die Rezeptoren anlagern. Die Membrankanäle bleiben infolgedessen geschlossen. Es kann sich kein Muskel-Aktionspotential ausbilden und demnach auch keine Kontraktion stattfinden.

A/17 (S. 53):
Die Chemorezeptoren in der Nasenschleimhaut, die auf die „Duft-Moleküle" ansprechen, arbeiten im Stile einer phasischen Sinneszelle. Beim Betreten des Klassenzimmers beginnt der Reiz auf die Sinneszellen einzuwirken, diese senden zunächst eine hohe Frequenz an Aktionspotentialen aus, was zur beschriebenen Wahrnehmung führt. Der Reiz wirkt zwar weiter auf die Sinneszelle ein, die Aussendung von Aktionspotentialen sinkt aber auf Null, was zum Abklingen der Sinnesempfindung führt.

A/18 (S. 56):
Flachauge: ermöglicht die Bestimmung der ungefähren Richtung des einfallenden Lichts.
Pigmentbecherauge und **Grubenauge:** ermöglichen die relativ genaue Bestimmung der Richtung des einfallenden Lichts.
Lochkameraauge und **Blasenauge:** ermöglichen bildhaftes, aber lichtschwaches Sehen.
Linsenauge: ermöglicht die Wahrnehmung eines scharfen und lichtstarken Bildes.
Facettenauge: ermöglicht die Wahrnehmung relativ lichtstarker und scharfer Bilder.

A/19 (S. 58):
Skizze der Netzhaut siehe Abb. 46.
Benennung der Zelltypen: Photorezeptoren, bipolare Schaltzellen, Ganglienzellen, Amakrinzellen, Horizontalzellen.
Richtige Zuordnung siehe Text zu Abb. 46.

A/20 (S. 60):
Rezeptorzelle im „Normalfall": Die Zelle befindet sich im Ruhezustand. Das Eintreffen eines adäquaten Reizes führt zur Abnahme des Mem-

branpotentials. Bei überschwelliger Depolarisation am Axonhügel „wird die Zelle aktiv".
Abweichende Funktionsweise der Lichtsinneszelle: Die Lichtsinneszelle befindet sich ohne Reizung im aktiven Zustand. Das Eintreffen eines adäquaten Reizes führt zum Anstieg des Membranpotentials. Die Zelle wird desaktiviert.

A/21 (S. 65):
Rechengang: vom Wert für das direkt weitergeleitete Erregungsmuster werden die Werte für die beiden seitlich einwirkenden, hemmenden Erregungsmuster subtrahiert.
10 - 2 - 2 = 6; 10 - 2 - 1 = 7;
5 - 2 - 1 = 2; 5 - 1 - 1 = 3;

A/22 (S. 65):
Seitliche Hemmungen setzen eine seitliche Verschaltung der reizverarbeitenden Zellen voraus. Auf der Ebene der Netzhaut besteht eine seitliche Verschaltung durch die Horizontal- und Amakrinzellen.

A/23 (S. 68):
Das Signal wird an jeder Synapse durch Ausschüttung eines Transmitterstoffes weitergemeldet. Diese chemische Informationsweitergabe ist jeweils sehr zeitaufwendig. Insgesamt ergibt sich deshalb eine sehr geringe Signalleitungsgeschwindigkeit.

A/24 (S. 72):
Der Vogelflug stellt im Vergleich zur bodenbezogenen Lebensweise eines Amphibiums deutlich höhere Anforderungen bezüglich der Bewegungskoordination und der Erhaltung des Körpergleichgewichtes. Diese Funktionen werden vom Kleinhirn aus gesteuert, das demnach bei einem Vogel komplizierter aufgebaut sein muß als bei einem Amphibium.

A/25 (S. 80):

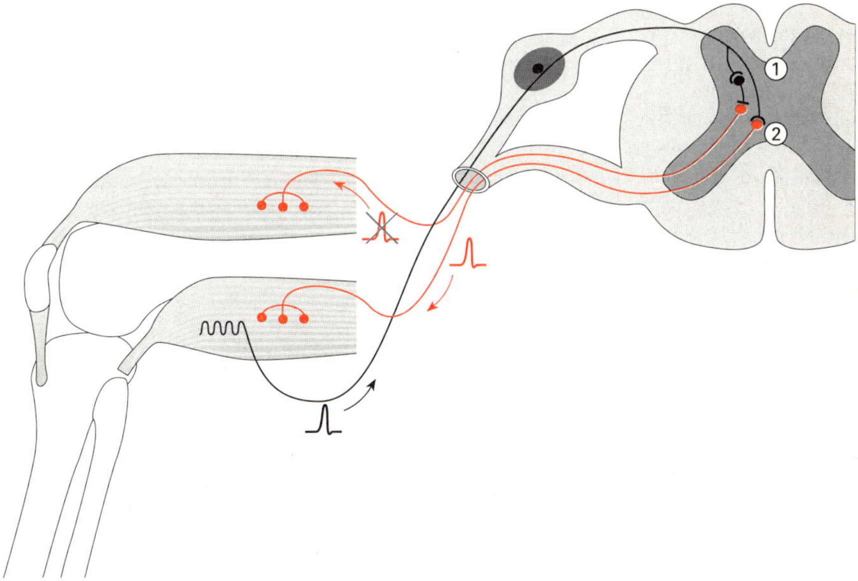

A/26 (S. 83):
a) vom Sympathicus werden in ihrer Funktion gefördert:
Skelettmuskulatur, Lunge, Herz
b) vom Parasympathicus werden in ihrer Funktion gefördert:
Speicheldrüsen, Magen, Bauchspeicheldrüse, Nieren, Darm, Enddarm, Blase, Genitalien.

A/27 (S. 83):
Dies ist z. B. sinnvoll in einer Gefahrensituation, auf die mit Flucht oder Angriff reagiert werden muß. Dabei ist es erforderlich, daß die Leistung von Herz, Lunge und Skelettmuskeln gesteigert werden, während Funktionen wie Verdauung oder Exkretion – die nichts zur Bereinigung der Gefahrensituation beitragen – gedrosselt werden. Beides wird durch den Sympathicus bewirkt.

A/28 (S. 83):
Die Effekte, die ein Neurotransmitter ausübt, werden generell von den Rezeptormolekülen auf der subsynaptischen Membran bestimmt. Dadurch kann ein und derselbe Transmitterstoff in einem Organ stimulierend und in einem anderen Organ hemmend wirken.

B. Hormonsystem

B/1 (S. 90):

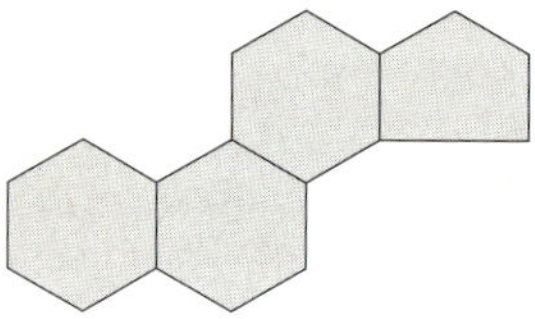

B/2 (S. 92):
Das Jod zur Herstellung der Schilddrüsenhormone Thyroxin und Trijodthyroxin muß mit der Nahrung aufgenommen werden. Jod-Mangel führt bei Jugendlichen zu Wachstumsstörungen, verzögerter geistiger Entwicklung und Schilddrüsen-Vergrößerung.

B/3 (S. 94):
Da Aspirin® die enzymatische Oxidation von Arachidonsäure hemmt, werden weniger Prostaglandin-Moleküle synthetisiert. Dadurch unterbleibt die Sensibilisierung der Schmerzrezeptoren, die nun nicht mehr auf Veränderungen in ihrer Umgebung reagieren.

B/4 (S. 98):
Hormon bindet an Rezeptor in der Zellmembran → Rezeptor verändert seine Raumstruktur → Rezeptor koppelt an das Enzym Adenylatcyclase → Enzym wird aktiviert, ATP in cAMP umzuwandeln → Anstieg der intrazellulären cAMP-Konzentration → Aktivierung von Proteinkinasen → Phosphorylierung von Enzymen im Cytoplasma oder Regulator-Proteinen im Zellkern → beeinflußt bestimmte Stoffwechselreaktionen oder die Proteinbiosynthese.

B/5 (S. 104):

Grundbegriff	Funktionselement
Regelgröße	Raumtemperatur
Geregeltes System	Zimmer
Fühler	Thermometer
Regler	Thermostat
Stellglied	Heizung
Störgröße	Außentemperatur

B/6 (S. 106):

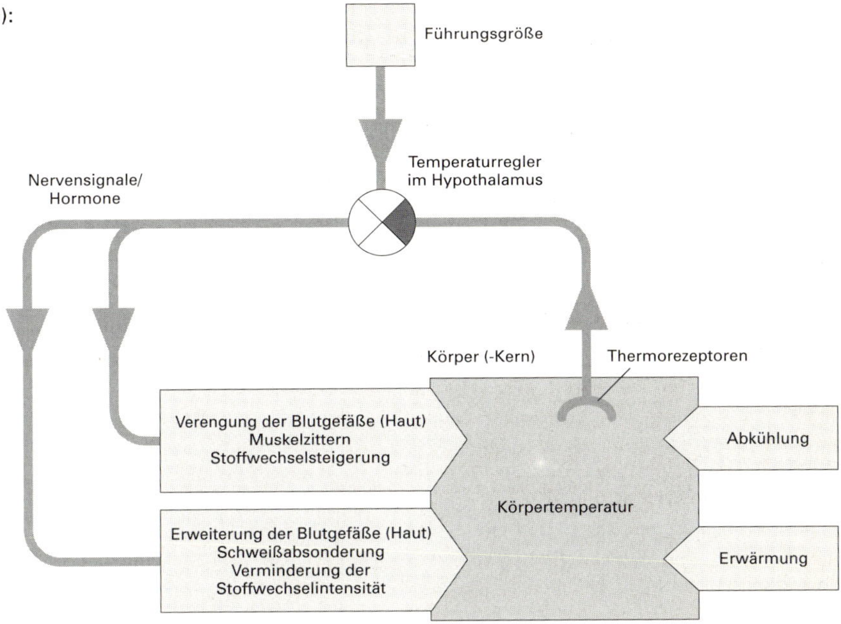

B/7 (S. 117):

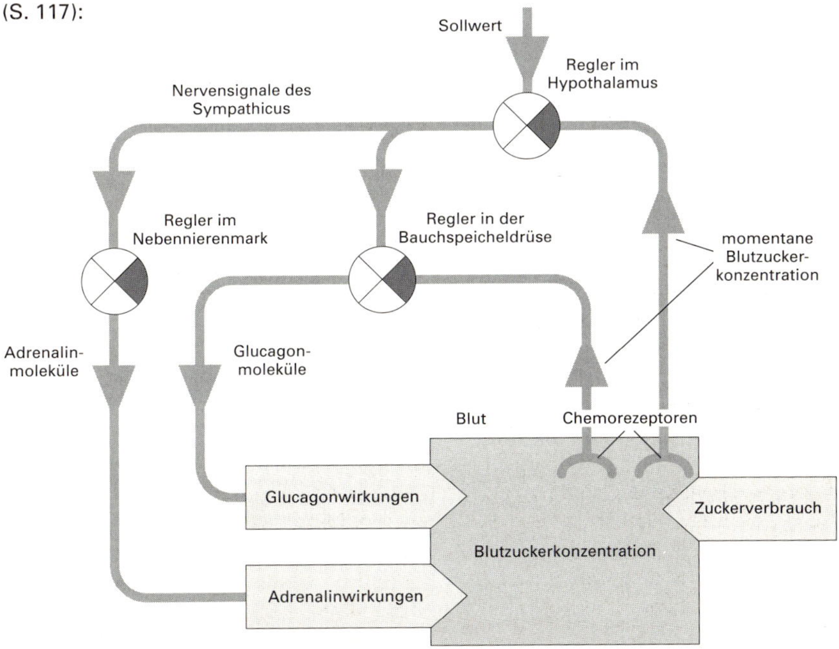

B/8 (S. 121):

a) Der Blutzuckerspiegel steigt in der ersten halben Stunde leicht an und kehrt innerhalb der folgenden $2^1/_2$ Stunden durch die Insulinwirkung auf den Ausgangswert zurück. Die Insulin-Freisetzung verläuft fast parallel.

b) Bei den Übergewichtigen steigt der Blutzuckerspiegel ebenfalls in der ersten halben Stunde nur leicht an, kehrt aber innerhalb der folgenden $2^1/_2$ Stunden nicht vollständig auf den Ausgangswert zurück. Wegen der Insulinresistenz muß die Bauchspeicheldrüse die Insulin-Freisetzung drastisch steigern. Nach 2 Stunden ist die Insulinkonzentration fast dreimal so hoch wie bei Testgruppe a.

c) Bei den Diabetikern steigt der Blutzuckerspiegel zwei Stunden lang kontinuierlich auf Werte bis fast 300 mg/100 ml (d. h. 3 g/l) an; danach erst sinkt er langsam wieder. Die Insulin-Freisetzung erfolgt im Vergleich dazu sehr verzögert und unzureichend, obwohl nach 2 Stunden Insulinkonzentrationen wie bei Testgruppe a erreicht werden. Die hohen Blutzuckerwerte ergeben sich aus der Insulinresistenz der Zielzellen **und** der unzureichenden Insulin-Abgabe durch die Bauchspeicheldrüse.

B/9 (S. 121):

a) Bei Typ-I-Diabetikern muß das fehlende Insulin verabreicht, d. h. gespritzt werden. Die Insulin-Injektionen müssen an die Nahrungsaufnahme und an den Aktivitätsrhythmus angepaßt werden.

b) Bei Typ-II-Diabetikern muß die Insulinresistenz der Zielzellen beseitigt werden, d. h. Gewichtsreduktion durch kontrollierte Nahrungsaufnahme und Steigerung der körperlichen Aktivität. Erst wenn diese Maßnahmen den Blutzuckerspiegel nicht normalisieren, sind Medikamente angezeigt.

C. Immunsystem

C/1 (S. 125):

Bakterien vermehren sich **selbständig** durch eine einfache Zellteilung. Viren dagegen müssen zur Vermehrung eine **Zelle befallen,** der sie den genetischen Befehl unterschieben, neue Viren anzufertigen.

C/2 (S. 125):

a) Bakterien schädigen den Organismus erst, wenn sie in das Körpergewebe eindringen. Dabei setzen sie zell- und gewebezerstörende Enzyme frei. Außerdem produzieren sie Substanzen, die im menschlichen Körper als Toxine wirken. Einige Bakterien vermehren sich – wie Viren – in Körperzellen, die dadurch zerstört werden.

b) Da Viren sich immer in Körperzellen vermehren, werden die meisten Zellen dadurch unmittelbar zerstört. In einigen Fällen erfolgt die Zerstörung durch die Immunreaktion auf die Virus-Vermehrung. Viren können auch Krebs hervorrufen. Einige Viren schädigen nur, wenn das Immunsystem geschwächt ist.

C/3 (S. 133):

Nach der Instruktionstheorie wird die passende Faltung der Aminosäuren-Kette eines Antigen-Rezeptors während des Kontaktes mit dem Antigen gesteuert. Die Raumstruktur jedes Proteins ist aber durch seine Aminosäuren-Sequenz determiniert. Diese Sequenz ist genetisch festgelegt, und damit auch die Raumstruktur jedes Antigen-Rezeptors.

C/4 (S. 135):

Um den Antikörper, den die B-Zelle als Rezeptor trägt, in großen Mengen herstellen zu können, müssen viele Ribosomen entstehen, an denen die Proteinbiosynthese stattfindet. Außerdem müssen die hergestellten Antikörper aus der Zelle ins Blut transportiert werden. Daran ist das ER beteiligt.

C/5 (S. 137):
Das Immunsystem wird mit einer geringen Menge der in Frage kommenden Erreger konfrontiert und setzt eine Immunreaktion in Gang. Als Ergebnis der klonalen Expansion wird ein immunologisches Gedächtnis aufgebaut, dessen Antigen-spezifische Zellen bei einer natürlichen Infektion mit demselben Erreger sehr schnell aktiviert werden können.

C/6 (S. 138):
An die Enzyme. Deren Spezifität beruht auf der räumlichen Struktur und der chemischen Zusammensetzung des aktiven Zentrums.

C/7 (S. 143):
Die 5 Antiköper-Klassen unterscheiden sich durch verschiedene Typen in den konstanten Abschnitten der schweren Ketten: α, β, γ, δ und μ. Da beim Zusammenbau einer Antikörper-Kette 2 Gene für den variablen Abschnitt mit 1 Gen für den konstanten Abschnitt kombiniert werden, muß es 5 verschiedene C-Gene geben. Wird ein bestimmter Antikörper-Typ benötigt, z. B. ein IgM-Antikörper, wird das entsprechende C_{μ}-Gen mit den V- und J-Genen kombiniert.

C/8 (S. 147):
T-Killer-Zellen arbeiten Antigen-spezifisch. Durch ihre spezifischen Rezeptoren reagieren sie auf Antigene, die ihnen von MHC-I-Proteinen präsentiert werden. Natürliche Killer-Zellen arbeiten dagegen unpezifisch. Woran sie virusinfizierte Zellen erkennen, ist unklar. Sie werden durch Interferon angelockt.

C/9 (S. 148):
Obwohl B-Zellen nicht im Thymus heranreifen, erfolgt ihre Vermehrung und Differenzierung nur mit Hilfe von Botenstoffen, die vor allem von den T-Helfer-Zellen produziert werden. Fehlt bei Neugeborenen eine funktionierende Thymusdrüse, reifen diese T-Zellen nicht heran. Damit fehlen auch die Botenstoffe zur Vermehrung der B-Zellen.

C/10 (S. 150):
Durch die autokrine Stimulation wird die Anzahl der Antigen-spezifischen T-Helfer-Zellen zusätzlich erhöht, wodurch noch mehr IL-2 freigesetzt wird und so fort. Ein seltenes Beispiel einer Verstärkung durch **positive Rückkopplung**.

C/11 (S. 150):
Dadurch werden den T-Helfer-Zellen noch mehr Antigen-Fragmente zusammen mit MHC-II-Proteinen präsentiert; ein weiterer Mechanismus zur Verstärkung der Immunreaktion.

C/12 (S. 151):
- B-Zellen phagocytieren die Krankheitserreger und zerlegen sie in kleinere Fragmente, die sie zusammen mit MHC-II-Proteinen an der Zelloberfläche präsentieren.
- T-Helfer-Zellen mit Antigen-spezifischen Rezeptoren binden an die Komplexe aus MHC-II-Protein und Antigen; sie werden dadurch zu Zellteilungen angeregt.
- Die B-Zellen setzen daraufhin IL-1 frei, das die IL-1-Rezeptoren der T-Helfer-Zellen erreicht und sie dadurch aktiviert.
- Die aktivierten T-Helfer-Zellen beginnen mit der Herstellung und Freisetzung von IL-2.
- IL-2 stimuliert die Vermehrung und Differenzierung der B-Zellen zu Plasmazellen.

Literaturverzeichnis

Alberts, B. et a., Molekularbiologie der Zelle, 2. Auflage, Weinheim 1990
Atkinson, M. A./Maclaren, N. K., Insulinabhängiger Diabetes: eine Autoimmunkrankheit, in: Spektrum der Wissenschaft 9/1990, S. 102–112
Benjamini, E./Leskowitz, S., Immunologie. Ein Kurzlehrbuch, Stuttgart 1988
Birbaumer, N./Schmidt, R. F., Biologische Psychologie, 2. Auflage, Berlin 1991
Boon, T., Tumor-Abstoßungsantigene, in: Spektrum der Wissenschaft 5/1993, S. 58–66
Brockhaus-Enzyklopädie, 19. Auflage, Mannheim ab 1986
Buddecke, E., Grundriß der Biochemie, 8. Auflage, Berlin 1989
Bundeszentrale für gesundheitliche Aufklärung (Hrsg.), Materialien zu Drogenproblemen für den Biologie-Unterricht der gymnasialen Oberstufe, Köln/Stuttgart 1990
Crapo, L., Hormone. Die chemischen Boten des Körpers, Heidelberg 1986
Cohen, I. R., Das Selbst, das Fremde und die Autoimmunität, in: Spektrum der Wissenschaft 6/1988, S. 84–93
Daumer, K./Hainz, R., Verhaltensbiologie, 2. Auflage, München 1980
DIFF (Hrsg.), Immunologie 1, Biologische Grundlagen der Immunantwort, Tübingen 1991
Ding-E Young, J./Cohn, Z. A., Wie Killerzellen töten, in: Spektrum der Wissenschaft 3/1988, S. 86–92
Ditfurth, H. v., Der Geist fiel nicht vom Himmel, Hamburg 1976
Elbert, T./Rockstroh, B., Psychopharmakologie, Berlin 1990
Freytag, K., Die bakterielle Infektion – auch ein Kapitel Ökologie, in: Mathematisch-naturwissenschaftlicher Unterricht 40 (1987), S. 16–21
Gallo, R. C., Das AIDS-Virus, in: Spektrum der Wissenschaft 3/1987, S. 82–92
Gross, W., Sucht ohne Drogen, Frankfurt 1990
Hassenstein, B., Biologische Kybernetik, Heidelberg 1973
Haupt, E./Schöffling, K., Ätiologie und Pathogenese des Diabetes mellitus, in: Medizin in unserer Zeit 3/1977, S. 66–74
Herz, A., Biochemische und pharmakologische Aspekte der Drogensucht, in: Spektrum der Wissenschaft 4/1980, S. 78–88
Holst, D. v./Scherer, K. R., Streß, in: Funkkolleg Psychobiologie (Studienbegleitbrief 6), Weinheim/Basel 1987, S. 95–139
Holst, D. v., Zoologische Streß-Forschung – ein Bindeglied zwischen Psychologie und Medizin, in: Spektrum der Wissenschaft 5/1993, S. 92–96
Kandel, E. R./Hawkins, R. D., Molekulare Grundlagen des Lernens, in: Spektrum der Wissenschaft 11/1992, S. 66–76
Kasper, H., Ernährungsmedizin und Diätetik, 6. Auflage, München 1987
Kayser, F. H. et al., Medizinische Mikrobiologie, 6. Auflage, Stuttgart 1986
Klinke, R., Der Wahrnehmungsapparat, in: Funkkolleg Psychobiologie (Studienbegleitbrief 4), Weinheim/Basel, 1987, S. 67–107
Köhler, G. (Hrsg.), Immunsystem. Abwehr und Selbsterkennung auf molekularem Niveau, Heidelberg 1987
Maelicke, A. (Hrsg.), Vom Reiz der Sinne, Weinheim 1990

Mehnert, H., Der Mensch ist so gesund wie sein Stoffwechsel, München 1986
Mehnert, H. (Hrsg.), Stoffwechselkrankheiten, 4. Auflage, Stuttgart 1990
Mörike, K./Betz/Mergenthaler, Biologie des Menschen, 13. Auflage, Heidelberg 1991
Notkins, A., Ursachen des Diabetes, in: Spektrum der Wissenschaft 1/1980, S. 36–47
Roitt, I. M./Brostoff, J./Male, D. K., Kurzes Lehrbuch der Immunologie, Stuttgart 1987
Romer, A., Vergleichende Anatomie der Wirbeltiere, 3. Auflage, Hamburg/Berlin 1971
Roth, G., 100 Milliarden Zellen, in: Funkkolleg Der Mensch (Studienbrief 2), Tübingen 1992
Schmidt, R. F., Medizinische Biologie des Menschen, München 1983
Schmidt, R. F./Thews, G. (Hrsg.), Physiologie des Menschen, 24. Auflage, Berlin 1990
Schober, H./Rentschler, J., Optische Täuschungen in Wissenschaft und Kunst, 1972
Schneider, K./Scherer, K. R., Motivation und Emotion, in: Funkkolleg Psychobiologie (Studienbegleitbrief 6), Weinheim/Basel 1987, S. 57–94
Schüler-Duden, Die Biologie, 2. Auflage, Mannheim 1986
Silbernagl, S./Despopoulos, A., Taschenatlas der Physiologie, Stuttgart 1979
Snyder, S. H., Chemie der Psyche, Heidelberg 1988
Staines, N./Brostoff, J./James, K., Immunologisches Grundwissen, Stuttgart 1987
Stryer, L., Biochemie (Neuauflage), Heidelberg 1990
Thews, G./Mutschler, E./Vaupel, P., Anatomie, Physiologie, Pathophysiologie des Menschen, 3. Auflage, Stuttgart 1989
Thompson, R. F., Das Gehirn. Von der Nervenzelle zur Verhaltenssteuerung, Heidelberg 1990
Wecker, E., Immunologie kurzgefaßt, Mannheim 1990
Yarchoan, R./Mitsuya, H./, Broder, S., AIDS-Therapien, in: Spektrum der Wissenschaft 12/1988, S. 120–131
Zänker, K. S. (Hrsg.), Kommunikationsnetzwerke im Körper, Heidelberg 1991

Glossar

adrenocorticotrop von adreno- = die Nebenniere betreffend (von lat. renes = die Nieren); corticotrop = auf die Nebennierenrinde einwirkend (von lat. cortex = Rinde)
Allel von gr. allḗlōn = einander
Allergen von gr. állos = anderer; gennãn = erzeugen, hervorbringen
Allergie von gr. állos = anderer; érgon = Tätigkeit
anaphylaktisch von gr. aná = gemäß, entsprechend; phýlax, phýlakos = Wächter
Angina von gr. agchónē = das Erwürgen
archaisch von gr. archaíos = (ur)alt, ursprünglich
Arteriosklerose von gr. artería = Schlagader, Ader; sklērýnein = verhärten
autokrin von gr. autós = selbst; krínein = aussondern, trennen
chronisch von gr. chronikós = zeitlich (lang)
deklarativ von lat. declarare = erklären
Diabetes mellitus von gr. dia-baínein = hindurchgehen; lat. mellitus = honig-süß
Diffusion von lat. diffundere, diffusum = sich verbreiten
Effektorzellen von lat. efficere, effectum = bewirken
Elimination von lat. eliminare = über die Schwelle setzen, entfernen
Emotion von lat. emovere = herausbewegen, emporwühlen
endokrin von gr. éndon = innen; krínein = aussondern, trennen
episodisch von gr. epeisódion = „Hinzukommendes" (im Sinne von Nebensache): Dialogteile zwischen den Chorgesängen
Epithel von gr. epí = darauf; thēlḗ = Brustwarze
essentiell von mittellat. essentialis zu lat. essentia = Wesen(heit)
Euglena von gr. eũ = schön; glḗnē = Augapfel, Pupille
euphorisierend von gr. euphoría = Gefühl des Wohlbefindens
excitatorisch von lat. excitare = antreiben
Expansion von lat. expansio = Ausdehnung
Genom von gr. génos = Geschlecht
Glia-Zellen von gr. glía = Leim
Granulat von lat. granulum = Körnchen
Granulozyten von lat. granulum = Körnchen; gr. kýtos = Wölbung
Homöostase von gr. homoĩos = gleich(artig); stásis = Stauung, Stillstand
Hormon von gr. hormãn = in Bewegung setzen, antreiben
humoral von lat. humor = Feuchtigkeit
Immunglobulin von lat. immunis = frei, rein; globulus = Kügelchen
immunsuppressiv von lat. immunis = frei, rein; supprimere = unterdrücken
infektiös von lat. inficere = „hineintun"
inhibitorisch von lat. inhibere = hemmen
Klon von gr. klṓn = Sprößling
Kontext von lat. contexere = verknüpfen
Leukämie von gr. leukós = weiß; haĩma = Blut
Lymphozyten von lat. lympha = klares Wasser; gr. kýtos = Wölbung
metabolisch von gr. metabolḗ = Veränderung
Mimikry von gr. mímesis = Nachahmung
Neuron von gr. neũron = Nerv
opportunistisch von lat. opportunus = günstig
Opsonisierung von gr. ópson = Fleisch, Leckerbissen
patch-clamp von engl. patch = Flecken; clamp = Klemme
pathogen von gr. páthos = Schmerz, Leiden und gennãn = erzeugen, hervorbringen
peripher von gr. periphorá = Umkreis
pluripotent von lat. plus, pluris = mehr; potens = mächtig
Protozoen von gr. prõtos = erster; zõon = Lebewesen
prozedural von lat. procedere = voranschreiten
Psychopharmaka von gr. psychḗ = Seele, phármakon = Heilmittel
psychotrop von gr. psychḗ = Seele; tropḗ = Hinwendung
Pyrogen von gr. pỹr = Feuer, Hitze; gennãn = erzeugen, hervorbringen
rekombiniert von lat. re- = wieder, zurück; spätlat. combinare = vereinigen
Releasing-Hormon von engl. release = befreien, freisetzen
Resistenz von lat. resistere = widerstehen
Restriktion von lat. restringere = zurückbinden, einschränken
Rezeptor von lat. recipere, receptum = aufnehmen
saltatorisch von lat. saltare = springen
semantisch von gr. sēmaínein = bezeichnen
sensibilisieren von lat. sensibilis = der Empfindung fähig; zu sensus = Empfindung
Spektrum von lat. spectrum = Erscheinung
Suppressor-Zellen von lat. supprimere = unterdrücken
symbio(n)tisch von gr. symbíōsis = das Zusammenleben
Synapse von gr. sýn = zusammen; apsís = Rundung
Toleranz von lat. tolerare = ertragen, erdulden
Toxin von gr. toxikón (erg. phármakon) = Pfeilgift
Transmitter von lat. transmittere = hinübersenden
Transplantation von spätlat. transplantare = verpflanzen

Stichwortverzeichnis